高業績で魅力ある会社と
チームのためのデータサイエンス

―職場と仕事を数値化する測定尺度、チェックリスト集―

松本 真作 著

はじめに

　従業員やメンバーを動機づけ、活性化し、より高業績の会社やチームとするにはどうすれば良いのだろうか。また、人を惹きつける魅力ある会社やチームであるためにはどうすれば良いのであろうか。

　一つの方法は、従業員や関係者がどう考えているか、どう感じているか、聞いてみることである。これは、意図的に、計画的に、または自然に職場で、広く行われている一つの方法といえる。しかし、このようなヒアリングから結論を得ることは、なかなか難しい。先入観や印象で間違った結論になってしまうことも考えられる。また、おおよそのレベルであれば分かるかもしれないが、それがどの程度かという定量的な把握はできない。そして、漏れや見落としがあるかもしれない。

　会社やチームの状況を客観的、多面的に数値化することができれば、このような点をみることができ、さらにその数値を他社と比較できれば自社の状況をより明らかにすることもできる。具体的には、比較対照するための尺度とその平均値等があれば、自社や自分のチームが他と較べてどうか把握でき、問題点や改善すべき点が明確になる。

　以上の趣旨から、各種測定尺度、チェックリストを開発し、それらをまとめた小冊子「HRM チェックリスト」を公表してきた。そして、この測定尺度、チェックリストにより、2千社を超す会社、3万名近くの従業員からデータを収集し、データに基づく検討を行ってきた。本書では、このように作成してきた測定尺度、チェックリストを公開し、測定尺度による各側面の平均値等を基準となる統計として提供している。具体的には、これまでに刊行してきた報告書、マニュアル等に加筆し、整理しており、データもその後収集したものを加え、今までに集まっているすべてを用いている。また、各測定尺度間の関係を多次元的に、因果関係等も含め、検討している。因果関係等測定尺度間の関係がわかれば、ある問題点を解決しようとする場合、あるいは、ある面を改善しようとする場合、どこに働きかければどのようになるか具体的にわかることになる。

　本書はタイトルを「データサイエンス」としている。データサイエンスというと、今日、ビッグデータ、あるいは何らかのセンサーにより大量にデータを収集する、等を連想するかもしれない。しかし、本書では特別なデータやセンサーは必要ない。本書にある測定尺度、チェックリストを紙に印刷し、会社や

チームで配布、回答してもらい、回収し、それを集計すれば結果が得られる。ビッグデータほど大量のデータが取れるわけではなく、各種センサーのように自動的にデータが集まるわけではないが、ほとんどコストをかけずに職場や仕事の状況を数値化し、データとして得ることができる。中小企業、零細企業でも問題なく利用活用でき、極端な話、職場で誰か個人が発案し、企画し、実施すれば、職場や仕事の数値化したデータが得られることになる。

　会社やチームが活性化し、高業績になることは、会社や組織のためになるものであり、魅力あるより良い会社やチームで各人が生きいきとそれぞれの力を発揮できることは、従業員と個人のためにもなるものである。魅力ある会社とチームとして、会社とチームが活性化し、高業績であれば、それは社会を元気にするものであり、さらには、国を成長させる基礎でもあると考えている。

　本書により、一人でも多くの方が、より生きいきと仕事に取組むことができ、一社でも多くの会社や組織が魅力ある活性化したチームや職場となり、力強く発展していくことに繋がれば、筆者としてはこの上ない幸せと考えている。

２０１７年３月

目　　次

はじめに……………………………………………………………………3

第1章　本書の背景と目的 …………………………………………7
1. 本書の背景……………………………………………………………7
2. 本書の目的……………………………………………………………8
3. 本書の意義と展開 …………………………………………………10
4. 本書の構成　－以下の各章の概観－………………………………11

第2章　各測定尺度、チェックリストの開発とその内容 …………13
（従業員用・個人用：従業員、個人が回答し、会社やチームとして集計）
＜1＞　ワークシチュエーション：職場や仕事の現状チェック …………14
＜2＞　ジョブインボルブメント ………………………………………32
＜3＞　職務満足－全般的職務満足感－ ………………………………42
＜4＞　キャリアコミットメント ………………………………………48
＜5＞　組織コミットメント……………………………………………55
＜6＞　ストレス反応（ポジティブ反応とネガティブ反応）……………73
（人事担当用・会社用：経営者、人事担当等が自ら会社や職場をチェック）
＜7＞　会社組織の基礎統計
　　　　－結果を解釈し活用するための背景情報として－ …………93
＜8＞　雇用管理施策チェックリスト …………………………………101
＜9＞　組織業績診断チェックリスト …………………………………107
＜10＞仕事と職場の魅力チェックリスト ……………………………112

第3章　測定尺度、チェックリストの利用活用 …………………129
1. 利用活用の前提：会社にも個人にもプラスになること他 …………129
2. 測定尺度、チェックリストの全体構成 ……………………………130
3. フェースシートの構成と活用法 ……………………………………132
4. 企業理念、ドメイン、ミッション、ビジョン、企業文化 …………134
5. 経営戦略、組織、賃金制度、人事管理等諸制度 …………………141

6. 利用活用の方法 ・・・・・・・・・・・・・・・・・・・・・・・・・・・・・・・・・・ 144

7. 実施方法、実施後の処理、返却 ・・・・・・・・・・・・・・・・・・・・・ 147

8. HRM チェックリスト活用のモデルケース ・・・・・・・・・・・・・・・ 148

9. HRM チェックリストの活用例 ・・・・・・・・・・・・・・・・・・・・・・・ 154

10.HRM チェックリストのインターネットサイトについて ・・・・・・・・・ 162

第4章　測定尺度、チェックリストと企業業績
—測定尺度、チェックリストのデータ分析より ・・・・・・・・・・・・・・169

1. 従業員の意識、行動と会社の全体状況(用紙データ) ・・・・・・・・・ 169

2. 従業員の意識、行動と会社の全体状況(Web データ) ・・・・・・・・・ 170

3. 決定木分析による会社と従業員 ・・・・・・・・・・・・・・・・・・・・・ 171

4. 規模別の会社の状況、仕事や職場の状態 ・・・・・・・・・・・・・・・・ 183

5. 原因と結果の関係 ・・・・・・・・・・・・・・・・・・・・・・・・・・・・・・ 185

第5章　これまでの研究と本研究でのデータ ・・・・・・・・・・・・・・・・187

1. 高業績で魅力ある職場とチーム ・・・・・・・・・・・・・・・・・・・・・ 187

2. 米国における研究の展開 ・・・・・・・・・・・・・・・・・・・・・・・・・・ 187

3. 日本におけるこれまでの測定尺度等の開発 ・・・・・・・・・・・・・・・ 189

4. 本研究の方法と経緯 ・・・・・・・・・・・・・・・・・・・・・・・・・・・・ 191

5. 本研究でのデータ収集と属性等統計 ・・・・・・・・・・・・・・・・・・・ 192

文献 ・・・205

おわりに・・・210

付録 ・・213

（1）HRM チェックリスト（従業員用・個人用）・・・・・・・・・・・・・・ 215

（2）HRM チェックリスト（人事担当用・会社用）・・・・・・・・・・・・・ 224

（3）HRM チェックリスト結果出力見本 ・・・・・・・・・・・・・・・・・・・ 235

第1章　本書の背景と目的

1．本書の背景

　各人が持てる力を十分に発揮し、生き生きとした職場や活力あるチームであること、結果的に、パフォーマンスが良い職場やチームであることは、人事労務管理、人材マネジメントの一つの目標といえる。このような職場とチームは従業員にとっても良い職場、良いチームであり、経営者、管理職にとっても望ましい職場、目指すべき職場といえる。それでは、このような職場とチームにするにはどうすれば良いのであろうか。

　この点は世間の関心も高く、ビジネス関係の書籍や雑誌、また新聞等に多くの記事がある。こうした記事では、職場での工夫内容や、その結果、このような良い状態になっている、等々と紹介されている。確かに興味深く、参考になりそうで、納得させられる内容である。しかし、これは事例であり、一つの完結したストーリーであるといえる。事例にはその良い状態をもたらした要因も述べられているが、本当にその要因によってその状態がもたらされたかは、よくよく考えると定かとはいえない。因果関係を確かめるためには、類似の事例を数多く集め、同じであるかを確かめ、集めた事例から背後にある要因、また、要因間の因果関係を明らかにし、その上で検討しなくてはならない。ところが同じ背景や条件の会社やチームを多数集めることは、実際にはかなり難しく、その上、会社やチームを取り巻く状況は変化するため、背景や条件が同じであっても同じになるとは限らない。事例はある条件下での、ある時点での一回限りのものということができる。

　高業績で魅力ある会社とチームにするために、本書では違った角度から検討を行っている。それは、会社とチームの状況を各要素に分解し、測定しようとするものである。会社とチームの状況を構成する要素として、どのようなものがあり、その要素がそれぞれどのような状況か、また要素間の相関関係、因果関係を数量的にみようとするものである。人間ドックでは各種の測定を行い、それを基準数値と比較し、どのような状態かを客観的におさえ、現状で問題点はないか、さらには潜在的な問題点はないかをみるが、この方法に似ている。

　会社とチームの各側面を捉え、それを数値化する方法は、これまでにも研究

の蓄積はないわけではない。ただし、多くが一側面を捉えるものであり、全体を把握できるように多面的に捉えようとする研究は少ない。経営コンサルティングの会社では、会社とチームを多面的に数値化して捉え、経営の改善を提案するが、そのような情報は公開されることはない。そこで、本書では、会社とチームの状況を多面的に捉える各種測定尺度を作成し、その測定尺度を公開することとした。会社とチームの状況を各方面から測定する「ものさし」を作成し、その「ものさし」の仕組みと使い方を公開したものである。

2. 本書の目的

　本書の目的は、各測定尺度、チェックリストを利用して会社やチームの様々な状況を把握することである。そこで、ここでは利用のイメージについて具体的に説明する。図表 1-1 に「会社とチームの問題点と利用できる測定尺度、チェックリスト」を用意した。各測定尺度、チェックリストの説明がまだであるため、ややわかりにくいかもしれないが、本図表に基づき利用のイメージを説明していく。

　人が集まらない、定着しないというのは、これまでも中小企業ではしばしば問題となっている。また、動機づけを高めたい、職場とチームを活性化したいというのも、中小企業ではよく聞く話である。さらに、ストレスに関しても職場のメンタルヘルス問題と関係し、以前から話題となっており、今日でも関心が高い。その他、特定の問題ではないが、図表で最初に書いた、会社や職場の状況全般をチェックしたい、また、図表の最後の方になるが、会社の人事労務管理施策や会社のパフォーマンスを他社と比較したいということも、経営者、人事担当者としては日頃から関心のあるところであろう。

　まず、「職場や会社に問題点がないか全般的に確認したい」である。特に顕在化している問題点はないが、潜在的な問題点があれば、早めに対処する必要がある。このような場合、冊子「HRM チェックリスト」（従業員用・個人用）を実施することによって、職場や会社の問題点を網羅的にチェックすることができる。また、本書では多くの企業でのデータから平均値等、基準となる数値も公開していることから、自社の状況が他社と較べてどうかを知ることもできる。平均値は規模別、業種別等、その他の数値も示していることから、自社と同規模の会社と較べてどうか、同業の会社と較べてどうかをみることもできる。併せて、「HRM チェックリスト」（人事担当用・会社用）を実施することによっ

て、会社の全般的な状況を確認することもできる。

「採用で人が集まらない」に関しては、「仕事と職場の魅力チェックリスト」を実施するとで、求職者にとって、仕事や職場がどのように見られているか、魅力あるものとなっているか等を確認することができる。また、「ワークシチュエーション」を併せて実施することによって、現在の社内の仕事や職場の状況を確認し、そこに問題点がないかをチェックすることができる。

定着率が悪い等が問題である場合、「組織コミットメント」を測定することによって、従業員の会社に対する気持ち、帰属意識を確認することができる。併せて、「ワークシチュエーション」をみることによって、仕事や職場に離職の原因となるような問題点がないか確認することができる。

「動機づけを高めたい、職場を活性化したい」等の場合、「ジョブインボルブメント」により従業員の仕事に対する取り組み姿勢を確認することができる。併せて「ワークシチュエーション」をみることによって、動機づけや職場の活性化を高める上で、何か問題点がないかチェックすることができる。

「職場や会社のストレスの状況を知りたい」ということも関心が高い。この場合は「ストレス反応」によって、ストレスの状況を把握することができ、「ワークシチュエーション」によって、仕事や職場に高いストレスの原因となるような問題点がないか、みることができる。

「会社の人事労務管理の諸施策が他社と較べてどうか、知りたい」ということもある。この場合、「雇用管理施策チェックリスト」によって、白社の人事労務管理の諸施策が他社と較べてどうか、知ることができる。「ワークシチュエーション」、「ジョブインボルブメント」、「ストレス反応」等を併せて実施することによって、雇用管理施策と、従業員の職場とチームに対する見方がどのように関係しているかみることができる。

「会社のパフォーマンス」は決算書等でみることができるが、もっと幅広く、どのような状況か確認したいということもあろう。このような場合は、「組織業績診断チェックリスト」によって、会社や職場の生産性、スキル・技術水準、モラール・動機づけ、顧客満足の4つの側面からチェックし、他社と比較することができる。

図表1-1　会社とチームの問題点と利用できる測定尺度、チェックリスト

利用場面／問題点等	使用する測定尺度、チェックリスト
職場、チーム、会社に問題点がないか、広く確認したい。他社と比較したい。	会社や職場に問題点がないか、全般的な状況を確認するためには、冊子「HRMチェックリスト」（従業員用・個人用）を実施する。併せて、冊子「HRMチェックリスト」（人事担当用・会社用）を実施すると、会社の全般的な状況を知ることができる。
採用やプロジェクトで人が集まらない	「仕事と職場の魅力チェックリスト」を実施すると、個人にとって仕事や職場がどのように見えているかを確認できる。また、「ワークシチュエーション」を併せて実施することによって、実際の仕事や職場の状況を確認することができる。
定着率が悪い	「組織コミットメント」を実施することによって、従業員の会社に対する帰属意識を知ることができる。「ワークシチュエーション」によって、仕事や職場に離職に関係するような問題点がないか、確認することができる。
動機づけを高めたい、職場を活性化したい	「ジョブインボルブメント」から、個人の仕事に対する取組む姿勢をみることができる。「ワークシチュエーション」から動機づけや職場の活性化を高める上で問題点がないか、知ることができる。
ストレスの状況を知りたい	「ストレス反応」によって、個人が感じているストレスの状況を把握することができ、「ワークシチュエーション」によって、仕事や職場にストレスに関係するような問題点がないか、知ることができる。
会社の人事労務管理の諸施策を他社と較べたい	「雇用管理施策チェックリスト」によって、自社の人事労務管理の諸施策が他社と較べてどうか、知ることができる。「ワークシチュエーション」、「ジョブインボルブメント」、「ストレス反応」等を併せて社内で実施することによって、雇用管理施策と従業員の意識、行動との関係をみることもできる。
会社のパフォーマンスを他社と比較したい	「組織業績診断チェックリスト」によって、自社のパフォーマンスが他社と較べてどうか、知ることができる。「ワークシチュエーション」、「ジョブインボルブメント」、「ストレス反応」等を併せて社内で実施することによって、雇用管理施策と従業員の意識、行動との関係をみることもできる。

3．本書の意義と展開

　企業組織を取り巻く環境において、経営層、人事担当者、管理職等が仕事や職場、雇用管理の諸施策を見直し、パフォーマンスの高い組織に向けて改善をはかることはいつの時代にも必要なことであるが、経済社会の環境は節目、節目で大きく変化する。今日、経営上の大きな課題となっているのは人手不足である。人手不足は介護、福祉等の分野では以前から問題であったが、ここ数年、

第1章　本書の背景と目的

建設業、飲食業、小売業等で人手不足が企業業績の制約要因になっている。本書で紹介している各種測定尺度は、組織内における現状を分析するものばかりでなく、企業や職場の魅力といった人材採用にも直接役立つものも含んでいる。

　職場や仕事でのストレスも問題となってきた。このため、労働安全衛生法が改定され、従業員50人以上の事業所は、年1回、従業員に対してストレスチェックを実施することが義務付けられることとなっている。50人未満の事業所については努力義務である。また、事業所はストレスチェックの結果を従業員に通知し、従業員が希望した場合には医師による面接指導を実施することが必要となっている。本書ではこのようなストレスをストレス反応として捉え、チェックリストとしているが、このストレス反応と他の職場や仕事の状況との関係をみることもでき、ストレスの原因を探る上では有益である。ただし、本チェックリストは職場とチームの全体としてのストレスの状況をみるものであり、個人それぞれのストレスの状況をみるものではない。

　このように、ここで紹介している測定尺度、チェックリストは、網羅的に様々な側面をみているが、社会、経済が変化し、問題点や必要となる背景が変わっても、それに応じて、様々に利用、活用していけるものとなっている。

4．本書の構成　—以下の各章の概観—

　本章の最後に、読者のガイドとなるように、冊子の全体的な構成を説明しておくことにする。

　第1章は以上の通りであるが、本研究の背景、本研究の必要性と目的、本研究の意義と展開、本書の構成を説明している。

　第2章では、本研究で開発してきた様々なチェックリストと測定尺度に関して、それぞれが何を測定するものであり、どのように開発してきたか、また、具体的にはどのような構成になっているかを説明している。測定尺度、チェックリストを実施し得点が得られた際、多くの中で、どの程度に位置づけられるか知ることができる平均値等基準となる数値表、また、その得点と他の得点との因果関係、相関関係等についても示している。測定尺度、チェックリストの実践的な知識が得られる章といえる。チェックリストと測定尺度は、従業員用・個人用として、職場や会社で個人が回答し職場や会社として集計するものとして、〈1〉ワークシチュエーション：職場や仕事の現状チェック、〈2〉ジョブインボルブメント、〈3〉職務満足−全般的職務満足感−、〈4〉キャリアコミット

11

メント、〈5〉組織コミットメント、〈6〉ストレス反応（ポジティブ反応とネガティブ反応）があり、これらに関して一つずつ、測定対象、開発方法、構成と内容、利用活用のための基準データに関して述べている。人事担当用・会社用として、経営者、人事担当等が職場や会社をチェックするものとしては、〈7〉会社組織の基礎統計－結果を解釈し活用するための背景情報として－、〈8〉雇用管理施策チェックリスト、〈9〉組織業績診断チェックリスト、〈10〉仕事と職場の魅力チェックリストがあり、これらを紹介している。

　第3章は、チェックリストと測定尺度の利用活用方法を説明している。利用活用の前提として、会社にも個人にもプラスになること他、チェックリストと測定尺度が相互にどのような関係があるか、従業員用・個人用のフェースシートはどのように構成されており、どのように活用するか、人事担当用・会社用の企業理念、ドメイン、ミッション、ビジョン、企業文化等をどのように考え、どのように活用するか、経営戦略、組織、賃金制度、人事管理等諸制度をどのように考え、どのように活用するか、そして、具体的な　実施方法、実施後の処理と返却、また、チェックリストと測定尺度の利用活用モデルと活用事例について説明している。最後に、本書に関連するインターネットサイトを設けているが、それがどのようなものか説明している。

　第4章では、測定尺度、チェックリストと企業業績との関係をみている。企業業績にはここでの測定尺度、チェックリスト以外の様々な要因が関係することから、難しい分析となるが、得られているデータからどのような関係があるか示している。具体的には、従業員の意識、行動に対して、会社の全体状況を外的基準とし、各要素がどのような関係になるか、決定木（decision tree）分析によって関係を検討している。また、規模別の会社の状況、仕事や職場の状態、そして、測定尺度、チェックリストと企業業績の関係に関して、原因と結果ととらえると、どのように考えられるか述べている。

　最後に、第5章として、本書での測定尺度、チェックリストの理論的背景、この分野の関連研究の米国と日本における展開、そして日本での現状を紹介している。また、本研究の具体的な方法と経緯、本研究において収集したデータの性別、年齢等属性別、業種別、企業規模別等の分布を示している。

第2章　各測定尺度、チェックリストの開発とその内容

　本章では、以下の 10 の測定尺度、チェックリストに関して、どのようなものであり、何を測定するか、どのように開発したか、具体的にはどのような項目となっているか、また、年齢、性別、従業員規模、業種等の基本的な属性で分けた場合、平均値や標準偏差はどうか等を記述している。

　以下に示したが、1～6 は会社やチームで従業員、個人が回答し、会社単位、チーム単位で集計することによって、会社やチームの傾向をみるものである。集計すると、基本属性での平均値、標準偏差等と比較し、自分の会社やチームが全体の中でどのあたりに位置するか知ることができる。

　7～10 は人事担当や経営者が、職場や会社に関してチェックするものである。1～6 とは違い、職場や会社の全員で回答するものではない。人事担当者や経営者が回答した結果を従業員規模、業種等の平均値、標準偏差と比較することによって、会社や職場が他社と比較してどのような位置づけになるかわかるものとなっている。

（従業員用・個人用：従業員、個人が回答し、会社やチームとして集計）
1．ワークシチュエーション：職場や仕事の現状チェック
2．ジョブインボルブメント
3．職務満足－全般的職務満足感－
4．キャリアコミットメント
5．組織コミットメント
6．ストレス反応（ポジティブ反応とネガティブ反応）

（人事担当用・会社用：経営者、人事担当等が自ら会社や職場をチェック）
7．会社組織の基礎統計－結果を解釈し活用するための背景情報として－
8．雇用管理施策チェックリスト
9．組織業績診断チェックリスト
10．仕事と職場の魅力チェックリスト

＜1＞ワークシチュエーション：職場や仕事の現状チェック

(1) チェックリストの概要

　従業員を動機づけ、職場を活性化しようとする場合、まず必要となるのが、職場や仕事の状況がどのように感じられているかを把握することである。そこで、本チェックリストでは職場や仕事の現状を多方面から聞くものとなっている。また、従業員の感情的な面、気持ちの面は別の測定尺度でみていることから、本チェックリストでは、従業員から見た客観的な状況を把握しようとしている。類似のものとしては組織風土に関する調査や研究があるが、動機づけや職場の活性化に関係する仕事や職場の様々な要因を捉えられるよう、測定対象を拡張し、網羅的なチェックリストとしている。

　ワークシチュエーションは長年用紙によりデータ収集してきたが、後述（第5章）のように、より偏りなく収集できた Web でのデータを中心にここでは整理し、検討している。また、用紙でのデータにおいて、まとまりが悪い項目が僅かではあるがあり、Web でのデータ収集に際し、この入れ替えを行っている。JILPT 資料シリーズ No.134「中小企業と若年人材—HRM チェックリスト、関連資料、企業ヒアリングより採用、定着、動機づけに関わる要因の検討—」での検討より、新項目によって、より適切なデータが収集できていると考えられることから、ここでは新項目でのデータに基いている。

(2) 概念とこれまでの関連研究

　組織の活性化や生きいきとした職場づくりのためには、職場や仕事の現状を把握する必要がある。組織風土（organizational climate）はこの必要性から発展してきた研究であり、様々な測定法が開発されてきた。

　組織風土の代表的な定義は「組織の内的環境に関する比較的持続的な性質であり、それは①メンバーによって経験され、②行動に影響し、③組織の特定の性格（あるいは属性）の集合に対する価値によって記述される」（Tagiuri & Litwin, 1968）である。

　ワークシチュエーションでは、組織風土のこれまでの研究も参考にし、さらに、職場や仕事に関わる要素を広範に確認できるものとした。このため、これまでの組織風土研究で使用されてきた測定尺度を含め、幅広い項目となっている。具体的な測定領域は「Ⅰ．職務」、「Ⅱ．上司やリーダー」、「Ⅲ．同僚

や顧客との関係」、「Ⅳ．ビジョン・経営者」、「Ⅴ．処遇・報酬」、「Ⅵ．能力開発・福利厚生・生活サポート」の6つから構成される。このそれぞれの領域には2つから5つ、計21の下位尺度を設定しており、さらに細かく仕事や職場の状況を把握できるようにしている。

各設問に対して、「No」を1点、「どちらかというと No」を2点、「どちらでもない」を3点、「どちらかというと Yes」を4点、「Yes」を5点の5件法で回答するものとしている。図表2-1は6領域とその下位尺度の測定内容の概要を示したものであり、全体の構成を整理したのが図表2-2である。また、本項最後に全設問の文章を信頼性係数（α係数）とともに掲載している。

図表2-1 ワークシチュエーションの6領域と下位尺度の概要

I. 職務

a.達成	仕事で自分の力を発揮し、達成感を得ることができる。
b.成長	仕事で自分の能力を生かしたり伸ばしたりすることができる。
c.自律性	業務の遂行手順や目標の設定は自分が決められる。
d.参画	仕事に関係する決定には自分の意見が反映されている。
e.意義	仕事は組織、自分の人生、社会に関係する有意義なものである。

II. 上司やリーダー

f.承認・支持	上司は自分の能力を評価し、成長のためにサポートしてくれる。
g.公正・信頼	上司は部下を正当に扱い、公正であり、信頼できる。
h.指導・支援	上司の仕事がよくわかっており、支援してくれる。

III. 同僚や顧客との関係

i.職場の人間関係	職場は良い人間関係であり、友好的、協力的な雰囲気である。
j.チームワーク	同僚とは良いチームワークがあり、お互いに助け合って仕事をしている。
k.顧客との関係	仕事相手とは信頼関係があり、コミュニケーションは円滑である。

IV. ビジョン・経営者

l.ビジョン・戦略	経営陣の管理方針や仕事戦略は妥当なもので皆がそれに賛同している。
m.経営者と従業員	経営陣は成員の意見を尊重し、それらに耳を傾けるようにしている。
n.経営者への信頼	経営陣の行いは倫理的に正しく、成員に信頼されている。
o.仕事の革新	経営陣は新しい試みやアイデアに対して受容的で、それを奨励している。

V. 処遇・報酬

p.昇進・昇格・キャリア	昇進・昇格は公正に行われ、活躍の場、キャリアコースが用意されている。
q.評価・給与	給与制度は公正で業績に見合った十分な報酬が得られる。

＊ 「q.評価・給与」は以前の1項目を入替え。

VI. 能力開発・福利厚生・生活サポート

r.教育・研修	必要な研修や個人のキャリアに役立つ教育が受けられる。
s.福利厚生	福利厚生は整備され、各側面で支援してくれる。

＊ 「s.福利厚生」は項目の4項目すべてを入替え。

t.生活サポート	家庭生活との両立を可能にするよう各種制度が用意されている。
u.労働条件	勤務時間は適切であり、安全で衛生的である。

図表2-2 測定内容の構成

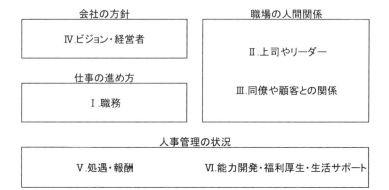

(3) データに基く項目構成の検討

図表 2-3 に今回の Web 調査、15,186 名での主成分分析、図表 2-4 に因子分析の結果を示した。主成分分析、因子分析は成分、因子の抽出法、成分、因子の回転法により結果が異なるため、よく用いられる二つの設定による結果をそのまま掲載した。図表 2-4 の因子分析は因子間に相関がある斜交回転のため、図表 2-5 に因子間相関を示した。

主成分分析も因子分析も結果は類似している。ほとんどが項目作成時に想定した「Ⅰ．職務」、「Ⅱ．上司やリーダー」、「Ⅲ．同僚や顧客との関係」、「Ⅳ．ビジョン・経営者」、「Ⅴ．処遇・報酬」、「Ⅵ．能力開発・福利厚生・生活サポート」の 6 領域とよく一致した成分、因子となっている。細かな点であるが、ずれのあるところをみると、「Ⅰ．職務」は下位項目の「a.達成」、「b.成長」と「c.自律性」、「d.参画」に成分、因子が分かれている。また、「r.教育・研修」の「71.ここで仕事をすることが、自分の今後のキャリアにプラスとなる」が負荷量は大きくないが「Ⅰ．職務」に含まれている。「Ⅳ．ビジョン・経営者」は「o.仕事の革新」が分離され成分、因子となっている。「Ⅱ．上司やリーダー」はそのまま成分、因子となっている。「Ⅲ．同僚や顧客との関係」は同僚との関係と顧客との関係に分かれ、成分、因子になっている。「Ⅴ．処遇・報酬」はそのまま成分、因子となっており、項目を差替えた「A1．本人の業績が良いときには、それに見合った報酬となっている」も同じ成分、因子

となった。「Ⅵ. 能力開発・福利厚生・生活サポート」は殆ど一つにまとまったが、「69. 仕事で必要な技術や知識については、十分な教育・研修がある」、「70. 教育・研修は自分の希望や要望を十分反映したものとなっている」等は別の成分、因子となり、先ほど述べた様に「71. ここで仕事をすることが，自分の今後のキャリアにプラスとなる」は「Ⅰ. 職務」となっている。

　また、この6領域を構成する下位項目については、本項末の付属資料として信頼性係数（α係数）とともに示している。多くが、.900、.800台の高い値となり、まとまりが良いことがわかる。「t. 生活サポート」が.771 と低いが、これは、「77. 育児休暇や介護休暇等の支援制度は整備されており，利用しやすい」、「78. 出張や会議が時間外や休日にかからないよう配慮されている」、「79. 仕事と生活が両立するよう，十分配慮されている」、「80. 勤務時間は融通がきく」のそれぞれが、会社や職場の個別事情により異なるためと考えられる。同様に「u. 労働条件」の.825、「s. 福利厚生」の.845 も他に較べて低いが、これも同じ理由が考えられる。

　以上より、想定した6領域、21下位尺度は、そのままの構成でも問題ないと考え、採用することとした。

（4）属性毎の平均値等

　図表2-6 から図表2-8 は性別、年齢段階別、職種別、企業規模別、業種別の6領域の平均値、標準偏差を示した。この数値により、企業や組織内で実施した場合、その結果が他と較べるとどのような位置づけになるかわかる。また、図表2-9、図表2-10 は21下位尺度ごとの平均値、標準偏差を性別、年齢段階別、職種別、企業規模別、業種別によって示している。21の細かい下位尺度においても、他社と比較できることになる。

　6領域に関しては図表2-8、21下位尺度に関しては図表2-10 の最後に「計」の行があり、これは個人属性、組織属性に分けない、全体、15,186名での平均値、標準偏差である。この値から個人属性、組織属性に分けず、他社全般と比較しても良いし、先のように属性によって分け、同程度の企業規模、同業種と比較してもよい。

　職場や会社の単位で実施し、その平均を求め、これらの図表と比較することによって、相対的な位置から、自分の職場や会社がどのような状態であるか分かる。

17

図表2-3 ワークエンゲージメントの主成分分析の結果

分類	項目	1	2	3	4	5	6	7	8	9	10	11	12
Ⅰ 職務	3 今の仕事は挑戦しがいのある仕事である	0.901	0.162	0.177	0.139	0.119	0.104	0.053	0.061	0.052	0.033	0.058	-0.025
Ⅰ 職務	6 仕事を通じて自分自身が成長しているという実感を持てる	0.799	0.135	0.183	0.141	0.107	0.112	0.037	0.088	0.083	0.089	0.073	-0.033
Ⅰ 職務	8 仕事では自分の能力を活かしたり可能性を伸ばすことができる	0.767	0.156	0.176	0.145	0.148	0.180	0.057	0.078	0.085	0.096	0.101	0.011
Ⅰ 職務	1 今の仕事は達成感を感じることができる	0.735	0.184	0.192	0.182	0.125	0.113	0.117	0.060	0.068	0.007	0.023	-0.063
Ⅰ 職務	19 今やっている仕事は、私の人生にとって意義あるものと思う	0.732	0.180	0.205	0.155	0.135	0.145	0.125	0.041	0.094	0.002	0.080	0.143
Ⅰ 職務	7 仕事において、自分がどのレベルに達したかを把握することができる	0.712	0.136	0.157	0.131	0.141	0.144	0.042	0.081	0.094	0.072	0.112	-0.013
Ⅰ 職務	5 経験を積むことによって、より高度な仕事が与えられる	0.681	0.135	0.169	0.124	0.157	0.117	-0.014	0.113	0.035	0.140	0.091	0.001
Ⅰ 職務	20 私の仕事は社会に貢献する、意義あるものである	0.672	0.183	0.163	0.144	0.082	0.095	0.074	0.113	0.140	-0.003	0.062	0.027
Ⅰ 職務	4 仕事の上で自分のアイデアやエ夫が活かせる	0.663	0.128	0.163	0.117	0.084	0.320	0.066	0.055	0.061	0.142	0.000	0.021
Ⅰ 職務	2 仕事において自分が行っていることに意味を感じている	0.659	0.175	0.179	0.158	-0.075	0.173	0.034	0.035	0.172	0.028	-0.127	-0.104
Ⅰ 職務	17 私はこの組織にとって重要かつ価値ある仕事を任せられていると感じている	0.651	0.175	0.174	0.129	-0.056	0.210	0.101	0.022	0.155	0.019	-0.058	0.267
Ⅰ 職務	18 私はこの組織にとって重要かつよくわかった仕事を任されている	0.614	0.179	0.179	0.146	0.075	0.328	0.072	0.115	0.153	0.020	-0.054	0.313
Ⅵ 能力開発・福利厚生・生活サポート	71 ここでの仕事の経験が、自分の今後のキャリアにプラスとなる	0.533	0.206	0.231	0.146	0.241	0.026	0.164	0.043	0.097	0.159	0.377	-0.003
Ⅵ 能力開発・福利厚生・生活サポート	72 ここでの仕事の経験が、自分の将来の目標につながっている	0.532	0.227	0.218	0.144	0.270	0.028	0.175	0.108	0.075	0.121	0.387	0.042
Ⅳ ビジョン・経営者	51 経営者はチーム一丸となって正しいことをしていると確信が持てる	0.176	0.733	0.223	0.138	0.248	0.076	0.147	0.043	0.075	0.091	-0.014	0.181
Ⅳ ビジョン・経営者	54 経営者は正しいことをしていると確信と誇りが持てる	0.172	0.723	0.233	0.133	0.249	0.072	0.180	0.101	0.103	0.140	-0.012	0.157
Ⅳ ビジョン・経営者	52 経営幹部は会社の運営や今後の将来について、従業員の意見を尊重している	0.174	0.720	0.216	0.143	0.282	0.094	0.167	0.073	0.066	0.078	0.052	0.197
Ⅳ ビジョン・経営者	47 組織のかかげるビジョンや目標に、われわれの多くが賛同している	0.224	0.709	0.210	0.174	0.206	0.096	0.092	0.147	0.083	-0.021	0.223	-0.103
Ⅳ ビジョン・経営者	46 会社のビジョンや戦略は現状では最良のものといえる	0.204	0.700	0.204	0.155	0.195	0.074	0.118	0.157	0.068	-0.033	0.252	-0.166
Ⅳ ビジョン・経営者	53 当社では幾度の困難を克服すること、経営者が日夜努力している	0.183	0.699	0.237	0.142	0.230	0.081	0.170	0.141	0.083	0.160	0.000	0.083
Ⅳ ビジョン・経営者	55 会社のビジョンや経営戦略が明確である	0.173	0.698	0.234	0.134	0.210	0.075	0.156	0.098	0.116	0.246	-0.048	-0.005
Ⅳ ビジョン・経営者	50 会社では組織全体の実績があがるよう、経営者が力を注いでいる	0.152	0.692	0.227	0.145	0.224	0.091	0.136	0.162	0.077	0.103	0.026	0.147
Ⅳ ビジョン・経営者	56 経営者は企業にとって重要かつ置かれた状況を適切に把握している	0.167	0.686	0.205	0.130	0.209	0.087	0.171	0.097	0.132	0.227	-0.037	-0.019
Ⅳ ビジョン・経営者	48 会社のビジョンや経営戦略が末端まで行き届き周知されている	0.184	0.681	0.167	0.176	0.211	0.076	0.107	0.167	0.059	-0.031	0.242	-0.055
Ⅳ ビジョン・経営者	49 経営者はわれわれ従業員とも話し合える機会をもっている	0.159	0.671	0.196	0.146	0.242	0.113	0.142	0.003	0.081	0.074	0.008	0.238
Ⅳ ビジョン・経営者	45 この会社には明確で優れたビジョンや戦略がある	0.222	0.664	0.191	0.163	0.125	0.082	0.075	0.205	0.080	0.023	0.238	-0.214
Ⅱ 上司・リーダー	27 上司・リーダーは人間的に尊敬できる	0.168	0.225	0.792	0.180	0.183	0.071	0.120	0.096	0.043	0.036	0.044	-0.002
Ⅱ 上司・リーダー	30 上司・リーダーは仕事に役立つアドバイスをしてくれる	0.190	0.200	0.788	0.173	0.141	0.043	0.098	0.101	0.067	0.097	0.065	-0.001
Ⅱ 上司・リーダー	28 上司・リーダーに一定幅の信頼をおいている	0.174	0.238	0.785	0.183	0.194	0.073	0.116	0.075	0.056	0.009	0.063	0.028
Ⅱ 上司・リーダー	29 助けが必要なときには、上司・リーダーは支援してくれる	0.166	0.185	0.777	0.197	0.118	0.094	0.140	0.097	0.092	0.090	0.024	0.002
Ⅱ 上司・リーダー	32 上司・リーダーは仕事に明るく、仕事がよくわかっている	0.156	0.230	0.768	0.176	0.156	0.042	0.106	0.104	0.072	0.077	0.044	-0.048
Ⅱ 上司・リーダー	31 上司・リーダーは仕事をうまく段取りしたり組織したりできる	0.159	0.238	0.766	0.171	0.166	0.040	0.100	0.104	0.059	0.070	0.080	-0.012
Ⅱ 上司・リーダー	25 上司・リーダーは私の仕事を公正に評価し扱っている	0.150	0.195	0.721	0.223	0.203	0.124	0.142	0.102	0.057	0.044	0.034	0.025
Ⅱ 上司・リーダー	23 上司・リーダーは私の能力を高めてくれようとしてくれる	0.335	0.178	0.699	0.170	0.161	0.112	0.090	0.085	0.100	0.064	0.124	0.130
Ⅱ 上司・リーダー	22 上司・リーダーは私の長所を生かそうとしてくれる	0.335	0.160	0.696	0.180	0.128	0.143	0.143	0.078	0.105	0.074	0.074	0.112
Ⅱ 上司・リーダー	26 上司・リーダーは部下を公平に分け隔てなく接する	0.106	0.183	0.887	0.213	0.192	0.112	0.136	0.080	0.070	0.041	0.000	-0.010
Ⅱ 上司・リーダー	21 上司・リーダーは私に期待をかけ、信頼してくれる	0.319	0.115	0.635	0.193	0.091	0.192	0.151	0.056	0.153	0.056	0.003	0.105
Ⅱ 上司・リーダー	24 上司・リーダーはやりがい甲斐のある仕事を与えてくれる	0.439	0.124	0.620	0.168	0.161	0.125	0.087	0.069	0.109	0.055	0.111	0.116
Ⅲ 同僚や顧客との関係	35 同僚の多くに好意をもてる	0.190	0.191	0.224	0.783	0.118	0.091	0.105	0.065	0.113	0.064	-0.002	-0.023
Ⅲ 同僚や顧客との関係	36 同僚の間では、みんな気持ちよくつきあっている	0.176	0.191	0.208	0.777	0.160	0.088	0.088	0.052	0.112	0.016	0.070	0.040
Ⅲ 同僚や顧客との関係	34 私の職場の人間関係はよい	0.154	0.140	0.263	0.769	0.106	0.144	0.133	0.057	0.079	0.054	-0.018	-0.029
Ⅲ 同僚や顧客との関係	39 職場は互いに協力的な雰囲気でチームワークがある	0.243	0.157	0.206	0.763	0.088	0.075	0.086	0.073	0.196	0.057	0.053	0.062
Ⅲ 同僚や顧客との関係	33 仕事が依頼された同僚はきちんとやってくれる	0.171	0.144	0.273	0.747	0.091	0.136	0.136	0.061	0.071	0.080	-0.018	-0.045
Ⅲ 同僚や顧客との関係	37 仕事が遅れたり困ったりしているときは同僚はお互いに助け合っている	0.170	0.166	0.204	0.719	0.097	0.027	0.100	0.055	0.150	0.053	0.086	0.062
Ⅲ 同僚や顧客との関係	40 同僚の間では仕事や個人的な情報交換が活発である	0.241	0.166	0.191	0.700	0.091	0.136	0.073	0.084	0.204	0.067	0.106	0.072
Ⅲ 同僚や顧客との関係	38 メンバーは仕事の成果を良くしていこうとしている	0.238	0.267	0.244	0.667	0.151	0.056	0.090	0.091	0.152	0.063	0.124	0.076
Ⅴ 処遇・報酬	62 昇進・昇格は公平、客観的に行われている	0.131	0.310	0.253	0.148	0.726	0.071	0.128	0.118	0.059	0.053	0.055	0.028
Ⅴ 処遇・報酬	61 組織の給与体系は公正・妥当なものである	0.156	0.290	0.257	0.145	0.712	0.073	0.131	0.138	0.047	0.064	0.024	0.013
Ⅴ 処遇・報酬	65 私の職務に対し、十分な給与が用意されている	0.133	0.296	0.212	0.135	0.701	0.053	0.207	0.178	0.060	0.046	0.019	0.009
Ⅴ 処遇・報酬	63 十分に評価され、活躍の場が用意されている	0.196	0.313	0.212	0.136	0.693	0.064	0.117	0.134	0.062	0.066	0.116	0.073
Ⅴ 処遇・報酬	66 評価は客観的であり、十分な透明性を持っている	0.139	0.351	0.260	0.128	0.691	0.061	0.172	0.115	0.062	0.054	0.076	0.045
Ⅴ 処遇・報酬	64 人の意欲が高いときには、それに見合った報酬となっている	0.178	0.319	0.195	0.129	0.644	0.060	0.117	0.198	0.042	0.044	0.195	0.066
Ⅴ 処遇・報酬	本人の希望が強いときには、それに見合ったキャリアが用意されている	0.123	0.302	0.191	0.148	0.631	0.085	0.142	0.099	0.070	0.085	0.098	0.027
Ⅴ 処遇・報酬	68 私は仕事に見合った十分な処遇を得ている	0.140	0.176	0.207	0.102	0.579	0.075	0.228	0.172	0.037	0.079	0.044	-0.035

第2章　各測定尺度、チェックリストの開発とその内容

区分	項目番号	項目	1	2	3	4	5	6	7	8	9	10	11	12
I 職務	11	自分の仕事のスケジュールは、自分で決められる	0.164	0.073	0.096	0.065	0.042	**0.825**	0.159	0.018	0.101	0.018	0.004	-0.089
I 職務	10	自分の仕事の手順は、自分で決められる	0.229	0.050	0.095	0.091	-0.001	**0.804**	0.119	0.007	0.125	0.061	-0.047	-0.116
I 職務	12	仕事の目標や達行規模は自分で定められる	0.268	0.105	0.106	0.088	0.080	**0.774**	0.053	0.014	0.085	0.029	0.036	0.026
I 職務	9	仕事の遂行に影響する決定は、自分で下すことができる	0.336	0.095	0.103	0.098	0.104	**0.698**	0.130	0.011	0.086	0.034	0.046	0.121
I 職務	13	仕事をすすめる上で、自分の意見は十分反映されている	0.387	0.162	0.263	0.173	0.117	**0.567**	0.143	0.052	0.082	0.071	0.062	0.210
I 職務	14	自分の仕事に関わりのある社内の決定には、参加できる	0.334	0.174	0.157	0.122	0.124	**0.542**	0.064	0.018	0.084	0.088	0.058	0.448
I 職務	16	自分の仕事の目標設定や手続きの決定には、意見を述べることができる	0.364	0.170	0.190	0.140	0.085	**0.531**	0.099	0.110	0.087	0.166	0.035	0.371
VI 能力開発・福祉厚生・生活サポート	82	残業を含めての労働時間は適切といえる	0.045	0.120	0.143	0.094	0.135	0.071	**0.785**	0.069	0.045	0.026	0.007	-0.043
VI 能力開発・福祉厚生・生活サポート	81	休日や休暇は満足にとることができる	0.057	0.097	0.121	0.090	0.077	0.099	**0.769**	0.120	0.029	0.040	0.005	-0.030
VI 能力開発・福祉厚生・生活サポート	84	仕事をしていて、体に悪いと思うようなことは、特にない	0.089	0.186	0.155	0.144	0.172	0.192	**0.639**	0.030	0.090	0.062	0.036	-0.080
VI 能力開発・福祉厚生・生活サポート	79	仕事と生活の両立するよう、十分配慮されている	0.104	0.228	0.192	0.114	0.230	0.028	**0.634**	0.299	0.028	-0.002	0.105	0.164
VI 能力開発・福祉厚生・生活サポート	83	職場は安全で衛生的である	0.152	0.188	0.161	0.173	0.104	0.141	**0.578**	0.139	0.148	0.165	0.025	-0.150
VI 能力開発・福祉厚生・生活サポート	80	勤務時間は融通がきく	0.104	0.169	0.106	0.064	0.176	0.158	**0.562**	0.051	0.033	0.025	0.093	0.174
VI 能力開発・福祉厚生・生活サポート	78	出張や会議が時間外や休日にかからないよう配慮してくれる	0.068	0.194	0.126	0.083	0.146	-0.005	**0.552**	0.343	0.020	-0.040	0.092	0.198
VI 能力開発・福祉厚生・生活サポート		この会社は貯蓄や企業年金など財産形成を支援してくれる	0.074	0.109	0.108	0.065	0.146	0.027	0.060	**0.826**	0.009	0.052	0.052	-0.031
VI 能力開発・福祉厚生・生活サポート		この会社は住宅手当や社宅など住居の支援をしてくれる	0.089	0.098	0.099	0.033	0.131	0.024	0.029	**0.772**	0.022	0.017	0.009	-0.012
VI 能力開発・福祉厚生・生活サポート		この会社は従業員の医療費や健康維持を支援してくれる	0.124	0.140	0.124	0.087	0.107	0.048	0.168	**0.746**	0.068	0.089	0.037	-0.026
VI 能力開発・福祉厚生・生活サポート		この会社はスポーツ、文化、余暇など活動を支援してくれる	0.088	0.206	0.112	0.067	0.211	-0.009	0.156	**0.698**	-0.001	0.021	0.154	0.091
I 職務	77	育児や介護休暇等の支援制度は整備されており、利用しやすい	0.104	0.145	0.096	0.101	0.086	0.021	0.318	**0.645**	0.014	0.076	0.100	0.053
III 同僚や顧客との関係	43	私の仕事ぶりは顧客（あるいは業務の相手）から正当に評価されている	0.273	0.157	0.176	0.251	0.113	0.156	0.084	0.028	**0.758**	0.046	0.048	0.040
III 同僚や顧客との関係	42	顧客（あるいは業務の相手）とのコミュニケーションは円滑に行われている	0.230	0.186	0.167	0.325	0.075	0.149	0.113	0.046	**0.738**	0.069	0.041	-0.011
III 同僚や顧客との関係	44	顧客（あるいは業務の相手）は私の手腕をみとめて仕事を任せてくれる	0.313	0.156	0.165	0.249	0.086	0.185	0.073	0.034	**0.736**	0.057	0.051	0.075
III 同僚や顧客との関係	41	顧客（あるいは業務の相手）との間には信頼関係が成立っている	0.242	0.191	0.173	0.318	0.075	0.156	0.108	0.039	**0.731**	0.073	0.024	-0.019
IV ビジョン・経営者	59	新しい解決法、新しいアイデアが求められている	0.255	0.389	0.188	0.162	0.138	0.144	0.079	0.151	0.099	**0.888**	0.071	0.038
IV ビジョン・経営者	58	新しい仕事のやり方を試そうと奨励されている	0.242	0.462	0.213	0.164	0.188	0.133	0.115	0.129	0.087	**0.630**	0.101	0.063
IV ビジョン・経営者	60	よりよい仕事になるようアイデアを出し、肯定的、受容的である	0.242	0.475	0.214	0.184	0.159	0.119	0.125	0.148	0.102	**0.587**	0.043	0.022
IV ビジョン・経営者	69	仕事で必要な技術や知識については、十分な教育・研修がある	0.241	0.493	0.229	0.170	0.202	0.149	0.148	0.084	0.107	**0.525**	0.025	0.068
VI 能力開発・福祉厚生・生活サポート	70	教育・研修は自分の希望や重要度を十分反映したものとなっている	0.182	0.261	0.180	0.151	0.212	0.031	0.138	0.282	0.066	0.076	**0.659**	0.082
VI 能力開発・福祉厚生・生活サポート			0.207	0.298	0.202	0.145	0.288	0.063	0.155	0.234	0.068	0.069	**0.646**	0.082
I 職務	15	新技術導入や事業変更などの決定には、従業員の参画が求められている	0.292	0.279	0.173	0.131	0.179	0.368	0.053	0.122	0.021	0.114	0.154	**0.441**

注）SPSS　Statistics21 により、主成分法で因子を抽出し、バリマックス法で回転。

図表2-4 ワークシチュエーションの因子分析の結果

分類	No.	項目	1	2	3	4	5	6	7	8	9	10	11	12
I 職務	6	仕事を通じて自分自身が成長している感じを持てる	0.859	0.447	0.480	0.440	0.377	0.432	0.269	0.264	0.457	0.442	0.504	0.382
I 職務	8	仕事では自分の能力を活かし可能性を伸ばすことができる	0.858	0.483	0.492	0.456	0.421	0.489	0.304	0.270	0.472	0.465	0.538	0.433
I 職務	9	今の仕事は挑戦しがいのある仕事である	0.851	0.455	0.473	0.434	0.384	0.423	0.276	0.242	0.432	0.408	0.501	0.384
I 職務	19	今やっている仕事は、私の人生にとって意義あるものと思う	0.827	0.500	0.512	0.467	0.402	0.456	0.355	0.246	0.474	0.406	0.537	0.516
I 職務	7	仕事において、自分がどのレベルに達したかを把握することができる	0.804	0.475	0.491	0.469	0.386	0.428	0.337	0.251	0.450	0.404	0.490	0.363
I 職務	17	私はこの組織にとって大切な仕事をしていると感じている	0.777	0.436	0.448	0.416	0.386	0.432	0.271	0.255	0.439	0.413	0.502	0.376
I 職務	4	仕事の上で自分のアイデアや工夫が生かせる	0.760	0.462	0.468	0.449	0.334	0.541	0.321	0.187	0.506	0.402	0.419	0.607
I 職務	20	私の仕事は社会に貢献する、意義あるものである	0.757	0.426	0.447	0.421	0.338	0.561	0.321	0.216	0.440	0.456	0.492	0.448
I 職務	18	経験を積み重ねることにより、より高度な仕事が与えられる	0.751	0.438	0.474	0.405	0.393	0.396	0.236	0.282	0.392	0.443	0.494	0.375
I 職務			0.745	0.458	0.455	0.438	0.364	0.394	0.297	0.274	0.463	0.394	0.410	0.440
I 職務	20	私の仕事は社会にとって重要な仕事を任せられている	0.734	0.460	0.534	0.464	0.541	0.564	0.426	0.173	0.492	0.489	0.689	0.637
VI 能力開発・福利厚生・ライフサポート	71	ここで仕事をすることが、自分の今後のキャリアにプラスとなる	0.702	0.556	0.534	0.464	0.541	0.324	0.369	0.369	0.432	0.489	0.238	0.354
I 職務	2	仕事において重要かつ難しいことをやりとげると思う事が何度もある	0.628	0.245	0.286	0.319	0.127	0.400	0.161	0.110	0.412	0.287	0.584	0.282
IV ビジョン・経営者	52	経営者は会社の将来の計画について、従業員の意見を尊重している	0.477	0.370	0.541	0.459	0.650	0.317	0.480	0.349	0.395	0.527	0.537	0.465
IV ビジョン・経営者	54	経営者は正しいことを行っていると信頼が持てる	0.475	0.868	0.563	0.462	0.631	0.310	0.495	0.373	0.423	0.573	0.521	0.370
IV ビジョン・経営者	51	経営者は一丸となって、われわれとともに働いている	0.464	0.858	0.531	0.447	0.611	0.297	0.450	0.311	0.396	0.523	0.546	0.454
IV ビジョン・経営者	53	経営者は情報開示等、積極的にすべきことを経営者は行動している	0.482	0.849	0.537	0.451	0.615	0.314	0.486	0.403	0.409	0.581	0.488	0.388
IV ビジョン・経営者	55	経営者は組織全体の実績がより良くなるよう、常に努力している	0.465	0.831	0.533	0.482	0.584	0.311	0.461	0.355	0.426	0.627	0.689	0.323
IV ビジョン・経営者	47	組織のかかわりビジョンや計画など多くが賛同している	0.516	0.828	0.529	0.447	0.602	0.351	0.469	0.398	0.410	0.489	0.490	0.184
IV ビジョン・経営者	56	経営者は企業の経営方針の状況を適切に把握している	0.459	0.818	0.513	0.444	0.579	0.321	0.449	0.353	0.434	0.610	0.551	0.311
IV ビジョン・経営者	46	会社のビジョンに関連した情報を、可能な限り従業員に開示している	0.447	0.747	0.507	0.448	0.594	0.303	0.399	0.403	0.385	0.530	0.680	0.400
IV ビジョン・経営者	49	経営者はわれわれ社員を上げた先々で話すとして長く経営している	0.482	0.794	0.493	0.432	0.577	0.317	0.399	0.262	0.374	0.464	0.501	0.109
IV ビジョン・経営者	48	会社のビジョンや経営戦略の実現で語ってトップのビジョンや戦略がある	0.440	0.788	0.480	0.452	0.582	0.316	0.423	0.402	0.365	0.487	0.664	0.198
IV ビジョン・経営者	45	会社には明確で高度で考えられたビジョンや戦略がある	0.462	0.779	0.487	0.446	0.519	0.301	0.411	0.402	0.381	0.457	0.646	0.467
IV ビジョン・経営者			0.485	0.752	0.487	0.446	0.519	0.320	0.378	0.418	0.391	0.492	0.507	0.087
II 上司/リーダー	27	私は上司/リーダーは人間的に信頼できる	0.490	0.572	0.886	0.522	0.549	0.310	0.423	0.312	0.391	0.417	0.489	0.352
II 上司/リーダー	30	私の上司/リーダーは仕事に役立つアドバイスをしてくれる	0.482	0.560	0.885	0.516	0.500	0.305	0.425	0.328	0.378	0.448	0.485	0.333
II 上司/リーダー	31	助けが必要なときには、上司/リーダーは支援してくれる	0.491	0.536	0.871	0.507	0.480	0.285	0.396	0.323	0.391	0.442	0.453	0.321
II 上司/リーダー	32	私の上司/リーダーは明るく、仕事がよくわかっている	0.478	0.525	0.862	0.525	0.523	0.328	0.430	0.316	0.417	0.434	0.464	0.339
II 上司/リーダー	22	上司/リーダーは私の能力が向上するよう配慮してくれる	0.468	0.557	0.854	0.501	0.507	0.276	0.401	0.331	0.378	0.432	0.575	0.299
II 上司/リーダー	23	上司/リーダーは私の業績を正当に扱ってくれる	0.460	0.544	0.849	0.528	0.518	0.277	0.400	0.311	0.386	0.453	0.530	0.278
II 上司/リーダー	24	上司/リーダーは私の仕事に見合った評価を与えてくれる	0.616	0.552	0.841	0.530	0.484	0.375	0.399	0.313	0.453	0.458	0.482	0.474
II 上司/リーダー	21	私の上司/リーダーは状況に応じて適切に助言してくれる	0.610	0.529	0.830	0.537	0.538	0.400	0.399	0.295	0.460	0.457	0.579	0.469
II 上司/リーダー			0.469	0.541	0.828	0.530	0.484	0.343	0.443	0.327	0.478	0.419	0.422	0.358
II 上司/リーダー			0.687	0.559	0.798	0.505	0.513	0.410	0.392	0.299	0.494	0.465	0.579	0.484
II 上司/リーダー			0.418	0.503	0.773	0.515	0.501	0.332	0.427	0.292	0.477	0.390	0.422	0.316
II 上司/リーダー			0.574	0.468	0.755	0.418	0.418	0.427	0.383	0.249	0.379	0.379	0.444	0.456
III 同僚や顧客との関係	39	私と同僚の間には良好なチームワークがある	0.511	0.488	0.513	0.865	0.435	0.327	0.352	0.257	0.578	0.405	0.449	0.330
III 同僚や顧客との関係	36	同僚の間では、みんな気持ちがしっくり合っている	0.461	0.511	0.511	0.860	0.435	0.316	0.359	0.249	0.508	0.416	0.458	0.300
III 同僚や顧客との関係	35	同僚の多くは好感をもてる	0.455	0.432	0.507	0.846	0.386	0.318	0.359	0.245	0.506	0.375	0.375	0.266
III 同僚や顧客との関係	33	職場は友好的な雰囲気である	0.438	0.443	0.533	0.846	0.386	0.357	0.388	0.242	0.480	0.384	0.386	0.273
III 同僚や顧客との関係	38	メンバーは協同して、全体の業績を良くしようとしている	0.448	0.568	0.538	0.811	0.377	0.353	0.386	0.307	0.543	0.400	0.376	0.267
III 同僚や顧客との関係	40	同僚との間では、上司の情報交換が活発である	0.529	0.466	0.561	0.800	0.476	0.320	0.337	0.264	0.560	0.450	0.542	0.339
III 同僚や顧客との関係	37	仕事を行う際、適切な情報は同僚とは互いに助け合っている	0.503	0.427	0.493	0.776	0.381	0.257	0.451	0.233	0.495	0.360	0.470	0.320
V 処遇・報酬	62	適切な人が、適切な時期に昇進している	0.426	0.634	0.540	0.430	0.863	0.263	0.492	0.380	0.329	0.424	0.421	0.272
V 処遇・報酬	66	評価は客観的であり、十分な透明性を持っている	0.416	0.669	0.553	0.427	0.856	0.262	0.453	0.391	0.338	0.436	0.563	0.322
V 処遇・報酬	63	昇進・昇格は公平・妥当な仕方で行われている	0.429	0.621	0.542	0.430	0.845	0.267	0.453	0.393	0.324	0.428	0.587	0.342
V 処遇・報酬	61	十分な仕方、苦情の場が用意されている	0.430	0.645	0.532	0.410	0.845	0.271	0.444	0.398	0.342	0.442	0.546	0.323
V 処遇・報酬	65	各人の業績が処遇に（キャリアコース）が用意されている	0.469	0.632	0.499	0.341	0.832	0.244	0.510	0.433	0.319	0.406	0.614	0.362
V 処遇・報酬			0.403	0.622	0.507	0.350	0.804	0.255	0.439	0.447	0.312	0.420	0.647	0.310
V 処遇・報酬			0.448	0.574	0.425	0.425	0.715	0.245	0.415	0.340	0.291	0.392	0.543	0.325
V 処遇・報酬	68	私は仕事に見合った十分な給与を得ている	0.369	0.498	0.451	0.341	0.661	0.237	0.468	0.388	0.270	0.357	0.515	0.291
V 処遇・報酬			0.366		0.451	0.350							0.476	0.264

第2章　各測定尺度、チェックリストの開発とその内容

分類	項目												
I職務	11 自分の仕事のスケジュールは、自分で決められる	0.386	0.277	0.285	0.267	0.207	**0.823**	0.327	0.118	0.356	0.276	0.202	0.346
I職務	10 自分の仕事の手順は、自分で決められる	0.427	0.256	0.285	0.289	0.166	**0.822**	0.286	0.094	0.388	0.303	0.169	0.343
I職務	12 仕事の目標や達成過程は自分で定められる	0.487	0.343	0.335	0.317	0.271	**0.813**	0.329	0.139	0.385	0.325	0.289	0.450
I職務	9 仕事の遂行に影響する決定は、自分で下すことができる	0.531	0.345	0.339	0.327	0.282	**0.747**	0.268	0.133	0.390	0.327	0.314	0.504
I職務	13 仕事をするうえで、自分の意見は十分反映されている	0.635	0.486	0.457	0.464	0.401	**0.719**	0.404	0.235	0.462	0.435	0.453	0.600
I職務	16 日々の仕事の目標設定や手続きの決定は、意見を述べることができる	0.596	0.475	0.527	0.413	0.361	**0.667**	0.356	0.265	0.433	0.465	0.424	0.667
VI能力開発・福祉厚生・生活サポート	82 残業を含めて今の労働時間は適切といえる	0.225	0.359	0.334	0.292	0.375	0.237	**0.785**	0.296	0.240	0.251	0.304	0.182
VI能力開発・福祉厚生・生活サポート	79 仕事と生活が両立するよう、十分配慮されている	0.340	0.518	0.445	0.369	0.539	0.236	**0.768**	0.526	0.274	0.335	0.514	0.325
VI能力開発・福祉厚生・生活サポート	81 休日や休暇は満足していると言えるようなことは、特にない	0.224	0.328	0.307	0.275	0.328	0.254	**0.750**	0.321	0.224	0.249	0.288	0.181
VI能力開発・福祉厚生・生活サポート	83 職場は安全で衛生的である	0.312	0.436	0.385	0.366	0.421	0.350	**0.685**	0.354	0.327	0.325	0.358	0.241
VI能力開発・福祉厚生・生活サポート	84 仕事をしていて、体に悪いと思うようなことは、特にない	0.367	0.452	0.406	0.407	0.399	0.335	**0.626**	0.275	0.383	0.402	0.383	0.213
VI能力開発・福祉厚生・生活サポート	78 出張や会議の時間外や休日にかからないよう配慮されている	0.257	0.416	0.322	0.284	0.423	0.173	**0.584**	0.492	0.206	0.258	0.430	0.254
VI能力開発・福祉厚生・生活サポート	80 勤務時間は融通の利く	0.292	0.397	0.279	0.275	0.396	0.303	0.317	0.273	0.245	0.275	0.355	0.309
VI能力開発・福祉厚生・生活サポート	この会社は計画や企業年金など財産形成を支援してくれる	0.240	0.321	0.326	0.226	0.364	0.120	0.180	**0.830**	0.140	0.334	0.425	0.099
VI能力開発・福祉厚生・生活サポート	この会社は従業員の医療費や健康維持を支援してくれる	0.306	0.376	0.325	0.284	0.374	0.411	0.411	**0.762**	0.228	0.301	0.443	0.154
VI能力開発・福祉厚生・生活サポート	この会社はスポーツ、文化、余暇など生活を活動的に支援してくれる	0.283	0.428	0.325	0.263	0.461	0.121	0.409	**0.750**	0.166	0.230	0.526	0.189
VI能力開発・福祉厚生・生活サポート	この会社は主に手当や住宅など生活の支援をしてくれる	0.226	0.285	0.248	0.186	0.321	0.105	0.272	**0.712**	0.129	0.372	0.372	0.106
VI能力開発・福祉厚生・生活サポート	77 男女雇用や退職後等の支援制度は整備されており、利用しやすい	0.283	0.376	0.307	0.282	0.372	0.166	0.495	**0.686**	0.193	0.316	0.455	0.175
III同僚や顧客との関係	43 私の仕事ぶりは直接（あるいは業務の相手）から公正に評価されている	0.521	0.440	0.439	0.535	0.348	0.409	0.166	0.186	**0.868**	0.385	0.390	0.336
III同僚や顧客との関係	42 顧客（あるいは業務の相手）とのコミュニケーションは円滑に行われている	0.496	0.457	0.439	0.587	0.336	0.404	0.320	0.208	**0.868**	0.406	0.380	0.287
III同僚や顧客との関係	41 顧客（あるいは業務の相手）との間には信頼関係が築かれている	0.504	0.461	0.445	0.584	0.335	0.411	0.350	0.202	**0.864**	0.411	0.371	0.290
III同僚や顧客との関係	44 顧客（あるいは業務の相手）は私の手続きを認めて仕事を任せてくれる	0.553	0.442	0.437	0.536	0.332	0.440	0.347	0.188	**0.864**	0.400	0.398	0.376
IVビジョン・経営者	58 新しい仕事のやり方を試すような受容がされている	0.531	0.717	0.526	0.470	0.544	0.376	0.312	0.371	0.427	**0.889**	0.550	0.389
IVビジョン・経営者	59 新しい解決法、新しいアイデアが求められている	0.518	0.642	0.483	0.446	0.472	0.375	0.423	0.362	0.420	**0.883**	0.489	0.360
IVビジョン・経営者	57 よりよい仕事になるようなアイデアを出し、工夫するよう奨励されている	0.525	0.715	0.525	0.484	0.523	0.366	0.372	0.383	0.440	**0.834**	0.514	0.358
IVビジョン・経営者	60 新しい仕事のやり方に対して、肯定的、受容的である	0.538	0.740	0.546	0.486	0.563	0.396	0.430	0.341	0.452	**0.798**	0.546	0.403
VI能力開発・福祉厚生・生活サポート	70 教育・研修は自分の希望や要望を十分反映したものとなっている	0.483	0.592	0.484	0.421	0.596	0.257	0.453	0.477	0.335	0.414	**0.841**	0.306
VI能力開発・福祉厚生・生活サポート	69 仕事に必要な技術や知識については、十分な教育・研修がある	0.434	0.527	0.435	0.394	0.517	0.210	0.436	0.489	0.304	0.383	**0.774**	0.227
VI能力開発・福祉厚生・生活サポート	72 ここでの仕事に関わる経験則が、自分の仕事の目標につながっている	0.705	0.571	0.531	0.462	0.564	0.324	0.397	0.366	0.425	0.473	**0.708**	0.379
I職務	14 自分の仕事に関わる社内の決定には、参加できる	0.556	0.450	0.412	0.375	0.355	0.651	0.422	0.174	0.405	0.389	0.401	0.695
I職務	15 新規採用や業務変更などの決定には、従業員の参画が求められている	0.533	0.537	0.444	0.388	0.448	0.509	0.330	0.296	0.353	0.435	0.507	0.596

注）SPSS Statistics21 により、主因子法で因子を抽出、プロマックス法で回転。

図表2-5 因子間相関行列

	1	2	3	4	5	6	7	8	9	10	11	12
1	1.000	0.572	0.595	0.551	0.476	0.558	0.370	0.314	0.573	0.530	0.630	0.519
2	0.572	1.000	0.629	0.548	0.716	0.391	0.542	0.439	0.486	0.644	0.688	0.422
3	0.595	0.629	1.000	0.607	0.595	0.389	0.483	0.362	0.479	0.507	0.572	0.428
4	0.551	0.548	0.607	1.000	0.467	0.384	0.432	0.301	0.617	0.464	0.508	0.342
5	0.476	0.716	0.595	0.467	1.000	0.278	0.545	0.470	0.352	0.479	0.667	0.368
6	0.558	0.391	0.389	0.384	0.278	1.000	0.355	0.157	0.465	0.390	0.321	0.446
7	0.370	0.542	0.483	0.432	0.545	0.355	1.000	0.481	0.363	0.400	0.477	0.327
8	0.314	0.439	0.362	0.301	0.470	0.157	0.481	1.000	0.198	0.360	0.551	0.163
9	0.573	0.486	0.479	0.617	0.352	0.465	0.363	0.198	1.000	0.445	0.403	0.367
10	0.530	0.644	0.507	0.464	0.479	0.390	0.400	0.360	0.445	1.000	0.470	0.359
11	0.630	0.688	0.572	0.508	0.667	0.321	0.477	0.551	0.403	0.470	1.000	0.335
12	0.519	0.422	0.428	0.342	0.368	0.446	0.327	0.163	0.367	0.359	0.335	1.000

図表2-6 領域の属性別平均値、標準偏差

		I.職務	II.上司やリーダー	III.同僚や顧客との関係	IV.ビジョン・経営者	V.処遇・報酬(新)	VI.能力開発・福利厚生・生活サポート(新)
男	30歳未満	3.12	3.20	3.28	2.89	2.77	2.93
		0.800	0.900	0.790	0.830	0.870	0.770
	30～39歳	3.25	3.10	3.26	2.83	2.59	2.84
		0.810	0.960	0.800	0.860	0.890	0.760
	40～49歳	3.30	3.06	3.29	2.86	2.53	2.82
		0.830	0.950	0.780	0.880	0.900	0.750
	50～59歳	3.41	3.07	3.39	3.00	2.63	2.92
		0.830	0.940	0.740	0.880	0.890	0.750
	60歳以上	3.54	3.29	3.58	3.23	2.90	3.11
		0.790	0.870	0.730	0.860	0.840	0.710
女	30歳未満	3.10	3.16	3.36	2.89	2.73	2.88
		0.790	0.970	0.810	0.880	0.900	0.790
	30～39歳	3.11	3.10	3.32	2.88	2.62	2.89
		0.810	1.000	0.840	0.860	0.900	0.760
	40～49歳	3.13	2.98	3.29	2.83	2.53	2.83
		0.850	1.020	0.880	0.900	0.940	0.770
	50～59歳	3.29	3.04	3.37	2.93	2.60	2.86
		0.790	0.950	0.780	0.890	0.910	0.730
	60歳以上	3.42	3.25	3.59	3.16	2.82	2.99
		0.790	0.900	0.760	0.840	0.910	0.750

第2章　各測定尺度、チェックリストの開発とその内容

図表2-7 領域の属性別平均値、標準偏差

		I.職務	II.上司やリーダー	III.同僚や顧客との関係	IV.ビジョン・経営者	V.処遇・報酬(新)	VI.能力開発・福利厚生・生活サポート(新)
男	事務職	3.38 0.800	3.20 0.890	3.39 0.760	3.10 0.850	2.79 0.860	3.06 0.720
	技術職	3.39 0.770	3.19 0.890	3.38 0.740	2.99 0.830	2.70 0.860	2.96 0.740
	専門職	3.57 0.760	3.24 0.960	3.46 0.770	3.02 0.890	2.71 0.900	3.01 0.730
	営業・販売職	3.36 0.850	3.13 0.980	3.41 0.800	2.99 0.940	2.72 0.920	2.88 0.770
	現業職	2.98 0.870	2.94 0.920	3.21 0.790	2.72 0.870	2.49 0.900	2.68 0.760
女	事務職	3.10 0.800	3.04 0.980	3.31 0.830	2.88 0.900	2.62 0.930	2.85 0.780
	技術職	3.27 0.770	3.20 0.950	3.32 0.760	2.99 0.820	2.74 0.880	2.99 0.720
	専門職	3.49 0.750	3.23 0.970	3.52 0.780	3.00 0.850	2.69 0.870	2.97 0.700
	営業・販売職	3.12 0.850	3.10 1.000	3.45 0.860	2.91 0.900	2.69 0.950	2.88 0.790
	現業職	3.05 0.820	2.99 0.940	3.33 0.830	2.82 0.880	2.54 0.890	2.74 0.750

図表2-8 領域の企業規模、業種別平均値、標準偏差

		I.職務	II.上司やリーダー	III.同僚や顧客との関係	IV.ビジョン・経営者	V.処遇・報酬(新)	VI.能力開発・福利厚生・生活サポート(新)
企業規模	30人以下	3.41 0.860	3.17 0.980	3.43 0.850	3.03 0.960	2.77 0.980	2.78 0.800
	31〜300人	3.22 0.820	3.04 0.970	3.30 0.780	2.85 0.890	2.56 0.890	2.79 0.730
	301〜3,000人	3.21 0.810	3.12 0.920	3.34 0.770	2.91 0.830	2.63 0.840	2.95 0.720
	3,001人以上	3.28 0.780	3.19 0.900	3.39 0.750	3.03 0.800	2.75 0.850	3.17 0.710
	計	3.28 0.820	3.13 0.950	3.37 0.790	2.95 0.880	2.67 0.900	2.91 0.760
業種	建設業	3.39 0.810	3.18 0.930	3.42 0.810	3.01 0.900	2.76 0.920	2.89 0.770
	製造業	3.27 0.820	3.13 0.930	3.32 0.780	2.96 0.870	2.68 0.880	2.96 0.760
	電気・ガス・熱供給・水道業	3.17 0.790	3.10 0.910	3.34 0.810	2.91 0.840	2.64 0.850	3.04 0.780
	運輸・通信業	3.07 0.820	2.98 0.960	3.25 0.780	2.80 0.860	2.55 0.890	2.83 0.790
	卸・小売、飲食業	3.26 0.870	3.10 0.970	3.39 0.790	2.99 0.910	2.66 0.920	2.79 0.760
	金融・保険業	3.14 0.820	3.10 0.900	3.31 0.800	2.93 0.890	2.77 0.860	3.09 0.730
	不動産業	3.26 0.860	3.10 0.970	3.34 0.850	3.02 0.920	2.75 0.970	2.86 0.770
	サービス業（対事業所）	3.25 0.820	3.10 0.930	3.34 0.770	2.93 0.880	2.67 0.910	2.84 0.750
	サービス業（対個人）	3.30 0.810	3.11 0.970	3.39 0.820	2.91 0.860	2.63 0.910	2.83 0.740
	その他	3.40 0.800	3.20 0.950	3.46 0.790	2.99 0.870	2.69 0.870	3.00 0.720
	計	3.28 0.820	3.13 0.950	3.37 0.790	2.95 0.880	2.67 0.900	2.91 0.760

図表2−9 属性別平均値、標準偏差

（男女・年代別）　各セルは上段＝平均値、下段＝標準偏差

		a.達成	b.成長	c.自律性	d.参画	e.意義	f.承認・支持	g.公正・信頼	h.指導・支援	i.職場の人間関係	j.チームワーク	k.顧客との関係	l.ビジョン・戦略	m.経営者と従業員	n.経営者への信頼	o.仕事の革新	p.昇進・昇格・キャリア	q.評価・給与(新)	r.教育・研修	s.福利厚生(新)	t.生活サポート	u.労働条件
男	30歳未満	3.19 / 0.970	3.23 / 0.970	3.13 / 0.960	2.97 / 0.920	3.10 / 0.980	3.20 / 0.940	3.12 / 1.000	3.12 / 1.000	3.38 / 0.950	3.23 / 0.910	3.23 / 0.810	2.81 / 0.930	2.77 / 0.960	2.95 / 0.930	3.02 / 0.920	2.79 / 0.940	2.75 / 0.900	2.90 / 0.920	2.94 / 0.990	2.84 / 0.930	3.03 / 0.960
	30〜39歳	3.33 / 0.960	3.24 / 0.960	3.37 / 0.970	3.10 / 0.930	3.23 / 0.970	3.14 / 1.000	3.32 / 0.980	3.15 / 1.050	3.17 / 0.960	3.17 / 0.930	3.29 / 0.840	2.70 / 0.950	2.67 / 0.990	2.88 / 0.980	3.06 / 0.970	2.58 / 0.950	2.61 / 0.910	2.81 / 0.900	2.81 / 1.010	2.73 / 0.930	3.02 / 0.980
	40〜49歳	3.32 / 0.970	3.25 / 0.970	3.43 / 0.980	3.19 / 0.950	3.29 / 1.000	3.12 / 1.000	2.98 / 1.030	3.32 / 1.040	3.21 / 0.910	3.21 / 0.910	3.35 / 0.830	2.74 / 0.960	2.71 / 1.020	3.00 / 1.000	3.08 / 0.960	2.51 / 0.950	2.56 / 0.930	2.76 / 0.930	2.80 / 0.990	2.73 / 0.910	3.01 / 0.960
	50〜59歳	3.40 / 0.940	3.32 / 0.950	3.60 / 0.960	3.30 / 0.960	3.43 / 1.000	3.12 / 0.980	3.01 / 1.010	3.07 / 1.020	3.42 / 0.890	3.33 / 0.880	3.42 / 0.790	2.90 / 0.960	2.84 / 1.020	3.06 / 0.990	3.21 / 0.950	2.61 / 0.920	2.65 / 0.920	2.85 / 0.910	2.81 / 0.990	2.84 / 0.870	3.16 / 0.930
	60歳以上	3.54 / 0.880	3.40 / 0.910	3.75 / 0.950	3.43 / 0.960	3.57 / 1.000	3.35 / 0.900	3.27 / 0.900	3.24 / 1.020	3.63 / 0.890	3.50 / 0.840	3.60 / 0.780	3.14 / 0.930	3.09 / 1.000	3.30 / 0.960	3.37 / 0.920	2.91 / 0.880	2.89 / 0.880	3.04 / 0.890	2.91 / 0.980	3.02 / 0.850	3.46 / 0.870
女	30歳未満	3.22 / 0.980	3.12 / 0.970	3.21 / 0.970	2.91 / 0.930	3.06 / 0.990	3.19 / 0.980	3.07 / 1.050	3.14 / 1.100	3.48 / 0.960	3.29 / 0.960	3.30 / 0.830	2.82 / 0.920	2.78 / 0.920	2.92 / 0.960	3.04 / 0.950	2.76 / 0.970	2.70 / 0.930	2.81 / 0.980	2.75 / 0.890	2.78 / 0.990	3.17 / 0.990
	30〜39歳	3.21 / 0.990	3.01 / 1.050	3.29 / 0.970	2.97 / 0.930	3.06 / 1.010	3.14 / 1.030	3.01 / 1.110	3.43 / 1.030	3.43 / 0.980	3.28 / 0.980	3.27 / 0.840	2.78 / 0.920	2.76 / 0.990	2.93 / 0.990	3.04 / 0.950	2.58 / 0.970	2.65 / 0.930	2.77 / 0.960	2.66 / 1.050	2.84 / 0.970	3.28 / 0.990
	40〜49歳	3.23 / 0.980	3.04 / 1.050	3.44 / 1.030	2.95 / 1.040	3.10 / 1.040	3.03 / 1.050	2.90 / 1.120	3.32 / 1.110	3.32 / 0.980	3.25 / 1.020	3.30 / 0.880	2.78 / 0.950	2.73 / 1.020	2.86 / 0.990	2.94 / 0.990	2.50 / 1.010	2.57 / 0.970	2.71 / 0.950	2.57 / 1.060	2.80 / 0.970	3.24 / 1.000
	50〜59歳	3.38 / 0.900	3.18 / 0.980	3.44 / 1.010	3.09 / 1.000	3.33 / 0.980	3.14 / 0.960	3.03 / 1.050	3.03 / 1.060	3.35 / 0.980	3.33 / 0.920	3.44 / 0.770	2.86 / 0.950	2.83 / 1.010	2.97 / 1.010	3.05 / 0.960	2.58 / 0.960	2.61 / 0.950	2.80 / 0.940	2.57 / 1.000	2.83 / 0.880	3.24 / 0.950
	60歳以上	3.55 / 0.870	3.38 / 0.920	3.51 / 1.050	3.13 / 0.970	3.13 / 1.000	3.31 / 0.930	3.13 / 1.000	3.25 / 1.000	3.63 / 0.880	3.53 / 0.880	3.61 / 0.820	3.08 / 0.860	3.11 / 1.020	3.19 / 0.970	3.19 / 0.920	2.80 / 0.990	2.83 / 0.990	2.99 / 0.950	2.96 / 1.070	2.96 / 0.910	3.10 / 0.940

（男女・職種別）　各セルは上段＝平均値、下段＝標準偏差

		a.達成	b.成長	c.自律性	d.参画	e.意義	f.承認・支持	g.公正・信頼	h.指導・支援	i.職場の人間関係	j.チームワーク	k.顧客との関係	l.ビジョン・戦略	m.経営者と従業員	n.経営者への信頼	o.仕事の革新	p.昇進・昇格・キャリア	q.評価・給与(新)	r.教育・研修	s.福利厚生(新)	t.生活サポート	u.労働条件
男	事務職	3.32 / 0.940	3.25 / 0.930	3.58 / 0.950	3.35 / 0.920	3.39 / 0.980	3.23 / 0.940	3.17 / 0.980	3.17 / 0.980	3.45 / 0.910	3.34 / 0.880	3.38 / 0.780	2.99 / 0.940	2.96 / 0.990	3.17 / 0.990	3.27 / 0.920	2.78 / 0.920	2.81 / 0.900	2.90 / 0.910	2.95 / 0.960	3.02 / 0.870	3.36 / 0.920
	技術職	3.43 / 0.910	3.39 / 0.900	3.48 / 0.940	3.29 / 0.900	3.33 / 0.940	3.23 / 0.930	3.14 / 0.980	3.21 / 0.980	3.45 / 0.900	3.31 / 0.870	3.37 / 0.790	2.87 / 0.930	2.83 / 0.970	3.04 / 0.970	3.21 / 0.910	2.69 / 0.920	2.70 / 0.880	2.91 / 0.890	2.95 / 0.970	2.85 / 0.890	3.14 / 0.920
	専門職	3.66 / 0.910	3.57 / 0.900	3.60 / 0.930	3.33 / 0.480	3.67 / 0.930	3.34 / 0.980	3.16 / 1.040	3.51 / 1.050	3.51 / 0.930	3.38 / 0.910	3.49 / 0.810	2.92 / 0.960	2.89 / 1.010	3.09 / 0.930	3.19 / 0.960	2.74 / 0.970	2.69 / 0.930	3.07 / 0.970	2.92 / 0.970	2.90 / 0.880	3.15 / 0.970
	営業・販売職	3.37 / 0.950	3.26 / 0.980	3.64 / 0.950	3.23 / 0.490	3.31 / 0.930	3.19 / 1.020	3.06 / 1.050	3.14 / 1.000	3.43 / 0.930	3.28 / 0.930	3.53 / 0.860	2.85 / 1.010	2.88 / 1.060	3.04 / 1.010	3.17 / 1.000	2.69 / 0.970	2.74 / 0.950	2.83 / 0.910	2.73 / 0.970	2.78 / 0.930	3.16 / 0.960
	現業職	3.07 / 0.980	3.01 / 1.010	3.02 / 1.100	2.76 / 1.010	3.01 / 1.030	2.96 / 0.960	2.84 / 0.990	3.00 / 1.020	3.23 / 0.950	3.19 / 0.920	3.21 / 0.850	2.68 / 0.940	2.54 / 1.050	2.78 / 0.950	2.88 / 0.960	2.49 / 0.950	2.49 / 0.930	2.67 / 0.940	2.64 / 1.010	2.58 / 0.890	2.84 / 0.950
女	事務職	3.11 / 0.940	2.94 / 1.010	3.42 / 0.980	2.98 / 0.550	3.05 / 1.000	3.08 / 1.000	2.98 / 1.100	3.38 / 1.090	3.24 / 0.980	3.24 / 0.980	3.29 / 0.830	2.79 / 0.950	2.81 / 1.050	2.94 / 1.020	2.99 / 0.980	2.60 / 0.990	2.65 / 0.960	2.65 / 0.960	2.82 / 1.060	2.82 / 0.960	3.35 / 0.980
	技術職	3.45 / 0.910	3.32 / 0.940	3.33 / 0.950	3.12 / 0.050	3.12 / 0.960	3.24 / 0.970	3.13 / 1.030	3.43 / 1.080	3.24 / 1.020	3.24 / 0.890	3.29 / 0.790	2.83 / 0.890	2.89 / 0.970	3.06 / 0.360	3.19 / 0.900	2.72 / 0.950	2.75 / 0.900	2.65 / 0.860	2.85 / 0.970	2.95 / 0.920	3.26 / 0.960
	専門職	3.73 / 0.900	3.57 / 0.900	3.37 / 1.010	3.050 / 0.930	3.64 / 0.890	3.32 / 0.980	3.11 / 1.080	3.26 / 1.080	3.53 / 0.940	3.50 / 0.890	3.52 / 0.800	2.97 / 0.890	2.88 / 0.010	2.93 / 0.960	3.13 / 0.940	2.71 / 0.920	2.67 / 0.910	2.80 / 0.910	2.86 / 1.010	2.86 / 0.890	3.10 / 0.950
	営業・販売職	3.33 / 0.990	3.17 / 1.000	3.23 / 1.010	2.36 / 0.930	3.03 / 0.930	3.16 / 1.020	3.00 / 1.080	3.15 / 1.100	3.49 / 0.990	3.35 / 0.970	3.50 / 0.900	2.89 / 0.960	2.75 / 1.060	2.93 / 1.030	3.07 / 0.980	2.68 / 1.020	2.69 / 0.990	2.82 / 0.970	2.65 / 1.070	2.83 / 0.990	3.23 / 0.950
	現業職	3.28 / 0.930	3.08 / 1.000	2.95 / 1.050	2.79 / 1.000	3.15 / 1.000	3.06 / 0.980	2.85 / 1.060	3.06 / 1.020	3.38 / 0.990	3.33 / 0.970	3.30 / 0.870	2.79 / 0.970	2.69 / 1.020	2.86 / 1.020	2.95 / 0.920	2.53 / 0.990	2.56 / 0.910	2.80 / 0.910	2.40 / 1.020	2.65 / 0.930	3.10 / 1.010

図表2-10　企業規模、業種別平均値、標準偏差

各セルは上段＝平均値、下段＝標準偏差。

		a.達成	b.成長	c.自律性	d.参画	e.意義	f.承認・支持	g.公正・信頼	h.指導・支援	i.職場の人間関係	j.チームワーク	k.顧客との関係	l.ビジョン・戦略	m.経営者と従業員	n.経営者への信頼	o.仕事の革新	p.昇進・昇格・キャリア	q.評価・給与(新)	r.教育・研修	s.福利厚生(新)	t.生活サポート	u.労働条件
企業規模	30人以下	3.41 / 0.980	3.27 / 1.030	3.62 / 1.030	3.33 / 1.000	3.43 / 1.030	3.23 / 0.990	3.10 / 1.070	3.17 / 1.070	3.47 / 1.000	3.35 / 0.970	3.49 / 0.870	2.82 / 1.010	3.03 / 1.100	3.11 / 1.090	3.14 / 1.030	2.75 / 1.030	2.78 / 1.020	2.80 / 0.990	2.31 / 1.020	2.76 / 0.980	3.25 / 1.030
	31～300人	3.30 / 0.960	3.16 / 0.990	3.38 / 1.000	3.03 / 0.950	3.22 / 1.010	3.10 / 1.010	2.95 / 1.070	3.06 / 1.060	3.33 / 0.950	3.24 / 0.930	3.34 / 0.810	2.74 / 0.940	2.73 / 1.010	2.89 / 1.010	3.03 / 0.970	2.56 / 0.950	2.55 / 0.910	2.74 / 0.920	2.62 / 0.940	2.71 / 0.900	3.09 / 0.960
	301～3,000人	3.29 / 0.950	3.20 / 0.970	3.34 / 0.970	3.04 / 0.930	3.18 / 1.000	3.16 / 0.960	3.06 / 1.010	3.15 / 1.020	3.41 / 0.930	3.28 / 0.910	3.33 / 0.810	2.87 / 0.920	2.72 / 0.960	2.95 / 0.920	3.09 / 0.920	2.62 / 0.910	2.64 / 0.880	2.83 / 0.900	2.97 / 0.930	2.84 / 0.880	3.15 / 0.940
	3,001人以上	3.37 / 0.920	3.30 / 0.920	3.34 / 0.950	3.13 / 0.900	3.27 / 0.950	3.22 / 0.940	3.13 / 0.980	3.21 / 0.990	3.48 / 0.900	3.36 / 0.870	3.35 / 0.790	3.04 / 0.890	2.79 / 0.940	3.07 / 0.920	3.22 / 0.900	2.74 / 0.920	2.76 / 0.870	3.04 / 0.880	3.27 / 0.920	3.07 / 0.860	3.28 / 0.910
	計	3.34 / 0.960	3.23 / 0.980	3.43 / 0.990	3.13 / 0.960	3.28 / 1.000	3.17 / 0.980	3.06 / 1.040	3.15 / 1.040	3.42 / 0.950	3.30 / 0.920	3.38 / 0.830	2.86 / 0.950	2.82 / 1.020	3.01 / 0.990	3.12 / 0.960	2.67 / 0.960	2.68 / 0.930	2.85 / 0.930	2.77 / 1.020	2.84 / 0.920	3.19 / 0.960
業種	建設業	3.39 / 0.930	3.29 / 1.000	3.62 / 0.970	3.28 / 0.930	3.36 / 0.960	3.23 / 0.950	3.13 / 1.030	3.19 / 1.030	3.48 / 0.950	3.33 / 0.930	3.47 / 0.830	2.84 / 0.960	2.97 / 1.040	3.07 / 1.030	3.17 / 0.980	2.74 / 0.970	2.78 / 0.960	2.91 / 0.940	2.69 / 1.020	2.77 / 0.940	3.17 / 0.980
	製造業	3.30 / 0.960	3.21 / 0.970	3.45 / 0.960	3.18 / 0.930	3.19 / 0.990	3.18 / 0.970	3.07 / 1.010	3.16 / 1.020	3.38 / 0.930	3.26 / 0.910	3.31 / 0.820	2.86 / 0.960	2.79 / 1.010	3.01 / 0.990	3.18 / 0.950	2.66 / 0.930	2.69 / 0.910	2.81 / 0.910	2.96 / 1.000	2.87 / 0.910	3.21 / 0.920
	電気・ガス・熱供給・水道業	3.19 / 0.930	3.14 / 0.940	3.30 / 0.940	3.06 / 0.930	3.18 / 0.990	3.12 / 0.940	3.07 / 1.010	3.09 / 1.000	3.38 / 0.930	3.31 / 0.920	3.31 / 0.850	2.80 / 0.920	2.78 / 0.990	3.02 / 0.960	3.05 / 0.900	2.58 / 0.930	2.70 / 0.880	2.89 / 0.920	3.01 / 1.020	3.00 / 0.960	3.24 / 0.880
	運輸・通信業	3.15 / 0.960	3.05 / 0.990	3.18 / 0.960	2.89 / 0.990	3.08 / 1.010	3.01 / 0.980	2.90 / 1.060	3.02 / 1.070	3.31 / 0.950	3.22 / 0.910	3.23 / 0.850	2.75 / 0.960	2.61 / 0.990	2.85 / 0.960	2.97 / 0.960	2.53 / 0.960	2.56 / 0.930	2.75 / 0.940	2.79 / 1.050	2.75 / 0.910	3.04 / 1.000
	卸・小売、飲食業	3.26 / 0.970	3.13 / 1.020	3.55 / 0.990	3.13 / 1.010	3.23 / 1.060	3.16 / 1.010	3.02 / 1.050	3.12 / 1.080	3.44 / 0.950	3.31 / 0.940	3.43 / 0.810	2.88 / 0.970	2.88 / 1.060	3.04 / 1.040	3.15 / 0.940	2.64 / 0.990	2.68 / 0.950	2.72 / 0.930	2.54 / 1.000	2.71 / 0.940	3.20 / 0.990
	金融・保険業	3.25 / 0.930	3.21 / 0.970	3.24 / 1.040	2.91 / 0.970	3.11 / 0.960	3.16 / 0.930	3.02 / 1.020	3.12 / 1.000	3.33 / 0.980	3.24 / 0.910	3.35 / 0.830	2.95 / 0.950	2.76 / 0.980	2.98 / 0.970	3.01 / 0.970	2.74 / 0.940	2.80 / 0.880	2.96 / 0.900	3.03 / 0.980	3.04 / 0.890	3.34 / 0.930
	不動産業	3.20 / 0.980	3.05 / 1.020	3.58 / 1.000	3.22 / 1.010	3.23 / 1.020	3.13 / 0.990	3.08 / 1.040	3.09 / 1.040	3.39 / 1.020	3.21 / 0.980	3.41 / 0.860	2.90 / 0.920	2.99 / 1.050	3.13 / 1.040	3.07 / 0.990	2.71 / 1.020	2.79 / 1.000	2.73 / 0.970	2.55 / 1.030	2.82 / 0.940	3.36 / 1.000
	サービス業(対事業所)	3.28 / 0.940	3.20 / 0.970	3.43 / 0.970	3.15 / 0.950	3.21 / 0.970	3.13 / 0.970	3.05 / 0.970	3.14 / 1.010	3.39 / 0.920	3.25 / 0.890	3.39 / 0.820	2.80 / 0.930	2.84 / 1.020	3.00 / 1.000	3.09 / 0.950	2.66 / 0.960	2.67 / 0.940	2.80 / 0.920	2.59 / 0.990	2.80 / 0.900	3.19 / 0.960
	サービス業(対個人)	3.40 / 0.940	3.26 / 0.970	3.35 / 1.000	3.10 / 0.950	3.36 / 1.000	3.18 / 0.990	3.01 / 1.060	3.13 / 1.070	3.43 / 0.980	3.35 / 0.940	3.40 / 0.840	2.84 / 0.930	2.96 / 1.010	3.05 / 0.980	3.05 / 0.940	2.65 / 0.970	2.62 / 0.940	2.87 / 0.950	2.61 / 1.000	2.75 / 0.930	3.08 / 0.950
	その他	3.53 / 0.950	3.39 / 0.950	3.43 / 1.000	3.17 / 0.930	3.49 / 0.980	3.25 / 0.990	3.14 / 1.050	3.22 / 1.050	3.52 / 0.950	3.42 / 0.930	3.43 / 0.810	2.93 / 0.930	2.86 / 1.020	3.04 / 0.970	3.04 / 0.960	2.70 / 0.950	2.68 / 0.910	2.96 / 0.940	2.87 / 1.000	2.95 / 0.900	3.23 / 0.990
	計	3.34 / 0.960	3.23 / 0.980	3.43 / 0.990	3.13 / 0.960	3.28 / 1.000	3.17 / 0.980	3.06 / 1.040	3.15 / 1.040	3.42 / 0.950	3.30 / 0.920	3.38 / 0.830	2.86 / 0.950	2.82 / 1.020	3.01 / 0.990	3.12 / 0.960	2.67 / 0.960	2.68 / 0.930	2.85 / 0.930	2.77 / 1.020	2.84 / 0.920	3.19 / 0.960

第2章　各測定尺度、チェックリストの開発とその内容

（付属資料）ワークシチュエーションの設問と下位尺度の信頼性係数（α係数）

HRM チェックリスト（Web）での収集データに基く。度数はすべて 15,186 名

Ⅰ．職　　務　　（5尺度20項目）

＜a. 達成＞　.866

　　1. 今の仕事は達成感を感じることができる

　　2. 仕事において我ながらよくやったなあと思う事がある

　　3. 今の仕事は挑戦しがいのある仕事である

　　4. 仕事の上で自分のアイデアや工夫が生かせる

＜b. 成長＞　.914

　　5. 経験を積むことによって，より高度な仕事が与えられる

　　6. 仕事を通じて自分自身が成長したという感じを持てる

　　7. 仕事において，自分がどのレベルに達したかを把握することができる

　　8. 仕事では自分の能力を活かし可能性を伸ばすことができる

＜c. 自律性＞.887

　　9. 仕事の遂行に影響する決定は，自分で下すことができる

　　10. 自分の仕事の手順は，自分で決められる

　　11. 自分の仕事のスケジュールは，自分で決められる

　　12. 仕事の目標や遂行規準は自分で定められる

＜d. 参画＞　.877

　　13. 仕事をすすめる上で，自分の意見は十分反映されている

　　14. 自分の仕事に関わりのある社内の決定には，参加できる

　　15. 新技術導入や業務変更などの決定には，成員の参画が求められている

　　16. 自分の仕事の目標設定や手続きの決定には，意見を述べることができる

＜e. 意義＞　.903

　　17. 私はこの組織にとって大切な仕事をしていると感じている

　　18. 私は組織にとって重要かつ責任ある仕事を任されている

　　19. 今やっている仕事は，私の人生にとって意義あるものと思う

20. 私の仕事は社会に貢献する，意義あるものである

Ⅱ．上司やリーダー　（3尺度12項目）

＜f. 承認・支持＞　　.936

21. 上司・リーダーは私の仕事能力を評価し，信頼してくれる

22. 上司・リーダーは私の長所を生かそうとしてくれる

23. 上司・リーダーは私の能力が高まるよう配慮してくれる

24. 上司・リーダーはやり甲斐のある仕事を与えてくれる

＜g. 公正・信頼＞　　.928

25. 上司・リーダーは私を含めて部下を正当に扱っている

26. 私の上司・リーダーは依怙贔屓（えこひいき）することはない

27. 私の上司・リーダーは人間的に尊敬できる

28. 私は上司・リーダーに全幅の信頼をおいている

＜h. 指導・支援＞　　.941

29. 助けが必要なときには，上司・リーダーは支援してくれる

30. 私の上司・リーダーは仕事に役立つアドバイスをしてくれる

31. 私の上司・リーダーは仕事をうまく段取りしたり計画したりできる

32. 私の上司・リーダーは仕事に明るく，仕事がよくわかっている

Ⅲ．同僚や顧客との関係　（3尺度12項目）

＜i. 職場の人間関係＞.926

33. 職場は友好的な雰囲気である

34. 私の職場の人間関係はよい

35. 同僚の多くに好感をもてる

36. 同僚の間では，みんな気持ちがしっくり合っている

＜j. チームワーク＞　　.911

37. 仕事が遅れたり困ったりしているとき，同僚はお互いに助け合っている

38. メンバーは団結して，全体の業績を良くしていこうとしている

39. 私と同僚との間には良好なチームワークがある

40. 同僚との間では仕事上の情報交換が活発である

<k. 顧客との関係> .925

41. 顧客（あるいは業務の相手）との間には信頼関係が成り立っている

42. 顧客（あるいは業務の相手）とのコミュニケーションは円滑に行われている

43. 私の仕事ぶりは顧客（あるいは業務の相手）から正当に評価されている

44. 顧客（あるいは業務の相手）は私の手腕をみとめて仕事を任せてくれる

Ⅳ．ビジョン・経営者　　（4尺度16項目）

<l. ビジョン・戦略> .926

45. 会社には明確で優れたビジョンや戦略がある

46. 会社のビジョンや戦略は現状では最良のものといえる

47. 組織のかかげるビジョンや目標に，われわれの多くが賛同している

48. 会社のビジョンや経営戦略が末端までよく周知されている

<m. 経営者と従業員> .925

49. 経営者はわれわれ従業員と打ち解けて話をする機会をもっている

50. 経営者は業績に関連した情報を，可能な限り従業員に開示している

51. 経営者はチームの一員としての意識をもち，われわれとともに働いている

52. 経営者は会社の運営や今後の計画について，従業員の意見を尊重している

<n. 経営者への信頼> .934

53. 仕事では倫理的側面を重視すべきことを，経営者も行動で示している

54. 経営者は正しいことを行っていると信頼がおける

55. 経営者は組織全体の業績がよくなるよう，常に努力している

56. 経営者は企業の置かれた状況を適切に把握している

<o. 仕事の革新> .931

57. よりよい仕事になるようアイデアを出し,工夫するよう奨励されている

58. 新しい仕事のやり方を試すよう奨励されている

59. 新しい解決法，新しいアイデアが求められている

60. 新しい仕事のやり方に対して，肯定的，受容的である

Ⅴ．処遇・報酬　　（2尺度8項目）

＜p. 昇進・昇格・キャリア＞　.919

61. 昇進・昇格は公平，客観的に行われている

62. 適切な人が，適切な時期に昇進している

63. 十分なポスト，活躍の場が用意されている

64. 各人の希望にそったキャリア・コースが用意されている

＜q. 評価・給与＞　.871　　67 は差替えた新項目

65. 組織の給与体系は公正・妥当なものである

66. 評価は客観的であり，十分な透明性を持っている

67. 本人の業績が良いときには，それに見合った報酬となっている

68. 私は仕事に見合った十分な給与を得ている

Ⅵ．能力開発・福利厚生・生活サポート　（4尺度16項目）

＜r. 教育・研修＞　.872

69. 仕事で必要な技術や知識については，十分な教育・研修がある

70. 教育・研修は自分の希望や要望を十分反映したものとなっている

71. ここで仕事をすることが，自分の今後のキャリアにプラスとなる

72. ここでの仕事や経験が，自分の将来の目標につながっている

＜s. 福利厚生＞　.849　　73、74、75、76 は差替えた新項目

73. この会社は住宅手当や社宅など住居の支援をしてくれる

74. この会社は貯蓄や企業年金など財産形成を支援してくれる

75. この会社は従業員の医療費や健康維持を支援してくれる

76. この会社はスポーツ，文化，余暇など活動を支援してくれる

＜t. 生活サポート＞　.771

77. 育児休暇や介護休暇等の支援制度は整備されており，利用しやすい

78. 出張や会議が時間外や休日にかからないよう配慮されている

79. 仕事と生活が両立するよう，十分配慮されている

80. 勤務時間は融通がきく

＜u. 労働条件＞　　.825

81. 休日や休暇は満足にとることができる

82. 残業も含めて今の労働時間は適切といえる

83. 職場は安全で衛生的である

84. 仕事をしていて，体に悪いと思うようなことは，特にない

＜2＞ジョブインボルブメント

(1) 測定尺度の概要

　ジョブインボルブメント（job involvement）とは、職務への没頭の程度を示すものであるが、これまでの研究と収集したデータから7項目からなる測定尺度を作成した。冊子の「HRMチェックリスト」では「B. コミットメント」の下位項目となっている。この測定尺度に関して、年齢、性別、職種、従業員規模、業種に分けた場合の平均値等も示しており、職場や社内での回答を集めれば、職場や自社の状況が他と較べてどうかがわかるようにしている。また、このジョブインボルブメントと前項のワークシチュエーションとの関係を分析しており（ワークシチュエーションのⅠからⅥの6つの領域との関係）、どのようなワークシチュエーションであれば、ジョブインボルブメントを高めることができるか、参考にすることができる。

(2) ジョブインボルブメントの概念

　ジョブインボルブメント（job involvement）は職務への没頭の程度を示している。仕事に対する態度やコミットメントをあらわす概念は多いが、ジョブインボルブメントはその中でも古くから研究が行われている。従業員の意欲に関係すると考えられているため、会社側からみると、組織の活力や生産性に関係するものとして関心が高い。一方、個人の側からは、仕事生活を意義深く、実り多いものにするものとして重要であるとされる（Brown, 1996）。仕事は生活の中で、時間的にも、心理的にも占める割合が大きく、生活の中で仕事が重要な要素となっているためである。

　ジョブインボルブメントに関しては、この概念を定義し測定尺度を作成したLodahl & Kejner（1965）の「仕事と自己を同一視する程度」、「セルフイメージでの仕事の重要性」、「仕事のパフォーマンスが自尊心に影響する程度」がある。それ以前にDubin（1956）も「仕事が人生の中心であり、重要である度合い」として、類似の研究を行っている。ただし、ジョブインボルブメントの定義は必ずしも明確でなく、混乱があったとされる（Kanungo, 1979）。また、Lodahl & Kejner（1965）やDubin（1956）の考え方には、個人が仕事を自分と同一視する程度というような要素が含まれている。そこでここでは、より端的に、現時点で就いている職務や仕事に対する、没頭、思い入れ、のめり込み等

の程度、関心の高さをジョブインボルブメントとすることとした。

　ジョブインボルブメントの測定尺度としてよく利用されるものとして、Lodahl & Kejner（1965）（図表2-11）、Kanungo（1982）の測定尺度がある（図表2-12）。Lodahl & Kejner（1965）の測定尺度は自分の職務や仕事が自分にとっていかに重要かを主にみており、Kanungo（1982）の測定尺度はそれに加えて、仕事と自己の同一化視の程度をみているといえる。ここでは、これらの測定尺度を参考に、仕事への没頭、思い入れ、のめり込み等を問う項目からジョブインボルブメントの測定尺度を作成した。

図表2-11　Lodahl & Kejner（1965）のジョブインボルブメント測定尺度

1.	The Major satisfaction in my life comes from my job.
2.	The most important things that happen to me involve my job.
3.	I am really a perfectionist about my work.
4.	I live, eat, and breathe my job.
5.	I am very much involved personally in my work.
6.	Most things in life are more important than work.　(R)

(R)は逆転項目　　出典：Lodahl & Kejner（1965）

図表2-12　Kanungo（1982）のジョブインボルブメント測定尺度

1.	The most important things that happen to me involve my present job.
2.	To me, my job is only a small part of who I am.　(R)
3.	I am very much personally involved in my job.
4.	I live, eat, and breathe my job.
5.	Most of my interests are centered around my job.
6.	I have very strong ties with my present job which would be very difficult to break.
7.	Usually I feel detached from my job.　(R)
8.	Most of my personal life goals are job oriented.
9.	I consider my job to be very central to my existence.
10.	I like to absorbed in my job most of the time.

(R)は逆転項目　　出典：Kanungo（1982）

　ジョブインボルブメントは長年、多くの研究者が様々な関連で研究を行っている。Brown（1996）は212の研究をメタ分析し、ジョブインボルブメントと他の関連変数との関係を整理し、検討している（図表2-13）。先行要因として、パーソナリティや職務の性質、上司のリーダーシップスタイル等が統計的に有意に関係するとされ、年齢、勤続年数などの個人の側の変数、また、ワークインボルブメント（特定の職務ではなく仕事一般に対する関与）、キャリアコミットメント、職務満足や組織コミットメント等との有意な関係があるとされる。

ジョブインボルブメントが影響を及ぼすとされる結果変数としては、投入される努力の量や遂行水準、欠勤や離職などがある。また、自主性（autonomy）、スキルの多様性（skill variety）、課業の重要性（task significance）、課業の挑戦性（job challenge）、課業の複雑さ（task complexity）等、多くの職務の特性が影響している。そして、ジョブインボルブメントは全般的満足（general satisfaction）、仕事満足（work satisfaction）、組織コミットメント（organizational commitment）等に影響しているとされる。Brown（1996）はこの結果から、ジョブインボルブメントに影響する要因（原因）、ジョブインボルブメントが影響する要素（結果）等に関して、図表 2-14 のように整理している。結果のパフォーンンス、欠勤への矢印は破線となっているが、実際の行動面への影響は、ジョブインボルブメントが影響しているであろうが、関係する他の要因もあり、データからの検証はまだ不十分とされている。

図表2-13　Brown（1996)のメタ分析よりジョブインボルブメントに関係する変数

1．先行要因（影響する変数）

[パーソナリティ] (personality)

　労働倫理（work ethic endorsement）＊＊

　ローカスオブコントロール（locus of control）＊＊

　自尊心（self esteem）＊＊

　成長欲求の強さ（growth need strength）＊＊

　内的動機づけ（internal motivation）＊＊

[職務の性質] (job characteristics)

　自主性（autonomy）＊＊

　スキルの多様性（skill variety）＊＊

　課業完結性（task identity）＊＊

　フィードバック（feed back）＊＊

　課業の重要性（task significance）＊＊

　職務の挑戦性（job challenge）＊＊

　課業の複雑さ（task complexity）＊＊

　動機づけの可能性（motivating potential）＊＊

　職階層（hierarchical level）＊＊

[管理、監督者の行動]（supervisory behaviors）

　　配慮（consideration）＊＊

　　参加（participation）＊＊

　　コミュニケーション（communication）＊＊

[役割知覚]（role perception）

　　役割葛藤（role conflict）＊＊

　　役割の曖昧さ（role ambiguity）＊＊

2．共変変数

[個人変数]（Demographic）

　　年齢（age）＊＊

　　勤続年数（organizational tenure）＊＊

　　学歴（education）＊＊

　　性別（sex）＊＊

　　給料（salary）＊＊

　　独身か既婚か（marital status）

[ワークコミットメント]（Work-Career commitment）

　　キャリアコミットメント（career commitment）＊＊

　　ワークインボルブメント（work involvement）＊＊

3．結果変数

[職務行動と結果]（Work behaviors and outcomes）

　　全体的なパフォーマンス（overall performance）＊＊

　　　　管理者評定（manager ratings）＊＊

　　　　自己評定（oclf ratings）

　　　　客観的測定（objective measures）

　　　　取り合わせ測定（combination measures）

　　欠勤（absenteeism）＊＊

　　離職（turnover）＊＊

　　努力（effort）＊＊

[仕事への態度]（Job attitudes）

　　全般的満足（general satisfaction）＊＊

仕事満足（work satisfaction）＊＊
上司への満足（supervisor satisfaction）＊＊
同僚への満足（coworker satisfaction）＊＊
給与への満足（pay satisfaction）＊＊
昇進への満足（promotion satisfaction）
組織コミットメント（organizational commitment）＊＊
　　Mowdayら（1979）の尺度＊＊
　　Herbeniak & Alutto（1972）の尺度＊＊
　　Cook & Wall（1980）の尺度＊＊
離職意図（turnover intention）＊＊

[副次的影響]（Side effects）
仕事・家庭間葛藤（work-family conflict）＊＊
職務ストレス（job stress）＊＊
不安（anxiety）
健康への不満（somatic health complaints）
生活満足（life satisfaction）＊＊

注）＊＊は1％水準で有意。Brown（1996）から翻訳。

図表2-14　メタ分析の結果からジョブインボルブメントに関する要因と結果のモデル（Brown, 1996）

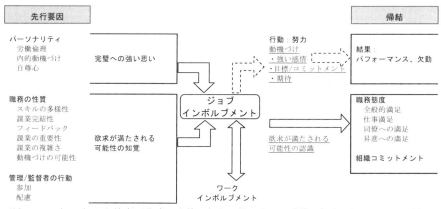

注）Brown（1996）から筆者が作成。実線の矢印は検証済み、破線の矢印は仮説段階。下線部分は仮定される媒介要因。

(3) 測定尺度の開発

　ジョブインボルブメントの項目は、具体的には、日本労働研究機構が 1991 年に作成したワークチェックリストから選んでいる（日本労働研究機構, 1999）。このチェックリストは仕事への意欲や職場の活力を把握する目的で作成しており、仕事に対する認識や気持ち等、196 項目から構成されている。このチェックリストは職務満足感、ジョブインボルブメント、組織コミットメント、等々の概念を参考に作成しており、ジョブインボルブメントに近いものが元々含まれていた。このワークチェックリストで得られた 1,290 名分のデータ（図表 2-15）より、次のようにジョブインボルブメントの測定尺度を作成した。

　まずワークチェックリストより、ジョブインボルブメントに関わると思われる項目を選び、正規分布していないものを除き、因子分析を行った。因子負荷量の低かったもの、因子の意味の解釈が困難だった項目を外し、最終的に 1 因子 7 項目を選出した。この 7 項目により全変動の 56.7%が説明されていた。この 7 項目を図表 2-16 に示しているが、α 係数は.87、項目―尺度間の相関係数は.50〜.74 であり、高い信頼性となっていた。その後のデータ収集において α 係数は、日本労働研究機構（2003）では 0.92、労働政策研究・研修機構（2012）では 0.91、今回の Web データでは 0.932 となっており、いずれも非常に高い値といえる。

　HRM チェックリストでは「B. コミットメント」の「Ⅱ. 職務」の 13 から 19 がこのジョブインボルブメントの項目である。

図表2-15　ワークチェックリストの調査対象者

人　　　数	1,290人（男子878名、女子394名、不明18名）		
年　　　齢	18〜64歳　（平均37.51歳、標準偏差11.04）		
勤 続 年 数	1年未満〜45年　（平均14.41年、標準偏差10.15）		
年　　　収	平均584万円		
職　　　業	事 務 部 門	318名	(24.7%)
	技 術 部 門	405名	(31.4%)
	製 造 部 門	254名	(19.7%)
	看 護 婦	239名	(18.5%)
	カウンセラー	33名	(2.6%)
	中 学 教 員	41名	(3.2%)
役　　　職	一　　　般	799名	(61.9%)
	係 長 ク ラ ス	159名	(12.3%)
	課 長 ク ラ ス	171名	(13.3%)
	部 長 ク ラ ス	121名	(9.4%)
	そ れ 以 上	8名	(0.6%)
	不　　　明	32名	(2.5%)

図表2-16　ジョブインボルブメント測定項目

項目	因子負荷量
1. 現在の仕事で時間がたつのも忘れてしまうほど熱中することがある	.61
2. 今の仕事が生きがいである	.80
3. 今の私にとって仕事が生活のすべてである	.75
4. 私にとって最も重要なことが、今の仕事に密接に関連している	.79
5. 今は仕事から得られる満足感が一番大きい	.83
6. 今の仕事にのめり込んでいる	.76
7. 最も充実していると感じられるのは仕事をしているときである	.72

(4) 属性別平均値等

　以下に基本的な属性、性別、年齢別、企業規模別、業種別の平均値等を示した。サンプル数が多いため平均値の差は統計的に有意となる部分が多いが、年齢段階と性別の平均値では（図表 2-17）、年齢段階の要因は有意となり（年齢段階と年齢の 2 要因分散分析における年齢段階の効果、F=100.575、以下同様）、年齢とともに平均値が高まっていく。性別の要因も有意となり（F=27.613）、男性の方が女性よりも平均値が高い。男女を年齢段階別にみると、30 歳未満から50〜59 歳までは男性の方が高いが、60 歳以上では女性の方が高く、年齢段階と性別の交互作用も有意になっている（F=6.265）。

　性別、職種別で、職種別の効果は有意となり（F=61.998）、平均値の高いものから、専門職、営業・販売職、技術職、事務職、現業職となっている（図表2-18）。ここでも性別の要因は有意となる（F=29.522）。交互作用も有意であり（F=13.349）、事務職、技術職、専門職、営業・販売職は男性が高く、現業職は女性が高い。

　企業規模別、業種別に関しては、両者をクロスして集計するとサンプル数が少ないところが出てくることから、企業規模別と業種別に平均値等を示している（図表 2-19）。企業規模別、業種別ともに効果は有意となっている（F=14.703、F=11.265）。平均値の高いものから「30 人以下」、「3,001 人以上」、「31〜300 人」、「301〜3,000 人」となり、中規模の企業等の平均値が低い。業種別では「建設業」等が高く、「運輸・通信業」が低い。

　職場や会社の単位で実施し、その平均を求め、これらの図表と比較することによって、相対的な位置から、自分の職場や会社がどのような状態であるか分かる。

第2章　各測定尺度、チェックリストの開発とその内容

図表2-17　ジョブインボルブメントの性別、年齢段階別平均値等

		平均	標準 偏差	度数
男	30 歳未満	2.54	0.956	1,844
	30～39 歳	2.53	0.937	1,602
	40～49 歳	2.55	0.938	1,895
	50～59 歳	2.65	0.933	2,093
	60 歳以上	2.91	0.935	2,219
	合計	2.65	0.951	9,653
女	30 歳未満	2.35	0.986	1,328
	30～39 歳	2.39	0.975	1,173
	40～49 歳	2.42	0.964	1,174
	50～59 歳	2.63	0.936	1,266
	60 歳以上	2.96	0.947	592
	合計	2.50	0.982	5,533
合計	30 歳未満	2.46	0.973	3,172
	30～39 歳	2.47	0.956	2,775
	40～49 歳	2.50	0.950	3,069
	50～59 歳	2.64	0.934	3,359
	60 歳以上	2.92	0.938	2,811
	合計	2.59	0.965	15,186

図表2-18　ジョブインボルブメントの性別、職種別平均値等

		平均	標準 偏差	度数
男	事務職	2.65	0.934	2,349
	技術職	2.62	0.907	2,669
	専門職	2.89	0.982	1,317
	営業・販売職	2.67	0.963	1,713
	現業職	2.46	0.966	1,605
	合計	2.65	0.951	9,653
女	事務職	2.37	0.949	3,028
	技術職	2.53	0.942	418
	専門職	2.84	0.981	1,078
	営業・販売職	2.49	1.034	521
	現業職	2.54	0.981	488
	合計	2.50	0.982	5,533
合計	事務職	2.50	0.952	5,377
	技術職	2.61	0.912	3,087
	専門職	2.87	0.982	2,395
	営業・販売職	2.63	0.983	2,234
	現業職	2.48	0.970	2,093
	合計	2.59	0.965	15,186

39

図表2-19　ジョブインボルブメントの企業規模別、業種別平均値等

		平均	標準 偏差	度数
規模	30 人以下	2. 73	1. 023	4, 042
	31〜300 人	2. 54	0. 946	3, 988
	301〜3, 000 人	2. 51	0. 943	3, 670
	3, 001 人以上	2. 58	0. 924	3, 486
業種	建設業	2. 71	0. 968	1, 128
	製造業	2. 53	0. 929	3, 545
	電気・ガス・熱供給・水道業	2. 58	0. 956	238
	運輸・通信業	2. 47	0. 939	949
	卸・小売、飲食業	2. 55	0. 982	1, 505
	金融・保険業	2. 53	0. 971	735
	不動産業	2. 62	0. 984	364
	サービス業（対事業所）	2. 55	0. 938	1, 881
	サービス業（対個人）	2. 65	1. 000	2, 075
	その他	2. 71	0. 980	2, 766
	合計	2. 59	0. 965	15, 186

(5) ワークシチュエーション等との関係

　以下にワークシチュエーションや属性との関係を示した（図表 2-20）。要因としてはワークシチュエーションの「職務」、「上司やリーダー」、「同僚や顧客との関係」、「ビジョン・経営者」、「処遇・報酬」、「能力開発・福利厚生・生活サポート」、属性として、「企業規模」、「年齢」をモデルに入れたが、5％水準で有意とならないものと標準化パス係数の絶対値が 0.10 未満のものはパスを削除し、要因も破線とした。モデルの適合度は GFI=0.863、CFI=0.918、RMSEA=0.076 であり、許容できる範囲であった。

　最も大きな要因はワークシチュエーションの職務であり、仕事の特徴や進め方がジョブインボルブメントに大きく影響していることになる。企業規模、年齢等は属性別に集計すると属性による差があるが、本モデルでは大きな影響はないことになる。

図表2-20 ワークシチュエーション、企業規模、年齢等とジョブインボルブメントの関係

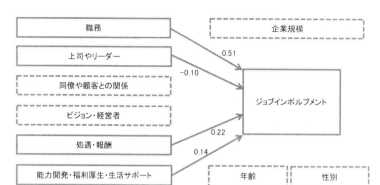

＜3＞職務満足－全般的職務満足感－

(1) 測定尺度の概要

　職務満足（Job Satisfaction）は長く、様々な研究が行われてきており、色々な考え方があるが、ここでは職務への全般的な満足感をみる測定尺度として作成している（全般的職務満足感）。冊子の「HRM チェックリスト」では「B. コミットメント」に含まれている。また、この測定尺度に関して、年齢、性別、職種、従業員規模、業種に分けた場合の平均値等も示しており、職場や自社での回答を集めれば、職場や自社の状況が他と較べてどうかわかるようにしている。また、この全般的職務満足感とワークシチュエーションとの関係を分析しており（ワークシチュエーションのⅠからⅥの6つの領域との関係）、どのようなワークシチュエーションであれば、全般的職務満足感を高めることができるか、参考にすることができる。

(2) 全般的職務満足感の概念

　職務満足（Job Satisfaction）は、職務や仕事に関する意識や気持ちの中では、最も古くから研究され、最も多くの研究があるとされている。2016 年 8 月現在、心理学関係文献データベース PsycINFO において、job satisfaction がキーワード（検索フィールドを DE：統制キーワードとする）に設定されている文献、すなわち、job satisfaction が主要なテーマの一つとなっている文献だけでも 16,721 件あり、非常に多い。ちなみに、同じ時点で job satisfaction が論文等のどこかに出てくる文献は 37,217 件ある。

　職務満足の捉え方には2つのアプローチがある（Weiss, 2002）。一つは感情（affect）や情動（emotion）とするものである。Locke (1969) は職務満足を "a positive emotional state resulting from an employee's perception that his or her job allowed for the fulfillment of his or her values"（自分の職務が自分の価値観を完全に満たしているとの知覚に基く、良い感情的な状態）と定義しており、Cranny, Smith, & Stone (1992) は職務満足を "an emotional state resulting from an employee's comparison of actual and desired job outcomes"（職務の結果の理想と現実との比較による情動的な状態）としている。どちらも職務満足を情動的な状態（emotional state）、感情的な反応（affective reaction）と捉えており、一つ目のアプローチといえる。

もう一つは職務満足を評価に基く態度(attitude)とするものである。職務満足を自身の職務に対する評価ととらえ、安定した態度としてとらえている。このアプローチでは職務を、給与、昇進、同僚、上司、仕事そのものといった領域別にとらえており、Job Descriptive Index(JDI)、Minnesota Satisfaction Questionnaire(MSQ)などが有名である。

情緒や情動と捉える一つ目のアプローチでは、職務の全ての側面に対する全般的、包括的な満足感をとらえている。領域別に捉える捉え方は、本書の「ワークシチュエーション」(14～31頁)でもみていることから、ここでは、職務全般に対する反応とする、一つ目のアプローチをとることとした。Weiss(2002)はこれまでの職務満足に関する研究において、職務満足を評価、信念、感情等として様々に捉えており、それがまちまちの研究結果になっていると指摘している。この点からも、ここでは、より端的に、一つ目のアプローチ、すなわち全般的職務満足感をみることとした。

日常の感覚としては、職務満足はその後の行動やパフォーマンスに関係しそうであるが、Iaffaldano & Muchinsky(1985)はメタ分析によって、強い関係はなく、相関係数は0.17であるとした。その後、Judge, Thoresen, & Bono (2001)はさらに多くの研究を集め、様々な補正を行った結果、職務満足とパフォーマンスの相関係数を0.30としている。また、Schleicher, Hansen, & Fox(2011)はメタ分析により、退職意図との関係が最も強く、心身の健康やストレスとの関係がそれに次ぐとしている。職務満足とパフォーマンスはそれほど強い関係はないが、職務満足が一部のその後の行動に影響しているといえる。

(3) 測定尺度

先述のワークチェックリスト（日本労働研究機構が作成 1991）から、職業生活全般を通して感じられる満足感をあらわす6項目を採用している。具体的には下記となる。また、6項目の尺度としてのWebデータでのα係数は0.951であり、よくまとまっているといえる。

1. 今の仕事が好きである。
2. 現在の仕事に満足している。
3. 今の仕事に喜びを感じる。
4. 今の仕事に誇りを感じる。

5. 朝，仕事に行くのが楽しい。
6. 今の仕事にやりがいを感じる。

(4) 属性別平均値等

　以下に基本的な属性、性別、年齢別、企業規模別、業種別の平均値等を示した。サンプル数が多いため平均値の差は統計的に有意となる部分が多いが、年齢段階の要因は有意となり（年齢段階と年齢の2要因分散分析における年齢段階の効果、F=121.788、以下同様）、性別の要因は有意とならない(F=0.076)。年齢段階と性別の交互作用も有意ではない(F=1.713)。年齢段階による平均値は、30～39歳と40～49歳が僅かに逆転しているが、それ以外は若年から高齢になるに従って、平均値が高くなっている（図表2-21）。

　性別、職種別で（図表2-22）、職種別の効果は有意となり（F=87.829）、平均値の高いものから、専門職、技術職、営業・販売職、事務職、現業職となっている。性別の要因は有意とならない(F=2.913)。性別、職種別の交互作用は有意であり（F=12.681）、事務職、技術職、営業・販売職は男性が高いが、現業職は女性が高い。

　企業規模別、業種別に関しては、両者をクロスして集計するとサンプル数が少ないところが出てくることから、企業規模別、業種別、それぞれの平均値等を示している（図表2-23）。企業規模別、業種別ともに効果は有意となっており（F=10.709、F=22.550）、企業規模別と業種別の交互作用は有意とはならない(F=1.358)。平均値の高いものから「30人以下」、「3,001人以上」、「31～300人」、「301～3,000人」となり、中規模の企業等の平均値が低い。業種別では「その他」が高く、「運輸・通信業」が低い。自由記述等をとっていないため定かではないが、「その他」には複数の業種に跨る複合型の事業を行っているものが多いことが考えられる。

　職場や会社の単位で実施し、その平均を求め、これらの図表と比較することによって、相対的な位置から、自分の職場や会社がどのような状態であるか、参考になる。

第2章　各測定尺度、チェックリストの開発とその内容

図表2-21　性別、年齢段階別平均値等

		平均	標準 偏差	度数
男	30歳未満	2.86	1.047	1,844
	30～39歳	2.97	1.029	1,602
	40～49歳	2.94	1.040	1,895
	50～59歳	3.07	1.019	2,093
	60歳以上	3.43	0.953	2,219
	合計	3.07	1.036	9,653
女	30歳未満	2.86	1.098	1,328
	30～39歳	2.91	1.063	1,173
	40～49歳	2.91	1.079	1,174
	50～59歳	3.10	0.998	1,266
	60歳以上	3.51	0.934	592
	合計	3.00	1.065	5,533
合計	30歳未満	2.86	1.069	3,172
	30～39歳	2.94	1.044	2,775
	40～49歳	2.93	1.055	3,069
	50～59歳	3.08	1.011	3,359
	60歳以上	3.44	0.950	2,811
	合計	3.05	1.047	15,186

図表2-22　性別、職種別平均値等

		平均	標準 偏差	度数
男	事務職	3.09	1.029	2,349
	技術職	3.06	0.987	2,669
	専門職	3.41	1.009	1,317
	営業・販売職	3.03	1.055	1,713
	現業職	2.82	1.053	1,605
	合計	3.07	1.036	9,653
女	事務職	2.87	1.050	3,028
	技術職	3.02	1.035	418
	専門職	3.41	0.999	1,078
	営業・販売職	2.92	1.095	521
	現業職	2.99	1.070	488
	合計	3.00	1.065	5,533
合計	事務職	2.97	1.046	5,377
	技術職	3.05	0.993	3,087
	専門職	3.41	1.004	2,395
	営業・販売職	3.01	1.065	2,234
	現業職	2.86	1.060	2,093
	合計	3.05	1.047	15,186

図表2-23　企業規模別、業種別平均値等

		平均	標準 偏差	度数
規模	30人以下	3.17	1.082	4,042
	31～300人	2.98	1.049	3,988
	301～3,000人	2.97	1.023	3,670
	3,001人以上	3.05	1.018	3,486
業種	建設業	3.14	1.030	1,128
	製造業	2.95	1.032	3,545
	電気・ガス・熱供給・水道業	2.99	0.994	238
	運輸・通信業	2.89	1.042	949
	卸・小売、飲食業	3.00	1.074	1,505
	金融・保険業	2.90	1.032	735
	不動産業	3.03	1.075	364
	サービス業（対事業所）	2.98	1.023	1,881
	サービス業（対個人）	3.13	1.053	2,075
	その他	3.24	1.042	2,766
	合計	3.05	1.047	15,186

(5) ワークシチュエーション等との関係

　以下にワークシチュエーションや属性との関係を示した（図表2-24）。要因としてはワークシチュエーションの6つの領域、「職務」、「上司やリーダー」、「同僚や顧客との関係」、「ビジョン・経営者」、「処遇・報酬」、「能力開発・福利厚生・生活サポート」、属性としては、「企業規模」、「年齢」をモデルに入れたが、5％水準で有意とならないもの、標準化パス係数の絶対値が0.10 未満のものはパスを削除し、要因も破線とした。モデルの適合度はGFI=0.866、CFI=0.923、RMSEA=0.078 であり、許容できる範囲であった。

　全般的職務満足感に関しては、「職務」、次いで「能力開発・福利厚生・生活サポート」が影響していることが示されている。

第2章 各測定尺度、チェックリストの開発とその内容

図表2-24　ワークシチュエーション、企業規模、年齢等と全般的職務満足感の関係

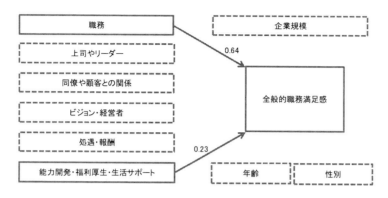

＜4＞キャリアコミットメント

（1）測定尺度の概要

　キャリアコミットメント（career commitment）とは、仕事での自分の専門
分野、自分の専門性へのこだわりや志向の強さを示す概念である。ここでは、
これまでの研究と収集したデータからキャリアコミットメントの測定尺度を
作成している。冊子の「HRM チェックリスト」では「B. コミットメント」に含
まれている。また、この測定尺度に関して、年齢、性別、職種、従業員規模、
業種に分けた場合の平均値等を示しており、職場や自社での回答を集めれば、
職場や自社の状況が他と較べてどうかがわかるようになっている。また、この
キャリアコミットメントとワークシチュエーションでみている要素（ⅠからⅥ
の6つの領域）との関係も示しており、どのようなワークシチュエーションが
キャリアコミットメントを高めるか、参考にすることができる。仕事の専門性
が高まり、社内でも様々な専門職が生まれている今日、また、個人としても専
門志向が強まっている今日、キャリアコミットメントは社員の意識の一つとし
て、重要なものとなっている。

（2）キャリアコミットメントの概念

　近年、会社に入り何でもするというよりも、自分の専門性を意識し、それを
高めようとする志向、すなわち「就社」よりも「就職」の志向が高まっている。
仕事の高度化によって、会社としても専門性やプロフェッショナリティを重視
する傾向が強まっている。そこで、注目されるのが、キャリアコミットメント
（career commitment）である。キャリアコミットメントは例え会社を変わって
も、一生を通じて追求する専門分野へのこだわりや志向を示す概念である。こ
れまでの研究では、キャリアコミットメントは自発的な技能向上や転職への気
持ちと関係することが報告されている（Aryee & Tan, 1992）。また
Bedeian, Kemery, & Pizzolatto（1991）は、キャリアコミットメントの高い社
員が、キャリア開発の機会を高く知覚すると退職意図は減少するが、キャリア
コミットメントの低い社員の場合は、かえって退職意図を高めるという結果を
見出している。今日、専門職制度や、専門職と管理職を明確に分ける人事管理
を行う企業が増えているが、このチェックリストがこのような制度の運用や評
価、改善等に利用できると考えられる。

第2章　各測定尺度、チェックリストの開発とその内容

　職業や専門へのコミットメントを測定する尺度としては、プロフェッショナリズム（Hall, 1968; Snizek, 1972）、プロフェッショナルコミットメント（Aranya, Pollock, & Amernic, 1981; Aranya & Ferris, 1984）、キャリアコミットメント（Blau, 1985）、オキュペーショナルコミットメント（Ferris, 1981）、キャリアサリアンス（Morrow & McElroy, 1986）等がある。いずれも、専門分野や職業に対する個人の態度やこだわりの程度を測定するものである。具体的には、自分を専門分野と同一視する程度、専門分野の発展の為に積極的に努力しようとする意志の強さ、専門分野に留まりたいと思う度合いなどである。その中で、プロフェッショナルコミットメントとキャリアコミットメントが代表的なものといえるが、Morrow & Wirth（1989）によれば、プロフェッショナルコミットメントは限られた専門職にのみ活用可能であり、広く職業一般には適用しにくい。一方キャリアコミットメントは、一般的なキャリアという概念を代表し、広範な職業に活用可能であると考えられる（Aryee & Tan, 1992）。最近、日本においてもみられるスペシャリスト志向、プロフェッショナル志向は、職業資格等に基く専門職ではなく、ホワイトカラーを中心とする社員に高まっているものである。そこで、ここでは広範な人々を対象とできるという点で、Blau（1985）のキャリアコミットメント尺度を作成することとした（図表2-25）。Blau（1985）のキャリアコミットメントは、ジョブインボルブメント、組織コミットメントと弁別可能であることがCohen（1996）によって報告されている。Blau（1985）のキャリアコミットメントの定義は「専門を含めた、自分の職業への態度」となっている。

図表2-25　キャリアコミットメント尺度（看護婦対象の質問紙）

1. If I could get another job different from being a nurse and paying the same amount. I would probably take it.
2. I definitely want a career for myself in nursing.
3. If I could do it all over again. I would not choose to work in the nursing profession.
4. If I had all the money I needed without working. I would probably still continue to work in the nursing profession.
5. I like this vocation too well to give it up.
6. This is the ideal vocation for a life work.
7. I am disappointed that I ever entered the nursing profession.
8. I spend a significant amount of personal time reading nursing related journals or books.

出典： Blau（1985）

　ジョブインボルブメントと組織コミットメント、キャリアコミットメントの間の関係についてBrown（1996）は、キャリアコミットメントとジョブインボ

49

ルブメントは共変関係にあり、組織コミットメントはジョブインボルブメントの結果変数に位置づけられるとしている。一方、Mathiew & Zajac（1990）は、ジョブインボルブメント、組織コミットメント、キャリアコミットメントの3つは全て共変関係にあり、3つの間に因果関係を想定していない。これらの関係を実証的に検討したのはCohen（1996）であり、その関係を図表2-26のように報告している。これはRandall & Cote（1991）の考えに基づく因果関係を、共分散構造分析によって修正を加えたものである。労働倫理観による仕事全般に対する肯定的態度が、特定の職務への肯定的態度を形成し、ジョブインボルブメントを高める。ジョブインボルブメントの高い個人は、肯定的な職務経験を得やすく、それを組織やキャリア上への決定に帰属させるため、キャリアコミットメントや情緒的な組織コミットメントが高まる。キャリアコミットメントの高い個人は、組織を注意深く選択するため、組織への情緒的コミットメントも高まると説明されている。これよりCohen（1996）は、ジョブインボルブメントは組織コミットメントよりも変化しにくく、安定した職務態度であるとした。

このように様々なコミットメントの間の関係については、色々な見解や報告があり、確立した見方はない。そこで、ここでは特にコミットメント間の因果関係は想定せず、並列的に捉えることとした。

図表2-26　様々なコミットメント間の因果モデルの例（Cohen, 1996）

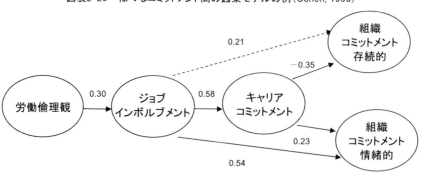

注）5％水準で有意なパスを実線、有意でないパスを点線としている。

第2章　各測定尺度、チェックリストの開発とその内容

（3）測定尺度の開発

　キャリアコミットメントは Blau（1985）の尺度を参考に作成している。Blau（1985）による、8 項目の α 係数は 0.85〜0.87、再検査信頼性は 0.67 であった。オリジナル尺度では、質問文中に回答者の職業名を具体的に入れ、それに対するコミットメントの程度を問うようになっている。ここでは、あらゆる職業に適用できるように、Blau（1985）の尺度では特定の職業名になっている部分を「職務・専門分野」としている。コミットする対象を「職種」と表現した研究もあるが、「職種」とした場合、一般には専門職と呼ばれていないホワイトカラーの専門領域と捉えられず、回答に迷うことがあると考えられたためである。また、逆転項目は回答ミスを導きやすいため、肯定的な表現に直している。これにより作成した具体的な項目は図表 2-27 の通りである。

　今回の Web データではこの 8 項目での信頼性係数は 0.922 であった。

図表2-27　キャリアコミットメント質問項目

1．　給料が下がっても、今の職務・専門分野で仕事がしたい。
2．　今の職務・専門分野でキャリアを追求したい。
3．　他の会社に移っても、今の職務・専門分野に就きたい。
4．　もし働かずにお金が得られても、この職務・専門分野を続けるだろう。
5．　この職務・専門分野が好きなので、この先も続けたい。
6．　私にとってこの職務・専門分野は、ライフワークとして理想的な仕事である。
7．　今の職務・専門分野に満足している。
8．　今の職務・専門分野に関わる雑誌や本を、多く読んでいる。

（4）属性別平均値等

　以下に基本的な属性、性別、年齢別、企業規模別、業種別のキャリアコミットメントの平均値等を示した。サンプル数が多いため平均値の差は統計的に有意となる部分が多いが、年齢段階と性別で（図表 2-28）、年齢段階の要因は有意となり（年齢段階と年齢の 2 要因分散分析における年齢段階の効果、F=50.908、以下同様）、年齢とともに平均値が高くなる。性別の要因も有意となり（F=17.888）、男性が女性よりも高い。年齢段階と性別の交互作用も有意となり（F=2.780）、30 歳未満から 50〜59 歳までは男性の方が高いが、60 歳以上では女性の方が高い。

　性別、職種別で（図表 2-29）、職種別の効果は有意となり（F=182.737）、平均値の高いものから、専門職、技術職、事務職、営業・販売職、現業職となっており、キャリアコミットメントの概念に沿ったものとなっている。ここでも

51

性別は有意であり（F=29.554）、交互作用も有意で（F=6.890）、事務職、技術職、専門職、営業・販売職は男性が高いが、現業職は女性が高い。

企業規模別、業種別に関しては、両者をクロスして集計するとサンプル数が少ないところが出てくることから、企業規模別、業種別、それぞれの平均値等を示した（図表2-30）。企業規模別、業種別ともに効果は有意であった（F=9.732、F=24.217）。平均値の高いものから「30人以下」、「3,001人以上」、「31～300人」、「301～3,000人」となり、中規模の企業等の平均値が低い。業種別では「その他」が高く、「運輸・通信業」が低い。自由記述等をとっていないため分からないが、「その他」には複数の業種に跨る複合型の事業を行っているものが多いことが考えられる。

職場や会社の単位で実施し、その平均を求め、これらの図表と比較することによって、相対的な位置から、自分の職場や会社のキャリアコミットメントがどのような状態であるか分かる。

図表2-28　キャリアコミットメントの性別、年齢段階別平均値等

		平均	標準 偏差	度数
男	30歳未満	2.78	0.944	1,844
	30～39歳	2.84	0.933	1,602
	40～49歳	2.84	0.912	1,895
	50～59歳	2.92	0.889	2,093
	60歳以上	3.06	0.885	2,219
	合計	2.90	0.916	9,653
女	30歳未満	2.64	1.001	1,328
	30～39歳	2.74	0.996	1,173
	40～49歳	2.75	0.984	1,174
	50～59歳	2.88	0.910	1,266
	60歳以上	3.09	0.934	592
	合計	2.79	0.978	5,533
合計	30歳未満	2.72	0.971	3,172
	30～39歳	2.80	0.961	2,775
	40～49歳	2.81	0.941	3,069
	50～59歳	2.90	0.897	3,359
	60歳以上	3.07	0.895	2,811
	合計	2.86	0.940	15,186

第2章　各測定尺度、チェックリストの開発とその内容

図表2-29　キャリアコミットメントの性別、職種別平均値等

		平均	標準 偏差	度数
男	事務職	2.86	0.893	2,349
	技術職	2.96	0.868	2,669
	専門職	3.30	0.905	1,317
	営業・販売職	2.79	0.898	1,713
	現業職	2.62	0.930	1,605
	合計	2.90	0.916	9,653
女	事務職	2.66	0.945	3,028
	技術職	2.87	0.949	418
	専門職	3.27	0.924	1,078
	営業・販売職	2.59	0.973	521
	現業職	2.64	0.974	488
	合計	2.79	0.978	5,533
合計	事務職	2.75	0.928	5,377
	技術職	2.95	0.879	3,087
	専門職	3.29	0.913	2,395
	営業・販売職	2.74	0.920	2,234
	現業職	2.63	0.940	2,093
	合計	2.86	0.940	15,186

図表2-30　キャリアコミットメントの企業規模別、業種別平均値等

		平均	標準 偏差	度数
規模	30人以下	2.95	0.978	4,042
	31～300人	2.82	0.924	3,988
	301～3,000人	2.80	0.944	3,670
	3,001人以上	2.85	0.901	3,486
業種	建設業	2.93	0.929	1,128
	製造業	2.80	0.908	3,545
	電気・ガス・熱供給・水道業	2.79	0.866	238
	運輸・通信業	2.65	0.912	949
	卸・小売、飲食業	2.77	0.945	1,505
	金融・保険業	2.69	0.020	735
	不動産業	2.86	0.956	364
	サービス業（対事業所）	2.83	0.918	1,881
	サービス業（対個人）	2.91	0.979	2,075
	その他	3.04	0.950	2,766
	合計	2.86	0.940	15,186

(5) ワークシチュエーション等との関係

 以下にワークシチュエーションや属性との関係を示した（図表2-31）。要因としてはワークシチュエーションのⅠからⅥの「職務」、「上司やリーダー」、「同僚や顧客との関係」、「ビジョン・経営者」、「処遇・報酬」、「能力開発・福利厚生・生活サポート」、属性としては「企業規模」、「年齢」をモデルに入れたが、5％水準で有意とならないものと標準化パス係数の絶対値が0.10未満のものはパスを削除し、要因も破線とした。モデルの適合度はGFI=0.872、CFI=0.918、RMSEA=0.073であり、許容できる範囲であった。

 キャリアコミットメントに関しては、「職務」、次いで「能力開発・福利厚生・生活サポート」が影響していることが示されている。

図表2-31　ワークシチュエーション、企業規模、年齢等とキャリアコミットメントの関係

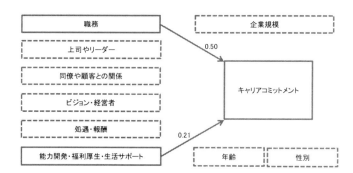

＜5＞組織コミットメント

(1) 測定尺度の概要

　組織コミットメント（Organizational Commitment）とは、個人の組織に対する気持ち、コミットメント（傾倒、献身）である。ここでは、これまでの研究と収集したデータから4つの要素、計12項目からなる測定尺度を作成している。冊子の「HRMチェックリスト」では「B. コミットメント」の一部として含まれている。この測定尺度に関して、年齢、性別、職種、従業員規模、業種に分けた場合の平均値等を示しており、職場や自社での結果が他と較べてどうかがわかるようにしている。また、この組織コミットメントとワークシチュエーションでみている要素（IからⅥの6つの領域）との関係も示している。組織コミットメントは採用や定着、欠勤や遅刻、離転職に関係しており、重要なものといえる。

(2) 組織コミットメントの概念

　組織コミットメントは、組織に対するコミットメントをあらわす概念であるが、職場への意識や気持ちの重要な要素として、多くの研究が行われてきた。2016年8月現在、心理学関係文献データベース PsycINFO において、organizational commitment がキーワード（DE：統制キーワード）に設定されている文献を検索、すなわち、organizational commitment が主要なテーマの一つとなっている文献が 5,241 件となる。ちなみに、同じ時点で organizational commitment が論文等のどこかに出てくる文献は6,933件ある。全般的職務満足感のところでみた（42頁）、Job Satisfaction の 16,721 件に較べると少ないが、かなり多くの文献があることになる。このように関心が集まる理由は、組織コミットメントが他のコミットメントよりも離転職を予測できること（Williams & Hazer, 1986）、組織コミットメントを高めることが、社員のパフォーマンスや生産性を向上させ、欠勤や遅刻が減少するとされるからである（Morris & Sherman, 1981）。このため、組織コミットメントを高めることそれ自体が目指すべき目標にもなるといえる。また、先行要因や結果変数との関係について多くの研究が行われ、検討が進んでいることから、操作やコントロールが行いやすく、社内の施策の決定や立案にも役立つものとなっている。

日本においても、人材の採用や定着、特に昨今の人手不足を反映し、組織コミットメントへに関心が高まっている。

組織コミットメントに関しては、Porter, Steers, Mowday, & Boulian（1974）による考え方が広く用いられてきた。ここでは組織コミットメントは組織に対する個人の一体感（identification）、関与（involvement）の強さに関するものであると定義できるとし、「(a)組織の目標・規範・価値観の受け容れ」、「(b)組織のために働きたいとする積極的意欲」、「(c)組織の一員として留まりたいという強い願望」によって特徴づけられるとしている。Porter et al.（1974）の開発した Organizational Commitment Questionnaire（ＯＣＱ）は15項目から成るもので、過去数十年にもわたり広く利用されてきた（図表2-32）。その為、組織コミットメントに関わる現在の知見の多くがＯＣＱに基づくものとなっている（Cohen, 1996）。

多くの研究で、組織コミットメントと関係する要因が確認されているが、多くはＯＣＱを用いたものであり、Mathiew & Zajac（1990）が124の研究を対象にメタ分析を行い、48の変数との関係をまとめている（図表2-33）。なお、先行要因、共変変数、結果変数という分類は、Mathiew & Zajac（1990）の考えによるものである。

図表2-32　OCQ（Organizational Commitment Questionnaire）質問項目

1. I am willing to put in a great deal of effort beyond that normally expected in order to help this organization be successful.
2. I talk up this organization to my friends as a great organization to work for.
3. I feel very little loyalty to this organization.（R）
4. I would accept almost any type of job assignment in order to keep working for this organization.
5. I find that my values and the organization's values are very similar.
6. I am proud to tell others that I am part of this organization.
7. I could just as well be working for a different organization as long as the type of work was similar.（R）
8. This organization really inspires the very best in me in the way of job performance.
9. It would take very little change in my present circumstances to cause me to leave this organization.（R）
10. I am extremely glad that I chose this organization to work for over others I was considering at the time I joined.
11. There's not too much to be gained by sticking with this organization indefinitely.（R）
12. Often, I find it difficult to agree with this organization's policies on important matters relating to its employees.（R）
13. I really care about the fate of this organization.
14. For me this is the best of all possible organization for which to work.
15. Deciding to work for this organization was a definite mistake on my part.（R）

出典：　Mowday, Steers & Porter（1979）

第2章　各測定尺度、チェックリストの開発とその内容

図表2-33　Mathiew & Zajac（1990）のメタ分析より組織コミットメントに関係する変数

1. 先行要因（影響する変数）

[パーソナリティ](personality)

年齢(age)**

性別(sex)**

学歴(education)**

既婚かいなか(marital status)

職位年数(position tenure)

勤続年数(organizational tenure)**

コンピタンスの知覚(perceived personal competence)*

能力(ability)

給料(salary)

労働倫理(protestant work ethic)**

職位(job level)**

[職務の性質]

スキルの多様性(skill variety)

自律性(task autonomy)**

挑戦性(challenge)**

職務範囲(job scope)

[人間関係]

集団凝集性(group cohesiveness)**

相互依存性(task interdependence)

構造的リーダーシップ(leader initiating structure)**

配慮的リーダーシップ(leader consideration)**

上司とのコミュニケーション(leader communication)

参加的リーダーシップ(participative leadership)

[組織の性質]

規模(organizational size)**

中央集権化(organizational centralization)**

[役割の状態]

役割の曖昧さ(role ambiguity)**

役割葛藤(role conflict)**

役割負荷(role overload)*

2. 共変変数

モチベーション(overall)

内的動機づけ(Internal motivation)*

ジョブインボルブメント*

ストレス*

職業へのコミットメント*

組合へのコミットメント*

職務満足

全体(overall)**

内発的(intrinsic)

外発的(extrinsic)

上司(supervision)*

同僚(coworkers)*

昇進(promotion)*

給与(pay)*

仕事自体(work itself)*

3. 結果変数

職務パフォーマンス(job performance)

他者の評定(others ratings)*

結果の測定(output measure)

他の職務の知覚(perceived job alternatives)*

求職意図(intention to search)*

退職意図(intention to leave)*

出勤率(attendance)

遅刻率(lateness)

離職(turnover)*

注)＊は5%水準で有意、＊＊は1%水準で有意。Mathiew & Zajac（1990)から翻訳。

Porter et al.（1974）の尺度には、項目の中に組織のための積極的な意欲や、組織への残留意図が含まれるため、パフォーマンスや離退職と関係するのは当然であるという批判もある。こうしたＯＣＱの結果変数との重複性の問題を背景に、最近、組織コミットメントを多次元でとらえる傾向が強まっている。そして現在注目が高まり、最もよく利用されるのが、Allen & Meyer（1990）の尺度である（図表2-34）。

図表2-34　Allen & Meyer(1990)の尺度

情緒的（affective）要素
1. I would be very happy to spend the rest of my career with this organization.
2. I really feel as if this organization's problems are my own.
3. I do not feel a strong sense of "belonging" to my organization.（R）
4. I do not feel "emotionally attached" to this organization.（R）
5. I do not feel like "part of the family" at my organization.（R）
6. This organization has a great deal of personal meaning for me.

存続的（continuance）要素
7. Right now, staying with my organization is a matter of necessity as much as desire.
8. It would be very hard for me to leave my organization right now, even if I wanted to.
9. Too much of my life would be disrupted if I decided I wanted to leave my organization now.
10. I feel that I have too few options to consider leaving this organization.
11. If I had not already put so much of myself into this organization, I might consider working elsewhere.
12. One of this few negative consequences leaving this organization would be the scarcity of available alternatives.

規範的（normative）要素
13. I do not feel any obligation to remain with my current employer.（R）
14. Even if it were to my advantage, I do not feel it would be right to leave my organization now.
15. I would feel guilty if I left my organization now.
16. This organization deserves my loyalty.
17. I would not leave my organization right now because I have a sense of obligation to the people in it.
18. I owe a great deal to my organization.

　Allen & Meyer（1990）は、組織コミットメントを①情緒的（affective）、②存続的（continuous）、③規範的（normative）の３つの要素からなるとしている。情緒的コミットメントとは、組織に対する愛着や同一化であり、ＯＣＱに類似している（Dunham, Grube, & Castaneda, 1994）。存続的コミットメントとは組織を去る時に払う代償への知覚に基づくもので、転職先の有無にも関係する。規範的コミットメントとは、理屈抜きにコミットすべきという忠誠心を表す。Meyer, Allen, & Smith（1993）は、これら３つの要素の根底にあるのは、組織との関係性と辞めるか留まるかの決意であるとしている。そして

各要素は異なる経験により形成され、それぞれが異なる行動に結びつくと仮定している。例えば組織内での経験が期待と一致し、欲求が満足されると情緒的コミットメントが高まり、組織に対する投資やBecker (1960) のいう side bets が蓄積したと知覚されると存続的コミットメントが形成される。組織に対する忠誠心を強調するような社会化を経験すると規範的コミットメントが強まる。規範的コミットメントや情緒的コミットメントはパフォーマンスや組織内でのシチズンシップに関係するが、存続的コミットメントはそれらと無関係又は負の関係にある。Meyer, Allen, & Smith (1993)はこれらの仮説をもとに研究を行い、概ね仮説と一致する結果を得ている。

　Allen & Meyer (1990) の尺度は、ＯＣＱよりも、ジョブインボルブメントやキャリアコミットメント等との重複性や冗長性がなく、妥当性が高いという報告 (Cohen, 1996) があり、評価が高い。

　働く人々の就業意識が多様化し、雇用環境が変化する今日においては、様々な形態の帰属意識を取り上げることが有効と思われる。このためここでは、研究の蓄積の多いＯＣＱと最近注目される Allen & Meyer (1990) の尺度の双方が含まれるものとして作成した。

(3) 開発過程

Porter et al. (1974) の定義による組織コミットメント項目

　ＯＣＱの組織コミットメント「(a)組織の目標・規範・価値観の受け容れ」、「(b)組織のために働きたいとする積極的意欲」、「(c)組織の一員として留まりたいという強い願望」に関しては、ジョブインボルブメント尺度等と同様に、日本労働研究機構が 1991 年に作成したワークチェックリストから選んでいる（日本労働研究機構, 1999）。ワークチェックリストの従業員の意識を捉える項目は、組織コミットメントの概念も参考に作成しており、活用が可能であると考えた。具体的な作成方法は下記の手続きによる。

　ワークチェックリストから組織コミットメント (OCQ) に近いと思われる項目を選び、正規分布していないものを削除した上で、因子分析を行った。最終的に選択した項目は図表 2-35 の通りである。この 7 項目により全変動の 49.4% が説明されている。

　Porter et al. (1974) の定義づけと同義である組織への積極的な残留意欲

や組織のための積極的意欲を示す7項目で、一因子構造が確認できた。α係数は.83、項目と尺度の相関係数は.47～.65であり、十分な信頼性があると判断した。

図表2-35　ワークチェックリストからOCQの定義に類似する項目

項　目	因子負荷量
1.会社や組織にいるからには会社や組織のためを第一に考えている	.61
2.この会社や組織に必要なことなら努力をいとわない	.77
3.この会社や組織のために最善を尽くす気はない	-.74
4.この会社や組織に必要なら、どんな仕事でも引き受ける*	.70
5.他の会社や組織に移る気はまったくない*	.69
6.今の会社や組織に魅力を感じているので、長く留まりたい*	.75
7.嫌なことがあったら、他の会社や組織に迷わず移る	-.64

*最終的にチェックリストに採択した項目

　ただし、質問に回答する負担を軽減する必要があることから、上記7項目全てを組織コミットメント尺度に採用せず3項目を選択した。回答ミスが予想される逆転項目を除いた上で、意味がとりやすいと思われた4、5、6番の項目を最終的に採用することとした。Webデータではこの3項目での信頼性係数は0.848であり、HRMチェックリストの中では組織コミットメント（OC）「残留意欲」としている。

Allen & Meyer（1990）の定義による組織コミットメント項目

　Meyer et al.（1993）の尺度に基づき、項目を選出した（図表2-36）。オリジナル尺度から情緒的要素、存続的要素、規範的要素の各6項目から3項目ずつを選んでいる。日本語化した時も意味がわかりやすいことを基準として選び、回答ミスがないよう逆転項目を肯定的表現に直している。作成した項目を以下に示す。信頼性係数（α係数は）上から、0.856、0.880、0.868であり、まとまりも良いといえる。

61

図表2-36　Meyer et al.(1993)の尺度を基に作成した項目

情緒的要素（α係数：0.856）
    1.　この会社の問題があたかも自分自身の問題であるかのように感じる。
    2.　この会社の一員であることを誇りに思う。
    3.　この会社のメンバーであることを強く意識している。

存続的要素（α係数：0.880）
    4.　この会社を離れるとどうなるか不安である。
    5.　今この会社を辞めたら、生活上の多くのことが混乱するだろう。
    6.　今この会社を辞めたら損失が大きいので、この先も勤めようと思う。

規範的要素（α係数：0.868）
    7.　この会社の人々に義理を感じるので、今辞めようとは思わない。
    8.　この会社に多くの恩義を感じる。
    9.　今この会社を辞めたら、罪悪感を感じるだろう。

（4）属性別平均値等

　以下に性別、年齢別、企業規模別、業種別の平均値等を示した。サンプル数が多いため平均値の差は統計的に有意となる部分が多い。

　まず、性別と年齢段階に関して（図表2-37）、組織コミットメント（残留意欲）は、年齢段階の要因は有意となり（年齢段階と年齢の2要因分散分析における年齢段階の効果、F=156.957、以下同様）、性別の要因も有意となる（F=15.146）。性別と年齢段階の交互作用は有意ではなかった（F=1.948）。年齢段階による平均値は若年から高齢になるに従って、平均値が高くなっており、女性よりも男性の方が高い。

　組織コミットメント（情緒的）も、年齢段階の要因（F=74.065）、性別の要因（F=74.125）が有意となり、交互作用は有意ではない（F=0.289）。年齢段階による平均値は若年から高齢になるに従って、平均値が高くなっており、女性よりも男性の方が高い。

　組織コミットメント（存続的）に関しては、年齢段階の要因（F=40.373）、性別の要因（F=37.666）が有意となり、交互作用も有意となる（F=4.024）。年齢段階による平均値は40〜49歳が高い山型になっている。全体としては女性よりも男性の方が高いが、男性は40〜49歳が高く、女性は50〜59歳が高く、これにより交互作用が有意となっている。

　組織コミットメント（規範的）は、年齢段階の要因（F=4.564）、性別の要因（F=12.013）が有意となり、交互作用は有意ではない（F=0.297）。年齢段階による平均値は高齢と若年が高く40〜49歳が低い谷型となっている。女性よ

りも男性の方が高い。

組織コミットメント（残留意欲）と組織コミットメント（情緒的）は同じ傾向であるが、組織コミットメント（存続的）と組織コミットメント（規範的）が年齢段階別にみると山型と谷型と逆になっている点が興味深い。年齢半ばでは組織を離れると損と感じており（存続的）、高齢と若年は組織に忠誠心を感じている（規範的）、ということになる。

次に、性別、職種別に関して（図表2-38）、組織コミットメント（残留意欲）は職種別の効果は有意となり（F=14.489）、平均値の高いものから、事務職、専門職、技術職、営業・販売職、現業職となっている。全体としては女性よりも男性の方が有意に高い(F=53.222)。男性は事務職が高く、女性は技術職が高く、交互作用が有意となっている（F=6.859）。

組織コミットメント（情緒的）は職種別の効果は有意となり（F=14.511）、平均値の高いものから、専門職、営業・販売職、技術職、事務職、現業職となっている。全体としては女性よりも男性の方が有意に高いが(F=76.143)、男性は事務職が高く、女性は専門職が高く、交互採用が有意となっている（F=13.048）。

組織コミットメント（存続的）は職種別の効果は有意となり（F=18.173）、平均値の高いものから、事務職、技術職、営業・販売職、現業職、専門職となっている。資格等を持っている専門職が現業職よりも低く、最も低くなる点が興味深い。全体としては女性よりも男性の方が有意に高いが(F=30.913)、性別と職種別の交互作用は有意ではない（F=0.423）。

組織コミットメント（規範的）は職種別の効果は有意となり（F=10.728）、平均値の高いものから、営業・販売職、事務職、専門職、技術職、現業職となっている。全体としては女性よりも男性の方が有意に高いが(F=12.875)、男性は事務職が高く、女性は技術職が高く、交互作用が有意となっている (F=4.162)。

最後に、企業規模別、業種別に関しては、両者をクロスして集計するとサンプル数が少ないところが出てくることから、企業規模別、業種別、それぞれの平均値等を示している（図表2-39）。

組織コミットメント（残留意欲）は企業規模別の効果は有意となり(F=19.823)、平均値の高いものから、30人以下、3,001人以上、301〜3,000人、31〜300人の順となっている。業種別の効果も有意であり（F=10.098）、電気・ガス・熱供給・水道業が高く、運輸・通信業、金融・保険業が低い。

組織コミットメント（情緒的）は企業規模別の効果は有意となり(F=19.250)、

平均値の高いものから、30人以下、3,001人以上、301〜3,000人、31〜300人の順となっている。業種別の効果も有意であり（F=7.735）、建設業が高く、運輸・通信業が低い。

　組織コミットメント（存続的）は企業規模別の効果は有意となり（F=5.913）、平均値の高いものから、3,001人以上、301〜3,000人、30人以下、31〜300人の順となっている。301〜3,000人と30人以下は図表では同じ3.22であるが、より細かくは301〜3,000人は3.2217であり、30人以下は3.2180であり、この順となる。離れると損と感じる存続的は大企業が高く、納得できる結果である。業種別の効果も有意であり（F=5.422）、電気・ガス・熱供給・水道業が高く、サービス業（対個人）が低い。

　組織コミットメント（規範的）は企業規模別の効果は有意となり（F=28.088）、平均値の高いものから、30人以下、3,001人以上、31〜300人、301〜3,000人の順となっている。業種別の効果も有意であり（F=3.747）、建設業が高く、運輸・通信業が低い。

　職場や会社の単位で実施し、その平均を求め、これらと比較することによって、職場や会社の相対的な位置を示すことができ、職場や会社がどのような状態であるか分かる。

第2章　各測定尺度、チェックリストの開発とその内容

図表2-37　性別、年齢段階別平均値等

組織コミットメント（残留意欲）

		平均	標準 偏差	度数
男	30 歳未満	2.82	1.047	1,844
	30〜39 歳	2.84	1.028	1,602
	40〜49 歳	2.94	1.016	1,895
	50〜59 歳	3.13	1.015	2,093
	60 歳以上	3.44	0.990	2,219
	合計	3.06	1.045	9,653
女	30 歳未満	2.67	1.085	1,328
	30〜39 歳	2.82	1.089	1,173
	40〜49 歳	2.87	1.067	1,174
	50〜59 歳	3.04	1.034	1,266
	60 歳以上	3.43	1.013	592
	合計	2.91	1.085	5,533
合計	30 歳未満	2.75	1.066	3,172
	30〜39 歳	2.83	1.054	2,775
	40〜49 歳	2.91	1.036	3,069
	50〜59 歳	3.10	1.023	3,359
	60 歳以上	3.44	0.995	2,811
	合計	3.00	1.062	15,186

組織コミットメント（情緒的）

		平均	標準 偏差	度数
男	30 歳未満	2.85	0.978	1,844
	30〜39 歳	2.89	0.988	1,602
	40〜49 歳	2.94	0.972	1,895
	50〜59 歳	3.06	0.957	2,093
	60 歳以上	3.30	0.960	2,219
	合計	3.02	0.984	9,653
女	30 歳未満	2.71	1.048	1,328
	30〜39 歳	2.76	1.021	1,173
	40〜49 歳	2.76	0.986	1,174
	50〜59 歳	2.91	0.969	1,266
	60 歳以上	3.16	0.985	592
	合計	2.83	1.014	5,533
合計	30 歳未満	2.79	1.010	3,172
	30〜39 歳	2.84	1.004	2,775
	40〜49 歳	2.87	0.981	3,069
	50〜59 歳	3.01	0.965	3,359
	60 歳以上	3.27	0.967	2,811
	合計	2.95	0.999	15,186

組織コミットメント（存続的）

		平均	標準 偏差	度数
男	30 歳未満	3.20	1.074	1,844
	30～39 歳	3.30	1.061	1,602
	40～49 歳	3.42	1.015	1,895
	50～59 歳	3.39	1.012	2,093
	60 歳以上	3.03	1.006	2,219
	合計	3.26	1.042	9,653
女	30 歳未満	3.01	1.156	1,328
	30～39 歳	3.16	1.131	1,173
	40～49 歳	3.26	1.120	1,174
	50～59 歳	3.28	1.029	1,266
	60 歳以上	3.07	1.085	592
	合計	3.16	1.112	5,533
合計	30 歳未満	3.12	1.113	3,172
	30～39 歳	3.24	1.093	2,775
	40～49 歳	3.36	1.059	3,069
	50～59 歳	3.35	1.020	3,359
	60 歳以上	3.04	1.023	2,811
	合計	3.23	1.069	15,186

組織コミットメント（規範的）

		平均	標準 偏差	度数
男	30 歳未満	2.93	1.036	1,844
	30～39 歳	2.89	1.050	1,602
	40～49 歳	2.85	1.070	1,895
	50～59 歳	2.87	1.045	2,093
	60 歳以上	2.97	0.995	2,219
	合計	2.91	1.038	9,653
女	30 歳未満	2.86	1.088	1,328
	30～39 歳	2.87	1.111	1,173
	40～49 歳	2.78	1.080	1,174
	50～59 歳	2.80	1.036	1,266
	60 歳以上	2.89	1.055	592
	合計	2.84	1.076	5,533
合計	30 歳未満	2.90	1.058	3,172
	30～39 歳	2.88	1.076	2,775
	40～49 歳	2.83	1.074	3,069
	50～59 歳	2.85	1.042	3,359
	60 歳以上	2.95	1.008	2,811
	合計	2.88	1.053	15,186

第2章　各測定尺度、チェックリストの開発とその内容

図表2-38　性別、職種別平均値等

組織コミットメント（残留意欲）

		平均	標準 偏差	度数
男	事務職	3.21	1.029	2,349
	技術職	3.03	0.997	2,669
	専門職	3.09	1.090	1,317
	営業・販売職	3.04	1.064	1,713
	現業職	2.87	1.052	1,605
	合計	3.06	1.045	9,653
女	事務職	2.93	1.093	3,028
	技術職	2.94	1.066	418
	専門職	2.93	1.065	1,078
	営業・販売職	2.80	1.113	521
	現業職	2.86	1.069	488
	合計	2.91	1.085	5,533
合計	事務職	3.05	1.075	5,377
	技術職	3.02	1.007	3,087
	専門職	3.02	1.082	2,395
	営業・販売職	2.98	1.080	2,234
	現業職	2.87	1.056	2,093
	合計	3.00	1.062	15,186

組織コミットメント（情緒的）

		平均	標準 偏差	度数
男	事務職	3.17	0.966	2,349
	技術職	3.00	0.939	2,669
	専門職	3.09	0.986	1,317
	営業・販売職	3.04	1.022	1,713
	現業職	2.78	0.991	1,605
	合計	3.02	0.984	9,653
女	事務職	2.79	1.035	3,028
	技術職	2.88	1.001	418
	専門職	2.92	0.966	1,078
	営業・販売職	2.85	1.008	521
	現業職	2.78	0.987	488
	合計	2.83	1.014	5,533
合計	事務職	2.96	1.022	5,377
	技術職	2.98	0.949	3,087
	専門職	3.01	0.981	2,395
	営業・販売職	3.00	1.021	2,234
	現業職	2.78	0.990	2,093
	合計	2.95	0.999	15,186

組織コミットメント（存続的）

		平均	標準 偏差	度数
男	事務職	3. 36	1. 027	2, 349
	技術職	3. 29	1. 021	2, 669
	専門職	3. 18	1. 036	1, 317
	営業・販売職	3. 21	1. 052	1, 713
	現業職	3. 20	1. 081	1, 605
	合計	3. 26	1. 042	9, 653
女	事務職	3. 23	1. 106	3, 028
	技術職	3. 21	1. 124	418
	専門職	3. 02	1. 092	1, 078
	営業・販売職	3. 11	1. 123	521
	現業職	3. 06	1. 138	488
	合計	3. 16	1. 112	5, 533
合計	事務職	3. 29	1. 074	5, 377
	技術職	3. 28	1. 035	3, 087
	専門職	3. 11	1. 065	2, 395
	営業・販売職	3. 19	1. 070	2, 234
	現業職	3. 17	1. 096	2, 093
	合計	3. 23	1. 069	15, 186

組織コミットメント（規範的）

		平均	標準 偏差	度数
男	事務職	3. 01	1. 031	2, 349
	技術職	2. 87	1. 004	2, 669
	専門職	2. 95	1. 039	1, 317
	営業・販売職	2. 95	1. 066	1, 713
	現業職	2. 71	1. 049	1, 605
	合計	2. 91	1. 038	9, 653
女	事務職	2. 85	1. 095	3, 028
	技術職	2. 89	1. 105	418
	専門職	2. 83	1. 015	1, 078
	営業・販売職	2. 81	1. 109	521
	現業職	2. 75	1. 022	488
	合計	2. 84	1. 076	5, 533
合計	事務職	2. 92	1. 071	5, 377
	技術職	2. 87	1. 018	3, 087
	専門職	2. 90	1. 030	2, 395
	営業・販売職	2. 92	1. 078	2, 234
	現業職	2. 72	1. 043	2, 093
	合計	2. 88	1. 053	15, 186

第2章　各測定尺度、チェックリストの開発とその内容

図表2-39　企業規模別、業種別平均値等

組織コミットメント（残留意欲）

		平均	標準 偏差	度数
規模	30人以下	3.11	1.154	4,042
	31〜300人	2.88	1.041	3,988
	301〜3,000人	2.93	1.022	3,670
	3,001人以上	3.09	0.995	3,486
業種	建設業	3.16	1.041	1,128
	製造業	3.00	1.027	3,545
	電気・ガス・熱供給・水道業	3.17	1.011	238
	運輸・通信業	2.90	1.049	949
	卸・小売、飲食業	2.99	1.099	1,505
	金融・保険業	2.90	1.037	735
	不動産業	3.07	1.156	364
	サービス業（対事業所）	2.94	1.045	1,881
	サービス業（対個人）	2.91	1.084	2,075
	その他	3.11	1.075	2,766
	合計	3.00	1.062	15,186

組織コミットメント（情緒的）

		平均	標準 偏差	度数
規模	30人以下	3.08	1.102	4,042
	31〜300人	2.82	0.987	3,988
	301〜3,000人	2.87	0.938	3,670
	3,001人以上	3.04	0.920	3,486
業種	建設業	3.08	0.999	1,128
	製造業	2.93	0.957	3,545
	電気・ガス・熱供給・水道業	3.04	0.975	238
	運輸・通信業	2.86	0.980	949
	卸・小売、飲食業	2.96	1.067	1,505
	金融 保険業	2.90	0.987	735
	不動産業	2.99	1.079	364
	サービス業（対事業所）	2.87	1.014	1,881
	サービス業（対個人）	2.92	1.005	2,075
	その他	3.03	0.990	2,766
	合計	2.95	0.999	15,186

組織コミットメント（存続的）

		平均	標準 偏差	度数
規模	30人以下	3.22	1.101	4,042
	31～300人	3.13	1.064	3,988
	301～3,000人	3.22	1.068	3,670
	3,001人以上	3.35	1.027	3,486
業種	建設業	3.30	1.051	1,128
	製造業	3.29	1.023	3,545
	電気・ガス・熱供給・水道業	3.37	0.999	238
	運輸・通信業	3.22	1.130	949
	卸・小売、飲食業	3.21	1.096	1,505
	金融・保険業	3.19	1.069	735
	不動産業	3.18	1.095	364
	サービス業（対事業所）	3.14	1.037	1,881
	サービス業（対個人）	3.12	1.089	2,075
	その他	3.27	1.097	2,766
	合計	3.23	1.069	15,186

組織コミットメント（規範的）

		平均	標準 偏差	度数
規模	30人以下	3.08	1.137	4,042
	31～300人	2.80	1.026	3,988
	301～3,000人	2.76	1.003	3,670
	3,001人以上	2.86	1.001	3,486
業種	建設業	3.05	1.057	1,128
	製造業	2.84	1.020	3,545
	電気・ガス・熱供給・水道業	2.89	1.021	238
	運輸・通信業	2.74	1.056	949
	卸・小売、飲食業	2.95	1.118	1,505
	金融・保険業	2.79	1.037	735
	不動産業	3.00	1.093	364
	サービス業（対事業所）	2.86	1.037	1,881
	サービス業（対個人）	2.88	1.052	2,075
	その他	2.90	1.057	2,766
	合計	2.88	1.053	15,186

(5) ワークシチュエーション等との関係

　以下にワークシチュエーションや属性との関係を示した（図表2-40）。要因としてはワークシチュエーションの6つの領域（「職務」、「上司やリーダー」、「同僚や顧客との関係」、「ビジョン・経営者」、「処遇・報酬」、「能力開発・福利厚生・生活サポート」）、属性としては企業規模と年齢をモデルに入れているが、5％水準で有意とならないもの、標準化パス係数の絶対値が0.10未満のものはパスを削除し、要因も破線としている。それぞれのモデルの適合度は、残留意欲はGFI=0.869、CFI=0.913、RMSEA=0.081、情緒的はGFI=0.874、CFI=0.920、RMSEA=0.082、存続的はGFI=0.874、CFI=0.917、RMSEA=0.082、規範的はGFI=0.864、CFI=0.909、RMSEA=0.083であり、いずれも許容できる範囲である。

　組織コミットメント（残留意欲）に関しては「能力開発・福利厚生・生活サポート」の影響が大きく、「職務」、年齢、「上司やリーダー」も影響している。組織コミットメント（情緒的）に関しては「能力開発・福利厚生・生活サポート」、次いで、「職務」、「ビジョン・経営者」の影響が大きい。組織コミットメント（存続的）に関しては、「能力開発・福利厚生・生活サポート」が影響している。組織コミットメント（規範的）に関しては、「能力開発・福利厚生・生活サポート」の影響が大きいが、「上司やリーダー」、「ビジョン・経営者」、「処遇・報酬」、「職務」も関係している。「企業規模」がマイナスに影響していることが興味深い。企業規模が小さい、すなわち、従業員が少ないと、自分が辞めることが会社や組織に対して、より大きく影響すると感じられていると、解釈することができる。

図表2-40　ワークシチュエーション、企業規模、年齢等と組織コミットメントの関係

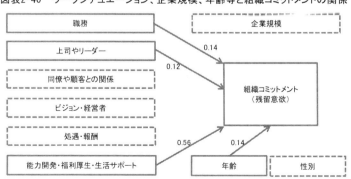

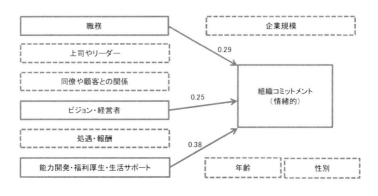

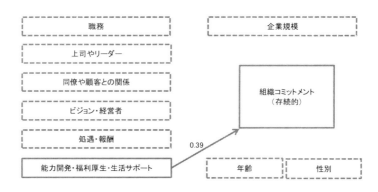

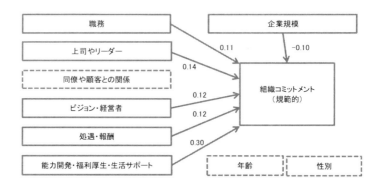

第2章　各測定尺度、チェックリストの開発とその内容

＜6＞ストレス反応（ポジティブ反応とネガティブ反応）

(1) 測定尺度の概要

　ストレス反応（stress response）とはストレスに対して現れる、身体面、心理面、行動面の反応であり、ここではストレス反応を従業員等の感じ方の総和として求めている。5つの下位尺度（抑うつ気分、不安、怒り、身体反応、高揚感）、全28項目となっている。個人、それぞれに回答してもらうが、結果は他の測定尺度同様、職場や会社単位で集計した、全体として結果のみを見るものとなっている。このストレス反応の年齢、性別、職種、従業員規模、業種に分けた場合の平均値等も示しており、職場や自社での結果が他と較べてどうかがわかるようにしている。また、このストレス反応とワークシチュエーションでみている要素（ⅠからⅥの6つの領域）との関係も示している。

　5つの下位尺度（抑うつ気分、不安、怒り、身体反応、高揚感）に関して、職場や会社の得点が求められるが、分析や結果をみる際、マイナス面とプラス面にまとめると、有効なことが多いため、5つの下位尺度の内、抑うつ気分、不安、怒り、身体反応をネガティブなストレス反応とし（ネガティブ反応）、高揚感はポジティブなストレス反応としている（ポジティブ反応）。

(2) 職場や仕事におけるストレスの現状

　職場や仕事に関してストレスを感じている人は多い。厚生労働省が5年毎に行っている「労働安全衛生特別調査（労働者健康状況調査）」において、「現在の仕事や職業生活に関することで強い不安、悩み、ストレスとなっていると感じる事柄があるか」に対して、毎回6割程度が「ある」としている（平成24年60.9％、平成19年58.0％、平成14年61.5％、平成9年62.8％）。「強い不安、悩み、ストレスを感じる事柄の内容（3つ以内の複数回答）」としては、選択肢が毎回まったく同じではないため、厳密には比較できないが、「職場の人間関係の問題」（平成24年、平成19年、平成14年、平成9年の順に、以下、同様、41.3％、38.4％、35.1％、46.2％）が毎回最も多く、それに加えて「仕事の質の問題」（33.1％、34.8％、30.4％、33.5％）、「仕事の量の問題」（30.3％、30.6％、32.3％、33.3％）がいつも主要な3つとなっている。

　また、厚生労働省は、過重な仕事が原因で発症した脳・心臓疾患や、仕事による強いストレスなどが原因で発病した精神障害の状況について、「過労死等

73

の労災補償状況」として毎年公表している。2016 年 6 月に公表された平成 27 年度の結果では、脳・心臓疾患の労災請求件数は 795 件（前年度と比べ 32 件増加）、精神障害については、労災請求件数が 1,515 件（前年度と比べ 59 件増加）となっている。

　多くがストレスを感じ、その中の極端な場合といえるが、過労死、過労自殺にまで至っている状況といえる。こうした中、「労働安全衛生法」が改正され、労働者 50 人以上の事業所では、2015 年から毎年 1 回、ストレスチェックを行うことが義務付けられることとなった。労働者 50 人未満の事業所に関しては努力義務である。

　以下で紹介するストレス反応は、国が推奨する 57 項目の質問票（職業性ストレス簡易調査票）にも類似のものが含まれているが、HRM チェックリストではワークシチュエーションを始め、仕事や職場の状況を幅広く把握できることから、高いストレス反応の結果であった場合、その原因を探ることもでき、対策に結び付けることができる。

(3) 用語の整理とストレス研究の発端

　ストレスは日常よく使われる用語であるが、明確に定義された学術用語ではない。ストレス研究では、外部からの圧力としてのストレスを「ストレッサー（stressor）」と呼び、反応としてのストレスを「ストレイン（strain）」と呼ぶ。そして、ストレッサーとストレインの間に「モデレーター（moderator）」と「コーピング（coping）」を考える。モデレーターとはストレッサーとストレインの間に介在する緩衝要因であり、これによりストレインが和らげられたり、逆に強められたりする。コーピングとはストレインに対処するためにとられる行動等である。ここでの「ストレス反応」はストレインに含まれる。

　ストレスに関して、最初に本格的な研究を行ったのはセリエ(Hans Selye)である (Selye, 1936)。セリエは初め、ストレスを "the non-specific neuroendocrine response of the body"「神経内分泌の一般的な反応」とし、後に、ストレス反応を引き起こす要因、原因としてストレッサー(stressor)という用語を使い始める。ストレッサーには暑さ、寒さ等の物理的ストレッサー、フォルマリンなどの化学的ストレッサー、そして、心理的なものがあるとした (Szabo, Tache,& Somogyi, 2012)。

　米国の社会学者ホームズ(Holmes ,T.H.)と内科医レイ（Rahe, R.H.）は、今

でもよく話題となる、人生での出来事がどの程度ストレスになるか、ライフ・ストレス・インベントリー（The Holmes-Rahe Life Stress Inventory, The Social Readjustment Rating Scale）を作成している（Holmes & Rahe, 1967）。この上位 10 のイベントをみると、配偶者の死(100)、離婚(73)、夫婦別居(65)、刑務所等への拘留(63)、親しい家族の死(63)、大きな怪我や大病(53)、結婚(50)、解雇(47)、夫婦の和解調停(45)、仕事からの引退(45)となっている(The American Institute of Stress: http://www.stress.org/のサイトより筆者が翻訳)。かなり古い研究であり、米国社会を前提としたものであるが、これがきっかけとなり、多くのストレス評価表が作成され、仕事や職業に限定したストレス評価表も作られている（夏目, 村田, 杉本, 中村, 松原, 浅尾, 藤井, 1988）。

(4) ストレスの要因統合モデル

ストレスについては数多くの研究があるが、ここではまず、ストレスのプロセス全体を統合したモデルをみていくことにする。

Cooper & Marshall(1976)の因果関係モデル(Causal Relationship Model)

ストレス研究における初期のモデルであるが、それまでの多くの研究をレビューし、まとめられたものである。ストレッサーとして、仕事の要因（過剰な負荷、時間的な切迫、他）、組織での役割（役割の曖昧さ、役割の葛藤、他）、キャリアの要因（昇進の遅れ、雇用不安、他）、職場の人間関係（上司、部下、同僚との関係）、組織の構造と風土（意思決定に参加できない、予算が少ないなど制約、他）、仕事以外（家庭の問題、人生の危機、他）等を想定し、それらが、不安傾向、神経症傾向、曖昧さへの耐性、タイプ A 行動等個人の特徴を通じて、意欲減退、職務への不満、抑うつ気分、飲酒、喫煙、また、高血圧、高コレステロール等、不健康な兆候として現れ、それが進むと、心臓血管系の疾病、精神障害等に至るとしている。同様のモデルに Beehr & Newman(1978)のモデルもある。

Hurrell & McLaney(1988)の NIOSH 職業性ストレスモデル

米国の国立安全衛生研究所(National Institute for Occupationl Safety and Health: NIOSH)は以下に紹介する「ストレスの特定要因モデル」での研究も含め、それまでの職業でのストレス研究をレビューし、図表 2-41 に示した職業

性ストレスモデルを作成している(Hurrell & McLaney, 1988)。

図表2-41 NIOSH 職業性ストレスモデル

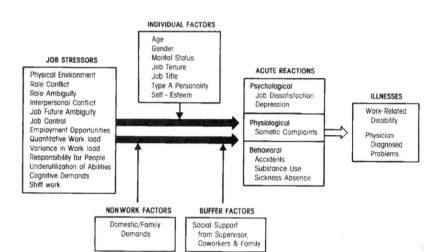

出典：Hurrell & McLaney(1988)

(5) ストレスの特定要因モデル

次にストレスに関して、特定の要因に注目したモデルをみていくことにする。ストレスを全体として把握するものではないが、ストレスが高まるメカニズムを示すものであり、職場や組織において、何か特定の問題に対処しようとするとき等、有効なものといえる。HRM チェックリストにおいて、ストレス反応の結果を検討する場合も有効な場合がある考え方である。

人ー環境適合モデル（Person-Environment Fit Model：P-E Fit モデル）

このモデル（図表 2-42）では、個人と環境との間には主観的適合と客観的適合があり、それらの不適合が原因となってストレインや疾病が生じると考える(French, Caplan, & Harrison, 1982)。心理的ストレインを引き起こす環境要因には、仕事の負担や職務の複雑さといった職務要請（job demands）と、参加や自己活用の程度といった組織が提供する供給物（supplies）の2要因がある。さらに、これらの環境要因に対応する個人の側の要因として、前者に対

しては能力（abilities）、後者に対しては動機と目標（motives & goals）が考えられ、環境要因（E）と個人要因（P）の間の適合度も心理的ストレインに影響を与えるとされる。すなわち、職務の複雑さや負担、責任の重さが個人の能力と不適合なほど、また仕事によって得られる収入（供給物）が個人の希望（目標）と食い違うほど、強い心理的ストレインとなるとされる。

図表2-42　人－環境適合モデル（French 他, 1982）

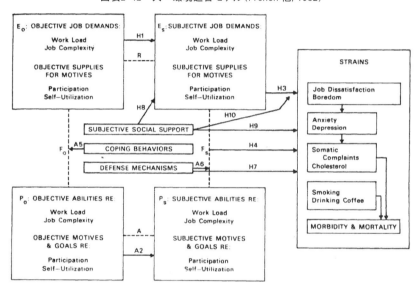

仕事の要求－コントロールモデル（Job Demands Control Model：JDC モデル）

　仕事の要求と仕事のコントロールの2軸で考えるモデルである（Karasek, 1979）。仕事の要求とは、仕事の量的負荷、仕事上の突発的な出来事、職場の対人的な問題等を考え、中でも仕事の量的負荷（多忙さや時間的切迫感）がその中心となる。コントロール（仕事上の裁量権や自由度）は、意思決定の権限、スキル自律性の2要素を考える。

　このモデルでは、仕事の要求度の高低と仕事のコントロールの高低との組み合わせによって、仕事の特徴を以下の4群に分類している。

　① 要求が高くコントロールが低い「高ストレイン群（high strain）」
　② 要求が高くコントロールも高い「活性化群（active）」

③ 要求が低くコントロールが高い「低ストレイン群（law strain）」

④ 要求が低くコントロールも低い「不活性化群（passive）」

　このうち、要求が高くコントロールも高い「活性化群」では、活性水準が高まり生産性が上がると仮定され、職場での満足感も高い。一方、要求が高いにもかかわらず十分なコントロールが与えられていない「高ストレイン群」は、心身のストレスが高いとされる。この条件にある労働者の精神的健康を改善するためには、仕事の要求を低める、または、仕事のコントロールを高めるという対策が考えられる。このモデルから、仕事の要求を低めることが困難な場合でも、仕事のコントロールを高めることで、労働者のメンタルヘルス増進に寄与することが示唆される。

　また、このモデルにソーシャルサポートを追加したモデルが、要求度‐コントロール‐サポートモデル（Demand-control-support Model）として提案されている（Johnson & Hall, 1988）。このモデルでは、仕事の要求度が高く、コントロールが低く、かつサポートが少ない場合に、最もストレスや健康障害が発生しやすくなる、としている。

認知評価モデル

　心理学的ストレス研究でよく引用されるのが、ラザルス（Richard S. Lazarus）の認知評価理論である（Lazarus & Folkman, 1984; Lazarus, 1990）。この理論では、ストレス・プロセスを広義の情動の一部として考えている。どのような情動であれ、それが生起するプロセスで最も重要な役割を担っているのが環境との相互作用の中でなされる認知評価であるとする。情動としてのストレス・プロセスでは、まず一次的認知評価として環境がストレスフルなもの（個人のリソースに対する脅威、挑戦）と見なされる。このような評価に続き、環境からの脅威、挑戦に対してどのようにコーピング（対処）したらよいかについて二次的認知評価がされ、それに基づいて実際のコーピング行動が起こる。このコーピングの効果に応じて、個人の中に感情反応や生理学的変化といった短期的（直接的）結果と個人の全般的適応に関わる長期的結果がもたらされるとされる。

情動ストレスモデル

　新名（1995）は痴呆老人介護者のストレスに関する研究の中で、情動を中核

とするストレスモデルを提案した。このモデルによれば、個人がある刺激事態（出来事や状況）を経験した時、それをネガティブなもの（たとえば、嫌だ、辛い、困った、不快だ、等）と評価すると心理的ストレス反応として不安や抑うつ気分、怒りといった情動反応が生ずる。このような不快な情動反応が生ずると、それを低減するためのコーピングがなされる。そのコーピングが有効であればストレス・プロセスは終息する。しかし、コーピングによっても心理的ストレス反応が低減しなかったり、逆に増幅されるようなことがあると、ストレス・プロセスは終わらず、ストレス反応が拡大し、やがては心身の不適応状態が生ずることになる。

(6) 開発の方法と過程：設問の作成と編集

　本チェックリストは情動ストレスモデルに依拠している。具体的には新名らの作成した PSRS を用いており（新名，坂田，矢冨，本間，1990；新名，1995）、PSRS を用いた研究においては、しばしば併せて身体的ストレス反応尺度が用いられていることから、身体的ストレス反応を加え、さらに高揚感といったポジティブな状態も加えたチェックリストとしている。

　設問の設定に関しては、具体的には以下の通りである。ポジティブな感情とネガティブな感情の関係はこれまで考えられていたように相互排他的なものではなく、むしろ独立した関係にあることが示されている。すなわち、ネガティブな情動が強かったとしても、ポジティブな情動経験がなくなるわけではない。逆にネガティブな情動を経験していないことは、ポジティブな情動が経験されていることを意味しない。ストレスが個人の情動全体に及ぼしている影響を確認するためには、ネガティブな情動だけでなくポジティブな情動についても測定しておく必要があることになる。しかし、PSRS はもともとストレス反応の測定を目的に開発されているため、ポジティブな情動状態を測る項目は含まれていない。この点を補うために古屋，坂田，音山，所澤（1994）は、PSRS の開発過程で利用された刺激語の中から高揚感に関するもの 5 つを選び、高揚感尺度とし、PSRS の中に組み込んでいる。古屋らの高揚感尺度をここでも採用している。

(7) 測定尺度

　以上により作成した全 28 項目のストレス反応チェックリストを次に示した

が、この 28 項目は、以下のように、抑うつ気分、不安、怒り、高揚感、身体反応の５つの下位尺度から構成されている。

a. **抑うつ気分（６項目）**：5. ゆううつだ；8. 気分が沈む；14. 気がめいる；18. 悲しい；22. さみしい気持ちになる；25. むなしい感じがする

b. **不安（６項目）**：1. 恐怖感がある；11. びくびくしている；15. 気が動転している；16. 不安を感じる；19. 気持ちが落ち着かない；23. 心配な気持ちになる

c. **怒り（６項目）**：2. 怒りを感じる；7. 腹が立つ；17. 不機嫌である；21. いらいらする；24. むしゃくしゃする；26. おこりっぽい

d. **高揚感（５項目）**：3. はつらつとした気分である；6. いきいきしている；9. 軽快な気分だ；12. 気分がのっている；27. 気力に満ちている

e. **身体反応（５項目）**：4. 体がだるい；10. 脱力感がある；13. 動作が鈍い；20. 眠れない；28. 寝起きが悪い

　教示は、「この１週間の間に、次のような状態をどのくらい経験しましたか、次の要領で０から４までの数字をひとつ選んで下さい」とし、回答は「０：全く経験しなかった、１：たまにあった、２：ときどきあった、３：しばしばあった、４：大体いつもあった」の５件法である。

第2章　各測定尺度、チェックリストの開発とその内容

ストレス反応チェックリスト

この一週間の間に，次にあげた状態をどのくらい経験しましたか．次の要領で【0～4】までの該当する回答の数字に○印をつけて下さい．

【0】まったく　なかった
【1】たまに　あった
【2】ときどき　あった
【3】しばしば　あった
【4】大体いつも　あった

	まったくなかった	たまにあった	ときどきあった	しばしばあった	大体いつもあった
1.恐怖感がある・・・・・・・・・・・・・・・【	0	1	2	3	4 】
2.怒りを感じる・・・・・・・・・・・・・・【	0	1	2	3	4 】
3.はつらつとした気分である・・・・【	0	1	2	3	4 】
4.体がだるい・・・・・・・・・・・・・・・【	0	1	2	3	4 】
5.ゆううつだ・・・・・・・・・・・・・・・【	0	1	2	3	4 】
6.いきいきしている・・・・・・・・・・【	0	1	2	3	4 】
7.腹が立つ・・・・・・・・・・・・・・・・【	0	1	2	3	4 】
8.気分が沈む・・・・・・・・・・・・・・【	0	1	2	3	4 】
9.軽快な気分だ・・・・・・・・・・・・【	0	1	2	3	4 】
10.脱力感がある・・・・・・・・・・・・【	0	1	2	3	4 】
11.びくびくしている・・・・・・・・・・・【	0	1	2	3	4 】
12.気分がのっている・・・・・・・・・【	0	1	2	3	4 】
13.いつもより動作が鈍い・・・・・・【	0	1	2	3	4 】
14.気がめいる・・・・・・・・・・・・・・【	0	1	2	3	4 】
15.気が動転している・・・・・・・・・【	0	1	2	3	4 】
16.不安を感じる・・・・・・・・・・・・【	0	1	2	3	4 】
17.不機嫌である・・・・・・・・・・・【	0	1	2	3	4 】
18.悲しい・・・・・・・・・・・・・・・・・【	0	1	2	3	4 】
19.気持ちが落ち着かない・・・・・【	0	1	2	3	4 】
20.眠れない・・・・・・・・・・・・・・・【	0	1	2	3	4 】
21.いらいらする・・・・・・・・・・・・・【	0	1	2	3	4 】
22.さみしい気持ちになる・・・・・・・【	0	1	2	3	4 】
23.心配な気持ちになる・・・・・・・【	0	1	2	3	4 】
24.むしゃくしゃする・・・・・・・・・・・【	0	1	2	3	4 】
25.むなしい感じがする・・・・・・・・【	0	1	2	3	4 】
26.おこりっぽい・・・・・・・・・・・・・【	0	1	2	3	4 】
27.気力に満ちている・・・・・・・・・【	0	1	2	3	4 】
28.いつもより寝起きが悪い・・・・・【	0	1	2	3	4 】

(8) 属性別平均値等

　以下に、性別、年齢別、企業規模別、業種別の平均値等を示した。サンプル数が多いため平均値の差は統計的に有意となる部分が多い。性別と年齢段階において（図表 2-43）、抑うつ気分に関しては、性別(性別と年齢段階の2要因分散分析における性別の効果、F=7.154、以下同様)、年齢段階(F=152.012)、性別と年連段階の交互作用(F=6.338)のすべてが有意となっている。全体として年齢が高くなると抑うつ気分の数値は下がり、男性よりも女性の方が抑うつ気分の数値が高いが、年齢段階別に細かくみると、30〜39歳、40〜49歳は男性の方が女性よりも数値が高い。このため、性別と年齢段階の交互作用が有意となっている。不安に関しては、全体として年齢が高くなると不安の数値は下がり（F=170.143）、男性よりも女性の方が不安の数値が高いが（F=5.323）、年齢段階別に細かくみると、30〜39歳、40〜49歳、50〜59歳は男性の方が女性よりも数値が高く、性別と年齢段階の交互作業が有意となっている(F=4.072)。怒りに関しては、全体として年齢が高くなると不安の数値は下がる(F=161.982)。男女の差は有意ではないが（F=1.392）、年齢段階別に細かくみると、30〜39歳、40〜49歳、60歳以上は男性の方が女性よりも数値が高く、性別と年齢段階の交互作業が有意となっている(F=5.015)。身体反応に関しては、全体として年齢が高くなると身体反応の数値は下がる(F=143.500)。男女の差は有意ではないが（F=1.798）、年齢段階別に細かくみると、30〜39歳、40〜49歳は男性の方が女性よりも数値が高く、性別と年齢段階の交互作業が有意となっている(F=4.841)。高揚感に関しては、全体としては60歳以上、50〜59歳等が高く、40〜49歳等が低い（F=58.997）。男女の差は有意ではなく（F=2.978）、年齢段階と性別の交互作用も有意ではない（F=0.669）。

　次に性別、職種別をみていくが（図表 2-44）、性別に関しては図表 2-43 と同じため、職種別、職種別と性別の交互作用をみていく。抑うつ気分に関しては、職種別(F=2.214)も職種別と性別の交互作用(F=1.340)も有意ではない。不安に関しては職種別に有意差があり（F=2.785）、高いものから、営業・販売職、現業職、専門職、技術職、事務職(専門職と技術職は同じ)となっている。職種と年齢段階の交互作用は有意ではない(F=0.902)。怒りに関しては職種別に有意差があり(F=2.759)、高いものから、営業・販売職、現業職、事務職、専門職、技術職となっている。職種と年齢段階の交互作用は有意であり（F=4.369）、事務職、技術職、専門職、営業・販売職は女性が高く、現業職は男性が高い。

身体反応に関しては職種別に有意差があり (F=6.390)、高いものから、現業職、営業・販売職、技術職、専門職、事務職となっている。職種と性別の交互作用は有意ではない (F=1.495)。高揚感に関しては職種別に有意差があり (F=24.186)、高いものから、専門職、営業・販売職、事務職、技術職、現業職となっている。職種と性別の交互作用も有意であり (F=8.673)、事務職、技術職、専門職は男性が高く、営業・販売職、現業職は女性が高い。

　最後に企業規模別、業種別をみていくが、両者をクロスして集計するとサンプル数が少ないところが出てくることから、規模別、業種別、それぞれの平均値等を示し（図表2-45）、それぞれの単純効果を分散分析でみていく。抑うつ気分に関しては、規模は有意ではないが (F=2.025)、業種は有意であり (F=5.177)、金融・保険業、サービス業（対個人）等が高く、その他、建設業、製造業等が低い。不安に関しては、規模は有意ではないが (F=0.488)、業種は有意となり (F=5.044)、金融・保険業、サービス業（対個人）等が高く、その他、製造業等が低い。怒りに関しては、規模は有意ではないが (F=2.197)、業種は有意であり (F=5.974)、運輸・通信業、金融・保険業等が高く、電気・ガス・熱供給・水道業等が低い。身体反応に関しては、規模による有意差はなく (F=0.520)、業種は有意差があり (F=3.994)、金融・保険業等が高く、製造業等が低い。高揚感に関しては、規模は有意ではなく (F=1.818)、業種は有意であり (F=7.051)、その他、建設業、サービス業（対個人）、卸・小売・飲食業等が高く、運輸・通信業等が低い。

　見てきたように「その他」が高いもの低いものがある。自由記述等をとっていないため定かではないが、「その他」には複数の業種に跨る複合型の事業を行っているものが多いことが考えられる。

　職場や会社の単位で実施し、その平均を求め、これらの図表と比較することによって、相対的な位置から、その職場や会社がどのような状態であるか分かる。

図表2-43　性別、年齢段階別平均値等

ストレス反応（抑うつ気分）

		平均	標準 偏差	度数
男	30 歳未満	1.24	0.971	1,844
	30～39 歳	1.19	1.008	1,602
	40～49 歳	1.17	0.982	1,895
	50～59 歳	0.96	0.869	2,093
	60 歳以上	0.67	0.722	2,219
	合計	1.03	0.932	9,653
女	30 歳未満	1.41	1.039	1,328
	30～39 歳	1.18	1.000	1,173
	40～49 歳	1.12	1.027	1,174
	50～59 歳	1.02	0.924	1,266
	60 歳以上	0.72	0.773	592
	合計	1.14	0.997	5,533
合計	30 歳未満	1.31	1.004	3,172
	30～39 歳	1.19	1.004	2,775
	40～49 歳	1.15	1.000	3,069
	50～59 歳	0.98	0.890	3,359
	60 歳以上	0.68	0.733	2,811
	合計	1.07	0.958	15,186

ストレス反応（不安）

		平均	標準 偏差	度数
男	30 歳未満	1.09	0.931	1,844
	30～39 歳	1.02	0.959	1,602
	40～49 歳	0.92	0.895	1,895
	50～59 歳	0.74	0.785	2,093
	60 歳以上	0.50	0.630	2,219
	合計	0.83	0.865	9,653
女	30 歳未満	1.12	0.985	1,328
	30～39 歳	0.91	0.911	1,173
	40～49 歳	0.82	0.879	1,174
	50～59 歳	0.73	0.801	1,266
	60 歳以上	0.52	0.655	592
	合計	0.86	0.893	5,533
合計	30 歳未満	1.10	0.954	3,172
	30～39 歳	0.97	0.940	2,775
	40～49 歳	0.88	0.890	3,069
	50～59 歳	0.73	0.791	3,359
	60 歳以上	0.50	0.636	2,811
	合計	0.84	0.875	15,186

第2章　各測定尺度、チェックリストの開発とその内容

ストレス反応（怒り）

		平均	標準 偏差	度数
男	30 歳未満	1.39	1.015	1,844
	30～39 歳	1.46	1.037	1,602
	40～49 歳	1.43	1.012	1,895
	50～59 歳	1.15	0.908	2,093
	60 歳以上	0.85	0.761	2,219
	合計	1.23	0.971	9,653
女	30 歳未満	1.53	1.056	1,328
	30～39 歳	1.43	1.026	1,173
	40～49 歳	1.38	1.075	1,174
	50～59 歳	1.21	0.969	1,266
	60 歳以上	0.83	0.797	592
	合計	1.33	1.030	5,533
合計	30 歳未満	1.45	1.035	3,172
	30～39 歳	1.45	1.032	2,775
	40～49 歳	1.41	1.037	3,069
	50～59 歳	1.18	0.932	3,359
	60 歳以上	0.85	0.769	2,811
	合計	1.27	0.994	15,186

ストレス反応（身体反応）

		平均	標準 偏差	度数
男	30 歳未満	1.31	0.889	1,844
	30～39 歳	1.26	0.915	1,602
	40～49 歳	1.24	0.920	1,895
	50～59 歳	1.04	0.806	2,093
	60 歳以上	0.76	0.696	2,219
	合計	1.10	0.867	9,653
女	30 歳未満	1.40	0.916	1,328
	30～39 歳	1.22	0.878	1,173
	40～49 歳	1.17	0.929	1,174
	50～59 歳	1.09	0.823	1,266
	60 歳以上	0.83	0.744	592
	合計	1.18	0.888	5,533
合計	30 歳未満	1.35	0.902	3,172
	30～39 歳	1.24	0.899	2,775
	40～49 歳	1.21	0.924	3,069
	50～59 歳	1.06	0.812	3,359
	60 歳以上	0.78	0.707	2,811
	合計	1.13	0.875	15,186

ストレス反応（高揚感）

		平均	標準 偏差	度数
男	30 歳未満	1.30	0.906	1,844
	30〜39 歳	1.29	0.915	1,602
	40〜49 歳	1.30	0.942	1,895
	50〜59 歳	1.38	0.925	2,093
	60 歳以上	1.68	1.007	2,219
	合計	1.40	0.955	9,653
女	30 歳未満	1.35	0.929	1,328
	30〜39 歳	1.36	0.946	1,173
	40〜49 歳	1.30	0.942	1,174
	50〜59 歳	1.40	0.938	1,266
	60 歳以上	1.69	0.969	592
	合計	1.39	0.948	5,533
合計	30 歳未満	1.32	0.916	3,172
	30〜39 歳	1.32	0.929	2,775
	40〜49 歳	1.30	0.942	3,069
	50〜59 歳	1.39	0.930	3,359
	60 歳以上	1.68	0.999	2,811
	合計	1.40	0.953	15,186

図表2-44　性別、職種別平均値等

ストレス反応（抑うつ気分）

		平均	標準 偏差	度数
男	事務職	0.99	0.920	2,349
	技術職	1.01	0.923	2,669
	専門職	1.00	0.929	1,317
	営業・販売職	1.08	0.932	1,713
	現業職	1.08	0.966	1,605
	合計	1.03	0.932	9,653
女	事務職	1.13	1.009	3,028
	技術職	1.18	0.948	418
	専門職	1.13	0.987	1,078
	営業・販売職	1.20	0.998	521
	現業職	1.10	0.984	488
	合計	1.14	0.997	5,533
合計	事務職	1.07	0.973	5,377
	技術職	1.03	0.928	3,087
	専門職	1.05	0.957	2,395
	営業・販売職	1.10	0.949	2,234
	現業職	1.08	0.970	2,093
	合計	1.07	0.958	15,186

ストレス反応（不安）

		平均	標準 偏差	度数
男	事務職	0.80	0.849	2,349
	技術職	0.82	0.862	2,669
	専門職	0.79	0.848	1,317
	営業・販売職	0.89	0.882	1,713
	現業職	0.87	0.881	1,605
	合計	0.83	0.865	9,653
女	事務職	0.84	0.890	3,028
	技術職	0.89	0.918	418
	専門職	0.87	0.876	1,078
	営業・販売職	0.90	0.928	521
	現業職	0.84	0.892	488
	合計	0.86	0.893	5,533
合計	事務職	0.82	0.873	5,377
	技術職	0.83	0.870	3,087
	専門職	0.83	0.862	2,395
	営業・販売職	0.89	0.893	2,234
	現業職	0.86	0.884	2,093
	合計	0.84	0.875	15,186

ストレス反応（怒り）

		平均	標準 偏差	度数
男	事務職	1.18	0.947	2,349
	技術職	1.18	0.953	2,669
	専門職	1.21	0.962	1,317
	営業・販売職	1.32	0.972	1,713
	現業職	1.32	1.031	1,605
	合計	1.23	0.971	9,653
女	事務職	1.36	1.049	3,028
	技術職	1.27	0.974	418
	専門職	1.20	0.983	1,078
	営業・販売職	1.34	1.025	521
	現業職	1.30	1.060	488
	合計	1.33	1.030	5,533
合計	事務職	1.28	1.010	5,377
	技術職	1.20	0.956	3,087
	専門職	1.25	0.972	2,395
	営業・販売職	1.32	0.984	2,234
	現業職	1.32	1.038	2,093
	合計	1.27	0.994	15,186

ストレス反応（身体反応）

		平均	標準 偏差	度数
男	事務職	1.05	0.850	2,349
	技術職	1.11	0.872	2,669
	専門職	1.07	0.843	1,317
	営業・販売職	1.13	0.862	1,713
	現業職	1.18	0.899	1,605
	合計	1.10	0.867	9,653
女	事務職	1.15	0.894	3,028
	技術職	1.25	0.874	418
	専門職	1.19	0.863	1,078
	営業・販売職	1.27	0.895	521
	現業職	1.19	0.909	488
	合計	1.18	0.888	5,533
合計	事務職	1.11	0.876	5,377
	技術職	1.13	0.874	3,087
	専門職	1.12	0.854	2,395
	営業・販売職	1.16	0.871	2,234
	現業職	1.19	0.901	2,093
	合計	1.13	0.875	15,186

ストレス反応（高揚感）

		平均	標準 偏差	度数
男	事務職	1.43	0.973	2,349
	技術職	1.36	0.933	2,669
	専門職	1.59	0.997	1,317
	営業・販売職	1.45	0.949	1,713
	現業職	1.23	0.901	1,605
	合計	1.40	0.955	9,653
女	事務職	1.32	0.924	3,028
	技術職	1.34	0.910	418
	専門職	1.55	0.991	1,078
	営業・販売職	1.46	0.998	521
	現業職	1.43	0.924	488
	合計	1.39	0.948	5,533
合計	事務職	1.37	0.947	5,377
	技術職	1.35	0.930	3,087
	専門職	1.57	0.994	2,395
	営業・販売職	1.46	0.960	2,234
	現業職	1.27	0.911	2,093
	合計	1.40	0.953	15,186

第2章　各測定尺度、チェックリストの開発とその内容

図表2-45　企業規模別、業種別平均値等

ストレス反応（抑うつ気分）

		平均	標準 偏差	度数
規模	30人以下	1.06	0.971	4,042
	31～300人	1.08	0.953	3,988
	301～3,000人	1.08	0.953	3,670
	3,001人以上	1.04	0.953	3,486
業種	建設業	1.02	0.928	1,128
	製造業	1.02	0.927	3,545
	電気・ガス・熱供給・水道業	1.04	0.942	238
	運輸・通信業	1.14	0.989	949
	卸・小売、飲食業	1.10	0.967	1,505
	金融・保険業	1.20	0.972	735
	不動産業	1.07	0.988	364
	サービス業（対事業所）	1.07	0.981	1,881
	サービス業（対個人）	1.14	0.985	2,075
	その他	1.01	0.941	2,766
	合計	1.07	0.958	15,186

ストレス反応（不安）

		平均	標準 偏差	度数
規模	30人以下	0.84	0.884	4,042
	31～300人	0.85	0.880	3,988
	301～3,000人	0.85	0.864	3,670
	3,001人以上	0.82	0.871	3,486
業種	建設業	0.82	0.868	1,128
	製造業	0.80	0.847	3,545
	電気・ガス・熱供給・水道業	0.82	0.856	238
	運輸・通信業	0.90	0.896	949
	卸・小売、飲食業	0.86	0.874	1,505
	金融・保険業	0.93	0.889	735
	不動産業	0.86	0.930	364
	サービス業（対事業所）	0.86	0.911	1,881
	サービス業（対個人）	0.91	0.902	2,075
	その他	0.78	0.845	2,766
	合計	0.84	0.875	15,186

ストレス反応（怒り）

		平均	標準 偏差	度数
規模	30 人以下	1.26	1.015	4,042
	31～300 人	1.31	1.008	3,988
	301～3,000 人	1.27	0.981	3,670
	3,001 人以上	1.23	0.966	3,486
業種	建設業	1.23	0.980	1,128
	製造業	1.22	0.966	3,545
	電気・ガス・熱供給・水道業	1.19	0.937	238
	運輸・通信業	1.40	1.056	949
	卸・小売、飲食業	1.33	0.998	1,505
	金融・保険業	1.39	0.993	735
	不動産業	1.25	1.023	364
	サービス業（対事業所）	1.24	1.006	1,881
	サービス業（対個人）	1.33	1.018	2,075
	その他	1.22	0.977	2,766
	合計	1.27	0.994	15,186

ストレス反応（身体反応）

		平均	標準 偏差	度数
規模	30 人以下	1.13	0.871	4,042
	31～300 人	1.14	0.863	3,988
	301～3,000 人	1.15	0.876	3,670
	3,001 人以上	1.12	0.892	3,486
業種	建設業	1.12	0.864	1,128
	製造業	1.08	0.855	3,545
	電気・ガス・熱供給・水道業	1.13	0.872	238
	運輸・通信業	1.19	0.900	949
	卸・小売、飲食業	1.14	0.877	1,505
	金融・保険業	1.23	0.900	735
	不動産業	1.18	0.896	364
	サービス業（対事業所）	1.14	0.891	1,881
	サービス業（対個人）	1.19	0.889	2,075
	その他	1.10	0.862	2,766
	合計	1.13	0.875	15,186

第2章　各測定尺度、チェックリストの開発とその内容

ストレス反応（高揚感）

		平均	標準 偏差	度数
規模	30 人以下	1. 45	0. 973	4, 042
	31〜300 人	1. 37	0. 953	3, 988
	301〜3, 000 人	1. 35	0. 936	3, 670
	3, 001 人以上	1. 41	0. 942	3, 486
業種	建設業	1. 44	0. 968	1, 128
	製造業	1. 35	0. 939	3, 545
	電気・ガス・熱供給・水道業	1. 32	0. 968	238
	運輸・通信業	1. 28	0. 895	949
	卸・小売、飲食業	1. 42	0. 958	1, 505
	金融・保険業	1. 35	0. 900	735
	不動産業	1. 39	0. 967	364
	サービス業（対事業所）	1. 36	0. 934	1, 881
	サービス業（対個人）	1. 43	0. 969	2, 075
	その他	1. 50	0. 980	2, 766
	合計	1. 40	0. 953	15, 186

(9) ワークシチュエーション、属性との関係

以下にワークシチュエーションや属性との関係を示した（図表2-46）。要因としてはワークシチュエーションの6つの領域（「職務」、「上司やリーダー」、「同僚や顧客との関係」、「ビジョン・経営者」、「処遇・報酬」、「能力開発・福利厚生・生活サポート」）、属性としては「企業規模」と「年齢」をモデルに入れたが、5％水準で有意とならないもの、また、標準化パス係数の絶対値が 0.10 未満のものはパスを削除し、要因も破線とした。モデルの適合度は GFI=0.881、CFI=0.925、RMSEA=0.067 であり、許容できる範囲であった。

ストレス反応は大きく、抑うつ気分、不安、怒り、身体反応をネガティブ反応とまとめ、高揚感はポジティブ反応とした。

ポジティブ反応（高揚感）に関しては、「職務」、「同僚や顧客との関係」、「能力開発・福利厚生・生活サポート」の順にプラスに影響している。「職務」が良いとポジティブ反応が高まり（高揚感があり）、「同僚や顧客との関係」が良いとポジティブ反応が高まり（高揚感があり）、「能力開発・福利厚生・生活サポート」が良いとポジティブ反応が高まる（高揚感がある）。ネガティブ反応に関しては、「同僚や顧客との関係」、「年齢」、「能力開発・福利厚生・生活サポート」の順にマイナスの関係となっている。「同僚や顧客との関係」が良いとネガティブ反応が低下し、「年齢」が高いとネガティブ反応が低下し、「能力開発・福利厚生・生活サポート」が良いとネガティブ反応が低下するということになる。

図表2-46　ワークシチュエーション、企業規模、年齢等との関係

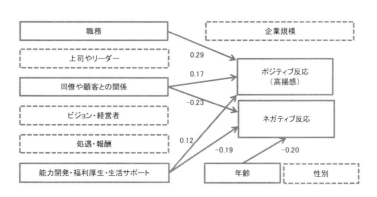

＜7＞会社組織の基礎統計
－結果を解釈し活用するための背景情報として－

(1) 本項の趣旨

　HRM チェックリスト（人事担当用・会社用）では、導入されている人事制度、給与制度、組織形態等、会社の状況等を聞いており、また、現在の経営行動、現在の雇用管理上の課題、売上や利益の変化以下、様々な側面での会社の状況、現在の経営戦略、経営方針等を最初に聞いている。会社の人事労務管理に関して検討する場合、その前提として、このような会社の状況を広く押さえておく必要があるためである。

　次の「雇用管理施策チェックリスト」、「組織業績診断チェックリスト」は、雇用管理施策や組織業績を直接聞くものであるが、ここで整理している会社の制度や状況も、他社と比較することによって、自社について検討する材料になる。また、ここでの会社の制度や状況に関して、全国規模で行われた参考になる調査結果等がある場合は、それも併せて紹介する。

　ここでのデータは調査会社の Web モニターに対して行われたものであり、従来の用紙によるアンケートを実施した場合と、結果にずれが生じている可能性はある。ただし、この点は、用紙によるアンケートの結果も近年、回収率がかなり悪くなっており、用紙による調査も結果にバイアスがかかっているのではないかとの指摘もある。ここでの結果は、これから増加すると考えられる Web での人事労務担当者へのアンケートにおいて、会社の様々な側面を聞いた場合、どのような結果となるかみたものということができる。

(2) 会社、団体の基礎統計

　調査会社の Web モニターの中から人事担当者等 2,125 名に会社の状況等を回答してもらった。図表 2-47 に今回 HRM チェックリスト（人事担当用・会社用）で収集した企業、団体の規模と業種を示した。規模に関しては均等になるよう収集したため、そのようになっているが、3,001 名以上がやや少ない。業種に関しては、製造業（17.0％）、サービス業（対事業所）（13.3％）等が多く、電気・ガス・熱供給・水道業（1.9％）、不動産業（2.7％）等が少ない。

　図表 2-48 に企業、団体の設立年と規模を示した。1940 年以前の設立では3,001 名以上が 49.9％と多く、2001 年以降設立の企業、団体では 1 ～30 名が

58.0％と多く、大組織は設立年が古く、小組織は設立年が新しくなっている。

　図表 2-49 に設立年と従業員平均年齢を示した。平均年齢は 31〜40 歳、41〜50 歳に集中しているが、古い設立の組織は平均年齢が高く、新しく設立の組織は平均年齢が低い傾向がある。

　図表 2-50 に従業員規模と回答者の役職を示した。HRM チェックリスト（人事担当用・会社用）に対して、Web で回答した本人の役職と、従業員規模の関係をみたものである。1〜30 名では経営層が 47.0％と多く、経営層の回答者は組織が大きくなると減り、3,001 名以上では 1.9％となっている。3,001 名以上では課長相当、一般等の回答者が多い。

　後で見るように、1〜30 名は組織業績診断チェックリスト等の結果が良い傾向がみられるが、これは若い組織であり、経営層が回答者であることが関係していると考えられる。

　図表 2-51 に導入している制度等を示した。目標管理制度、定年退職者再雇用制度等が多くの企業、団体で導入されている。

　図表 2-52 に賃金制度を示した。職能給、職務給等が多い。複数回答のため、職種によっては職務給となっている会社等があり、比較的多く出ていると考えられる。

　図表 2-53 に組織の形態を示した。単純・未分化組織（経営者と従業員というような組織）が多い。従業員規模とクロス集計すると、単純・未分化組織は小規模の企業、団体に多いが、大規模の組織にもみられる。これは、形としては部門別等になっているが、経営者の考えが強く反映しており、実質的に「単純・未分化組織」といえるような会社や団体と回答しているものと考えられる。

第2章　各測定尺度、チェックリストの開発とその内容

図表2-47　規模と業種

	建設業	製造業	電気・ガス・熱供給・水道業	運輸・通信業	卸・小売、飲食業	金融・保険業	不動産業	サービス業（対事業所）	サービス業（対個人）	公的機関等（国／地方自治体、他）	その他	計
1〜30名	64	48	6	30	104	26	44	79	81	22	51	555
	11.5%	8.6%	1.1%	5.4%	18.7%	4.7%	7.9%	14.2%	14.6%	4.0%	9.2%	100.0%
31〜300名	40	113	6	52	80	15	9	91	87	30	41	564
	7.1%	20.0%	1.1%	9.2%	14.2%	2.7%	1.6%	16.1%	15.4%	5.3%	7.3%	100.0%
301〜3,000名	26	99	9	36	59	28	3	79	74	78	52	543
	4.8%	18.2%	1.7%	6.6%	10.9%	5.2%	0.6%	14.5%	13.6%	14.4%	9.6%	100.0%
3,001名以上	16	101	20	38	28	63	2	33	21	128	13	463
	3.5%	21.8%	4.3%	8.2%	6.0%	13.6%	0.4%	7.1%	4.5%	27.6%	2.8%	100.0%
計	146	361	41	156	271	132	58	282	263	258	157	2,125
	6.9%	17.0%	1.9%	7.3%	12.8%	6.2%	2.7%	13.3%	12.4%	12.1%	7.4%	100.0%

図表2-48　設立年と規模

	1〜30名	31〜300名	301〜3,000名	3,001名以上	計
1940年まで	51	77	141	268	537
	9.5%	14.3%	26.3%	49.9%	100.0%
1941〜1960年	47	117	123	83	370
	12.7%	31.6%	33.2%	22.4%	100.0%
1961〜1980年	116	146	126	50	438
	26.5%	33.3%	28.8%	11.4%	100.0%
1981〜2000年	159	160	106	41	466
	34.1%	34.3%	22.7%	8.8%	100.0%
2001年以降	182	64	47	21	314
	58.0%	20.4%	15.0%	6.7%	100.0%
計	555	564	543	463	2,125
	26.1%	26.5%	25.6%	21.8%	100.0%

図表2-49 設立年と従業員平均年齢

	21～30歳	31～40歳	41～50歳	51～60歳	61歳以上	計
1940年まで	9 1.7%	205 38.2%	291 54.2%	29 5.4%	3 0.6%	537 100.0%
1941～1960年	4 1.1%	171 46.2%	158 42.7%	32 8.6%	5 1.4%	370 100.0%
1961～1980年	8 1.8%	205 46.8%	175 40.0%	45 10.3%	5 1.1%	438 100.0%
1981～2000年	21 4.5%	224 48.1%	172 36.9%	42 9.0%	7 1.5%	466 100.0%
2001年以降	23 7.3%	131 41.7%	127 40.4%	26 8.3%	7 2.2%	314 100.0%
計	65 3.1%	936 44.0%	923 43.4%	174 8.2%	27 1.3%	2,125 100.0%

図表2-50 規模と回答者役職

	一般	係長・主任相当	課長相当	部長・次長相当	経営層	その他	計
1～30名	115 20.7%	45 8.1%	56 10.1%	69 12.4%	261 47.0%	9 1.6%	555 100.0%
31～300名	130 23.0%	100 17.7%	110 19.5%	143 25.4%	75 13.3%	6 1.1%	564 100.0%
301～3,000名	146 26.9%	110 20.3%	138 25.4%	119 21.9%	23 4.2%	7 1.3%	543 100.0%
3,001名以上	123 26.6%	107 23.1%	137 29.6%	83 17.9%	9 1.9%	4 0.9%	463 100.0%
計	514 24.2%	362 17.0%	441 20.8%	414 19.5%	368 17.3%	26 1.2%	2,125 100.0%

図表2-51　導入している制度等（％、複数回答、2,125社）

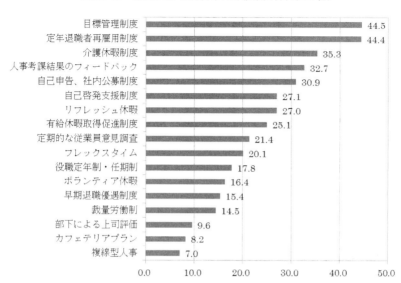

制度	％
目標管理制度	44.5
定年退職者再雇用制度	44.4
介護休暇制度	35.3
人事考課結果のフィードバック	32.7
自己申告、社内公募制度	30.9
自己啓発支援制度	27.1
リフレッシュ休暇	27.0
有給休暇取得促進制度	25.1
定期的な従業員意見調査	21.4
フレックスタイム	20.1
役職定年制・任期制	17.8
ボランティア休暇	16.4
早期退職優遇制度	15.4
裁量労働制	14.5
部下による上司評価	9.6
カフェテリアプラン	8.2
複線型人事	7.0

図表2-52　賃金制度等（％、複数回答、2,125社）

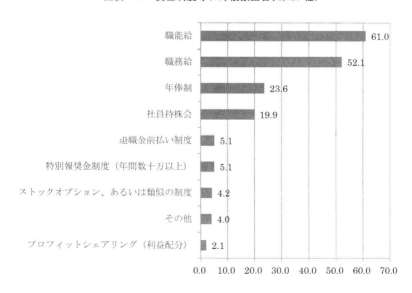

制度	％
職能給	61.0
職務給	52.1
年俸制	23.6
社員持株会	19.9
退職金前払い制度	5.1
特別報奨金制度（年間数十万以上）	5.1
ストックオプション、あるいは類似の制度	4.2
その他	4.0
プロフィットシェアリング（利益配分）	2.1

図表2-53　組織形態（％、複数回答、2,125社）

組織形態	％
単純・未分化組織（経営者と従業員というような組織）	44.8
機能別組織（製造、営業、研究開発等の機能別組織）	28.5
事業部組織（製品別、顧客別、地域別等々の組織）	20.5
上記等の組織に加え、プロジェクトチームを必要に応じて編成	13.3
マトリックス組織（上記二つの機能別と事業部を組み合わせた組織形態）	10.3
分社化、カンパニー制度（商品群等で分社し、それぞれがひとつの会社のような権限を与えられた組織）	5.6
戦略的事業単位（SBU：Strategic Buisiness unit　いくつかの事業部を戦略策定、戦略実行のために統合した組織形態）	4.6
上記等の組織のなかに作られる自立的ワークグループ、セルフマネジングチーム	2.5
社内ベンチャー、制作毎のプロダクション制	2.4
その他	2.3

（3）現在の状況

　企業、団体の現在の状況に関しては、図表2-54に現在の経営行動を示した。コスト削減（59.1％）、現行商品、サービスの充実、強化（50.5％）等が多い。

　図表2-55に現在の雇用管理上の課題を示した。本書のテーマでもある「社員の意欲の向上」（48.8％）が最も多くなっている。

　図表2-56に従業員規模別の5段階評価から平均値を求めた会社の現状をグラフとして示した。「貴社の売上（過去3年間）」、「貴社の利益（過去3年間）」、「貴社の資産」、「今後の貴社の成長性」等に関しては、3,001名以上の企業、団体が最も高く、1～30名の企業、団体が最も低い。大学生の人気度（応募者÷採用人数の割合）では、大組織が高く、従業員規模に応じて低くなっている。1～30名の企業、団体は低い評定が多いが、組織としての意思決定の早さは最も高くなっている。

第2章 各測定尺度、チェックリストの開発とその内容

図表2-54 現在の経営行動(%、複数回答、2,125社)

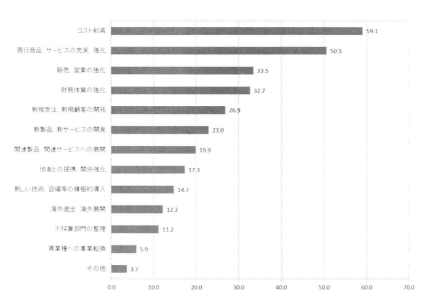

図表2-55 現在の雇用管理上の課題(%、複数回答、2,125社)

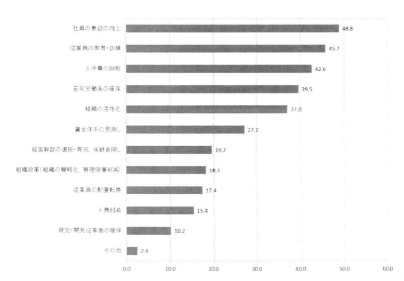

99

図表2-56 規模別の会社の現状(2,125社)

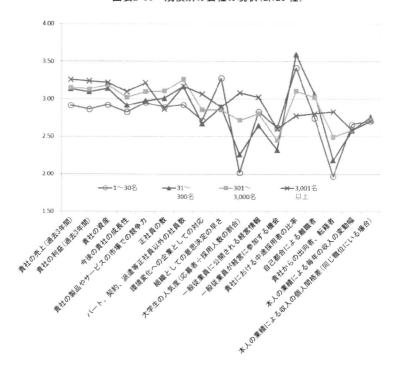

＜8＞雇用管理施策チェックリスト

(1) チェックリストの概要

　人事労務管理、雇用管理の施策を広範にチェックし、自社がどのような状況か、確認するチェックリストである。雇用管理の12領域、計63項目に関して、自社の施策を3段階で回答するものとなっている。結果を集計すると、他社と比較することもできる。

(2) チェックリストの作成方法

　雇用管理施策にどのような領域を想定するかに関しては、色々な考え方があるが、ここでは、給与や評価等から、従業員のモラールや動機づけといった、考えられる限りの広範な領域を設定した。実際のチェックリスト作成にあたっては、十数人の人事担当者から各領域にどのようなキーワードがあるかを聴取し、それを各領域5項目に整理している（「E.評価・人事考課」は8項目）。雇用管理の12領域は以下の通りである。

A.　人事基本方針	B.　募集・採用管理	C.　配置管理
D.　異動・昇進管理	E.　評価・人事考課	F.　育成・能力開発
G.　職務組織編成管理	H.　給与福利構成	I.　勤務・時間管理
J.　退職管理	K.　コミュニケーション	L.　モラール・動機づけ管理

　63項目の評価は次の3段階で行なうこととした。「3：その通りであり、緊急の問題はない」、「2：その通りだが、運営上幾つかの問題がある」、「1：そうとは言いきれず、解決すべき緊急の問題がある」の3段階である。また、「0：設問とは異なる考え方で運営されている／この設問はめてはまらない」を用意した。

　なお、本チェックリストの原案は当時当機構での研究会（座長木下敏、早稲田大学アジア太平洋研究センター客員教授、作成当時）において作成し、その後の当機構での研究会等により、検討、改訂し、当機構において、データの収集、分析を行ってきたものである。

(3) 得点計算方法

　63 項目の評価は「3：その通りであり、緊急の問題はない」、「2：その通りだが、運営上幾つかの問題がある」、「1：そうとは言いきれず、解決すべき緊急な問題がある」であり、12 の各領域で合計値を求める。12 の各領域にはそれぞれ5問あることから、すべてが「1：そうとは言いきれず、解決すべき緊急な問題がある」の場合、5 点となり、すべてが「3：その通りであり、緊急の問題はない」の場合、15 点となる。同様にすべてが「2：その通りだが、運営上幾つかの問題がある」の場合は 10 点となる。「0：設問とは異なる考え方で運営されている／この設問はあてはまらない」は集計しない。ただし、「E.評価・人事考課」の領域だけは設問が8問のため、すべてが「1：そうとは言いきれず、解決すべき緊急な問題がある」の場合は8点となり、すべてが「3：その通りであり、緊急の問題はない」の場合 24 点となる。すべて「2：その通りだが、運営上幾つかの問題がある」は 16 点となる。そこで、「E.評価・人事考課」に関しては同様に合計値を求めてから八分の五とすることにし、得点が他と揃うようにした。

　チェックリストを利用する企業、団体としては、自社の施策の状況をチェックし、このように合計し、以下でみる平均値等と結果を比較すると、他社全般と較べて自社の各領域がどうか、みることができる。

(4) 属性毎の平均値等

　図表 2-57 に従業員規模別の 12 領域の平均値等を示した。すべての領域において、1～30 名が最も高く、次が 3,001 名以上、その次が 31～300 名、最も低いのが 301～3,000 名となっている。雇用管理施策であることから規模の大きい企業、団体の方が整備されていそうであるが、結果は規模の小さい1～30名が最も高い。この結果は「＜7＞会社組織の基礎統計－結果を解釈し活用するための背景情報として－」で見たように小規模の企業、団体は設立年が最近であり、新しい企業、団体であることから、施策が整備されていること、また、チェックリストの回答者が経営層であることから、自社の施策を肯定的に評価していることが考えられる。

　図表 2-58 に業種別の 12 領域の平均値等を示した。すべての領域において、不動産業が最も高くなっているが、図表で分かるように不動産業は1～30 名が多く、上記、従業員規模別と同じ理由で得点が高くなっていると考えられる。

（5）チェックリストの利用活用法

　以上のように、規模、業種により、平均値は多少異なるが、多くの場合、12領域は 12〜13 点となる。一方、標準偏差に関しては、4〜5 点となり、個々の会社、団体の点数はかなり大きな幅があることがわかる。そこで、自社に関してチェックリストを実施した場合、12〜13 点を一つの基準とし、これから上下に外れている領域を自社の雇用管理施策の特徴、すなわち、良い点と改善すべき点とみることが一つの見方となる。

　また、12 領域に関して、自社の中で、最も高い領域、次に高い領域、逆に、12 領域の中で最も低い領域、次に低い領域をみることによって、自社の雇用管理施策の特徴を知ることもできる。

　自社の雇用管理施策に関して、自社がどうであるかは日ごろから認識しているであろうが、他社全般と較べてどうかという点に関しては、知りたい部分であるが、これまで情報が無かった部分といえる。データで示したように、各社の点数には大きな幅がある一方、全体としては、いずれの領域も、また、従業員規模や業種に分けた場合も、大きな違いはなく、12〜13 点となる。自社をチェックした結果をこの 12〜13 を基準に、また、自社に関して 12 領域の中で高い部分、低い部分をみることによって、自社の雇用管理施策の状況を知ることができる。

図表2-57　規模別の人事労務施策（2,125社）

	人事基本方針計	募集・採用管理	配置管理	異動・昇進管理	評価・人事考課	育成・能力開発	職務・組織編成管理	給与・福利厚生	勤務・時間権利	退職管理	コミュニケーション	モラール・動機づけ
1～30名	13.98	13.44	13.72	13.81	14.41	14.01	14.77	13.19	13.31	14.14	13.37	13.02
	4.362	4.667	4.525	4.877	4.930	5.174	4.975	4.718	4.272	4.916	4.786	4.622
	555	555	555	555	555	555	555	555	555	555	555	555
31～300名	12.62	11.95	11.84	11.97	12.32	11.85	12.49	11.96	11.82	12.20	11.64	11.27
	3.989	4.033	4.036	4.218	4.188	4.572	4.479	4.134	3.904	4.398	4.447	4.333
	564	564	564	564	564	564	564	564	564	564	564	564
301～3,000名	12.24	11.85	11.60	11.66	12.06	11.73	12.04	11.90	11.62	11.92	11.36	11.25
	3.764	3.727	3.713	3.795	3.695	4.091	4.235	3.776	3.608	3.903	4.055	3.885
	543	543	543	543	543	543	543	543	543	543	543	543
3,001名以上	12.95	12.39	12.37	12.40	12.70	12.55	12.73	12.83	12.36	12.78	12.34	12.27
	3.630	3.518	3.630	3.629	3.467	3.817	3.839	3.454	3.566	3.631	3.857	3.721
	463	463	463	463	463	463	463	463	463	463	463	463
計	12.95	12.41	12.39	12.47	12.88	12.54	13.02	12.46	12.28	12.76	12.17	11.94
	4.012	4.080	4.092	4.262	4.238	4.563	4.549	4.109	3.916	4.353	4.391	4.241
	2,125	2,125	2,125	2,125	2,125	2,125	2,125	2,125	2,125	2,125	2,125	2,125

注）各セルの上段は平均値、中段は標準偏差、下段は会社数。

図表2-58 業種別の人事労務施策 (2,125社)

業種		人事基本方針	募集・採用管理	配置管理	異動・昇進管理	評価・人事考課	育成・能力開発	職務・組織編成管理	給与・福利厚生	勤務・時間・種利	退職管理	コミュニケーション	モラール・動機づけ
建設業 146社		12.68	12.02	12.25	12.26	12.66	12.60	13.01	12.12	11.65	12.16	11.93	11.66
		3.713	4.067	3.882	4.167	4.335	4.616	4.876	4.147	4.167	4.388	4.214	4.243
製造業 361社		12.50	12.12	11.85	12.19	12.42	12.20	12.32	12.18	12.29	12.45	11.73	11.46
		3.823	3.778	3.870	3.851	3.755	4.257	4.006	3.693	3.475	3.923	4.037	3.894
電気・ガス・熱供給・水道業 41社		13.39	12.68	12.54	11.90	12.95	12.88	13.41	12.34	13.32	12.73	12.85	12.10
		3.316	3.863	3.310	3.105	3.082	3.516	3.535	2.963	2.945	3.550	3.343	3.390
運輸・通信業 156社		12.65	12.54	12.49	12.73	12.77	12.95	13.16	12.57	12.35	12.71	11.98	12.01
		4.190	4.190	4.388	4.483	4.351	4.884	4.793	4.424	4.062	4.650	4.583	4.401
卸・小売、飲食業 271社		12.76	12.31	12.32	12.48	12.79	12.22	13.05	12.38	12.32	12.91	12.10	11.82
		4.015	4.213	4.136	4.455	4.498	4.717	4.655	4.179	4.102	4.396	4.560	4.301
金融・保険業 132社		13.57	13.14	13.12	13.01	13.49	13.18	13.27	12.75	12.83	13.01	12.26	12.19
		3.811	4.085	3.840	3.943	3.845	4.034	4.064	3.757	3.935	4.253	4.168	4.156
不動産業 58社		14.45	14.25	13.74	13.64	14.03	13.69	14.50	13.93	13.24	14.02	13.83	13.40
		4.109	4.433	4.940	5.077	4.772	5.103	5.055	4.408	4.555	4.836	4.523	4.694
サービス業（対事業所）282社		12.62	11.97	11.95	12.16	12.59	11.98	12.70	12.08	12.08	12.55	12.02	11.82
		3.972	4.008	4.061	4.555	4.343	4.558	4.622	4.266	4.001	4.401	4.514	4.389
サービス業（対個人）262社		12.80	12.04	12.35	12.22	12.97	12.45	13.26	12.32	12.11	12.81	12.21	11.96
		4.093	4.137	4.123	4.417	4.482	4.785	4.644	4.350	3.873	4.549	4.524	4.276
公的機関等（国／地方自治体、他）258		13.79	13.23	13.10	13.32	13.36	13.16	13.43	13.20	12.38	13.59	12.83	12.52
		4.079	3.896	3.952	3.937	3.989	4.383	4.631	3.877	3.783	4.156	4.261	4.176

	13.08	12.17	12.30	12.31	13.06	12.46	13.13	12.32	12.05	12.10	11.99	11.90
その他 157	13.08	12.17	12.30	12.31	13.06	12.46	13.13	12.32	12.05	12.10	11.99	11.90
	4.340	4.304	4.417	4.762	4.651	4.810	4.821	4.452	4.175	4.656	4.806	4.492
計 2,125社	12.95	12.41	12.39	12.47	12.88	12.54	13.02	12.46	12.28	12.76	12.17	11.94
	4.012	4.080	4.092	4.262	4.238	4.563	4.549	4.109	3.916	4.353	4.391	4.241

注）各セルの上段は平均値、下段は標準偏差。

＜9＞組織業績診断チェックリスト

(1) チェックリストの概要
　企業、団体の組織としてのパフォーマンスの良さを「企業生産性」、「スキル・技術水準」、「モラール・動機づけ」、「顧客満足」からみている。この4領域計12項目に関して、自社の状況を3段階で回答し、集計すると、他社と比較することができる。

(2) チェックリストの作成方法
　企業、団体の組織としてのパフォーマンスは様々な捉え方があるが、ここでは「企業生産性」、「スキル・技術水準」、「モラール・動機づけ」、「顧客満足」からみることとした。本チェックリストの原案は当時当機構での研究会（座長木下敏、早稲田大学アジア太平洋研究センター客員教授、作成当時）において作成し、その後の当機構での研究会等により、検討、改訂し、当機構において、データの収集、分析を行ってきたものである。

(3) 得点計算方法
　評価は「3：その通りで、今後も問題は感じられない。」、「2：その通りだが、将来的には問題が予想される。」、「1：その通りとはいえず、この項目については改善をはからねばならない。」とし、4領域で合計値を求める。4の各領域はそれぞれ3問であることから、すべてが「3：その通りで、今後も問題は感じられない。」の場合は9点となり、すべてが「2：その通りだが、将来的には問題が予想される。」の場合は6点、すべてが「1：その通りとはいえず、この項目については改善をはからねばならない。」の場合は3点となる。
　これまで、回答と数値は逆の設定であり、問題があると得点が高くなるという形式であったが、今回、改訂により、他の測定尺度と揃え、以上のように数値化し、高い数値は問題なく、よい状態を示すものとした。
　チェックリストを利用する企業、団体としては、自社の施策の状況をチェックし、以上のように合計すると、以下でみる平均値等と結果を比較することによって、他社と較べて自社の状況がどうか、みることができる。

（4）属性毎の平均値等

　図表 2-59 に従業員規模別の 4 領域の平均値等を示した。すべての領域において、3,001 名以上がもっとも高く、次いで 1〜30 名が高い。31〜300 名、301〜3,000 名が 3 位、4 位となっている。規模の大きい企業、団体の方がパフォーマンスが良いことになり、次いで、小規模の企業、団体が良いことになる。この結果は「雇用管理施策チェックリスト」と同様、小規模の企業、団体は設立年が最近であり、新しい企業、団体であることから、比較的パフォーマンスが良いこと、また、チェックリストの回答者が経営層であることから、自社を肯定的に評価していることが考えられる。

　図表 2-60 に業種別の 4 領域の平均値等を示した。すべての領域において、「電気・ガス・熱供給・水道業」がもっとも高くなっているが、図表で分かるように、この業種は規模が大きいところが相対的に多いことが関係していると考えられる。

　最後に図表 2-61 に「雇用管理施策チェックリスト」と「組織業績診断チェックリスト」の関係を示した。企業、団体数が 2,125 社と多いことから、すべての相関係数が有意になっているが、相関係数の比較的大きい部分、具体的には.450 以上の部分を最も濃く、.400 以上を次に濃くしている。因果関係ではなく、相関関係であるが、「モラール・動機づけ」の施策が良いことは「企業生産性」、「スキル・技術水準」、「モラール・動機づけ」、「顧客満足」の 4 領域すべてと最も高い相関係数を示している。次いで、「コミュニケーション」が 4 領域と相関係数が高い。すべての相関係数がプラスとなり有意であることから、良い雇用管理施策は良い組織パフォーマンスに関係するが、中でも「モラール・動機づけ」、「コミュニケーション」が良いことが強く関係しているといえる。

（5）チェックリストの利用活用法

　以上のように、規模、業種により、平均値は多少異なるが、多くの場合、4 領域は 5〜6 点となる。一方、標準偏差に関しては、2 点前後となり、個々の会社、団体の点数はかなり大きな幅があることがわかる。そこで、自社に関してチェックリストを実施した場合、5〜6 点を一つの目安とし、これから上下に外れている領域を自社の組織業績の特徴、すなわち、良い点と改善すべき点とみることが一つの見方となる。

　また、4 領域に関して、自社の中で、最も高い領域、次に高い領域、逆に、12

領域の中で最も低い領域、次に低い領域をみることによって、自社の組織業績の特徴を知ることもできる。

　自社の組織のパフォーマンスがどうかは気になるところであり、おおよそどのような状態か、感覚的にはわかるであろうが、他社と較べてどうかという点に関しては、知りたいが、これまで情報が無かった部分といえる。データに示したように、各社の点数には大きな幅がある一方、全体としては、いずれの領域も、また、従業員規模や業種に分けた場合も、大きな違いはなく、5〜6点となっている。自社をチェックした結果をこの5〜6点を目安に、また、自社に関して4領域の中で高い部分、低い部分をみることによって、自社の組織業績がどのような状況か知ることができる。

図表2-59　規模別の組織業績（2,125社）

	企業生産性	スキル・技術水準	モラール・動機づけ	顧客満足
1〜30名	5.63 2.183 555	5.91 2.123 555	5.82 2.188 555	5.79 2.169 555
31〜300名	5.47 1.999 564	5.54 2.009 564	5.26 1.983 564	5.44 1.962 564
301〜3,000名	5.48 1.882 543	5.66 1.833 543	5.48 1.916 543	5.63 1.860 543
3,001名以上	6.04 1.917 463	6.12 1.897 463	5.93 1.942 463	6.10 1.943 463
計	5.64 2.014 2,125	5.80 1.983 2,125	5.61 2.029 2,125	5.72 2.002 2,125

注）各セルの上段は平均値、中段は標準偏差、下段は会社数。

図表2-60　業種別の組織業績(2,125 社)

	企業生産性	スキル・技術水準	モラール・動機づけ	顧客満足
建設業	5. 34 1. 906 146	5. 73 1. 851 146	5. 39 1. 967 146	5. 60 2. 005 146
製造業	5. 66 1. 893 361	5. 77 1. 827 361	5. 50 1. 948 361	5. 75 1. 930 361
電気・ガス・熱供給・水道業	6. 39 2. 132 41	6. 44 1. 776 41	6. 29 1. 978 41	6. 22 2. 031 41
運輸・通信業	5. 64 1. 957 156	5. 69 1. 876 156	5. 46 1. 899 156	5. 68 1. 904 156
卸・小売、飲食業	5. 63 2. 036 271	5. 79 2. 025 271	5. 76 2. 125 271	5. 67 1. 980 271
金融・保険業	5. 78 1. 911 132	5. 71 1. 952 132	5. 72 2. 065 132	5. 82 2. 033 132
不動産業	5. 69 2. 242 58	5. 98 2. 082 58	5. 95 2. 089 58	5. 95 2. 220 58
サービス業 (対事業所)	5. 38 2. 004 282	5. 53 1. 986 282	5. 40 1. 996 282	5. 50 1. 972 282
サービス業 (対個人)	5. 38 1. 962 263	5. 69 1. 971 263	5. 36 2. 006 263	5. 59 1. 910 263
公的機関等 (国／地方自治体、他)	6. 14 2. 090 258	6. 19 2. 100 258	6. 03 2. 042 258	6. 05 2. 048 258
その他	5. 62 2. 173 157	5. 87 2. 242 157	5. 64 2. 130 157	5. 71 2. 253 157
計	5. 64 2. 014 2, 125	5. 80 1. 983 2, 125	5. 61 2. 029 2, 125	5. 72 2. 002 2, 125

注)各セルの上段は平均値、中段は標準偏差、下段は会社数。

第2章　各測定尺度、チェックリストの開発とその内容

図表2-61　雇用管理施策と組織業績の相関係数（2,125 社）

	企業 生産性	スキル・ 技術水準	モラール・ 動機づけ	顧客満足
人事基本方針	.359**	.365**	.374**	.328**
募集・採用管理	.371**	.379**	.421**	.354**
配置管理	.427**	.434**	.483**	.392**
異動・昇進管理	.412**	.403**	.461**	.381**
評価・人事考課	.393**	.395**	.435**	.363**
育成・能力開発	.396**	.396**	.434**	.375**
職務・組織編成管理	.379**	.387**	.415**	.356**
給与・福利厚生	.441**	.431**	.479**	.401**
勤務・時間権利	.434**	.427**	.474**	.411**
退職管理	.432**	.417**	.468**	.395**
コミュニケーション	.472**	.442**	.522**	.450**
モラール・動機づけ	.521**	.498**	.573**	.486**

注）**は1％水準で有意。本表ではすべて1％水準で有意となっている。.450 以上のセルを最も濃く、.400 以上を次に濃くしている。

111

＜10＞仕事と職場の魅力チェックリスト

(1) チェックリストの概要

　会社として良い人材を採用しようとする場合、人が集まる魅力的な仕事や職場かが重要なポイントとなる。本チェックリストは人が集まる魅力的な仕事や職場となっているか、多面的に確認するものである。大きな要素として、仕事のやりがい、人間関係、安心・安定など大きな4つの要素、その他の4つの要素、計8つの要素から、会社の仕事や職場が魅力あるものかチェックできる。また、近年、社内でグループを作り、そのグループで新製品の開発、新サービスの開発等を行うことも多くなっている。本チェックリストはこのようなときに、人の集まる魅力的なグループや仕事となっているか、このような点を確認する際にも参考になるものと考えている。

(2) チェックリストの背景と目的

　企業の中には求人を出してもなかなか人が取れない、応募が集まらない求人がある。それでは、求職者は求人情報のどのような点を重視し、応募等を考えているのであろうか。ここでは、求人情報における仕事や会社の魅力について検討するため、仕事や会社に関する様々な情報において、求職者がどのような点を重視しているか調査し、その結果からチェックリストを作成している。

　ここでのデータは「HRM チェックリスト」の用紙データ、Web データとは異なり、別途、この目的のために収集したものである。そのため、関連するこれまでの研究や調査を紹介し、どのようにデータを収集し、分析したかについても説明している。

(3) これまでの研究や調査

　求職者が仕事において何に魅力を感じ何を重視するかに関して、参考となる考え方にマズロー（Maslow, A. H., 1943）の欲求階層説がある。マズローは人間の欲求を生理的（physiological）欲求、安全（safety）の欲求、愛（love）の欲求、自尊（esteem）の欲求、自己実現（self-actualization）の欲求に分類し、生理的欲求が満たされると、安全の欲求が顕在化し、これが満たされると次のものが顕在化するという具合に階層性があるとした。全体としては社会が豊かにな

る中、低次の欲求への関心が薄れ、「自己実現」が重視されるようになっている
とされる。しかしながら、この理論を実際のデータで検証しようとすると中々難
しいとされてきた。そうした中、アルダファ（Alderfer, C. P., 1969）はマズ
ローの考え方を修正、発展させ、欲求は生存（existence）、関係（relatedness）、
成長（growth）の三つがコア（核）であるとした。生存とは文字通り生存の欲求
であるが、給与、雇用の保障、安全な職場環境等が含まれる。関係とは同僚、友
人、家族との人間関係の欲求である。成長とはマズローの自己実現と似ているが、
自らの能力を伸ばしたいという欲求である。彼の理論は existence、relatedness、
growth の頭文字をとって ERG 理論と呼ばれている。そして生存→関係→成長と
いう具合に低次の欲求から高次の欲求へとしている点ではマズローの考え方と
同じであるが、それぞれの欲求は同時に平行して存在するとされた。ERG 理論は
理解しやすく、経営等の現場でも広く適用されており、しかもこの理論は、その
後、実際のデータで支持する研究が多い。そこでここではこの ERG 理論を一つの
枠組みとして、調査項目等の選定を行った。

　また、日本労働研究機構(2003)の第Ⅲ部第 3 章多次元企業魅力度尺度では、企
業の魅力に関して作成した 189 項目を用いて、大学生を対象に調査を行い「経営
と事業内容に対する魅力」として 9 因子、「組織と雇用管理に対する魅力」とし
て 9 因子を見出している。ここで見出された因子も考慮し項目を作成している。

「経営と事業内容に対する魅力」の 9 因子は以下の通り。
　○第 1 因子「若者の価値との合致」若者との接触、価値観との一致、ファッ
　　ションや流行への関与などの項目に高い負荷量。
　○第 2 因子「企業業績の優秀性」優秀な人材や技術、事業の競争的優位、事
　　業の規模や先端性などの項目に高い負荷量。
　○第 3 因子「事業内容の独創性」商品やサービスのユニークさ、面白さ、新
　　しさ、創造性などの項目に高い負荷量。
　○第 4 因子「事業展開の国際性」国際的な事業、海外勤務の可能性、国際的
　　な人材と文化の交流などの項目に高い負荷量。
　○第 5 因子「社会と環境への配慮」福祉活動への援助、環境や健康への配慮、
　　社会的なルールの遵守などの項目に高い負荷量。
　○第 6 因子「将来性と市場即応」企業の将来性、発展や成長の可能性、時代

の流れや社会変化への対応能力などの項目に高い負荷量。

○第7因子「知名度と競争優位」社会で一流の大企業として評価されていること、業界内で優位な地位にあることなどを表す項目に高い負荷量。

○第8因子「経営の安定性」時代や景気変動に影響されない業績や経営の安定性を表す項目に高い負荷量。

○第9因子「顧客利益の重視」顧客の利益や満足の重視、日常生活への関わりなどの項目に高い負荷量。

「組織と雇用管理に対する魅力」の9因子は以下の通り。

○第1因子「能力主義の管理」年齢や学歴にかかわらず、能力、努力、業績によって、地位や給与などの処遇が決まることを表す項目に高い負荷量。

○第2因子「コミュニケーションの開放性」組織内での自由な発言、対等で緊密なコミュニケーションを表す項目に高い負荷量。

○第3因子「勤務時間の安定性」規則的な勤務時間、休日が確実にとれること、私生活の重視などの項目に高い負荷量。

○第4因子「人的資源の重視」社員の希望や就職志望者に対する配慮などの項目に高い負荷量。

○第5因子「組織のチームワーク」社員の一体感、チームワーク、仕事への意欲などの項目に高い負荷量。

○第6因子「女性就業者への支援」女性と男性の職務や昇進の平等性、結婚や育児への配慮などの項目に高い負荷量。

○第7因子「キャリア開発への支援」技能や資格取得への援助、教育プログラムの充実、キャリア開発への配慮などの項目に高い負荷量。

○第8因子「終身雇用と年功制」年齢に従った昇進、昇給と終身雇用の保障に関する項目に高い負荷量。

○第9因子「組織の若さ」年齢構成の若さ、若年社員の活用などの項目に高い負荷量。

(4) 仕事や職場の選択に関するWeb調査の実施

　以上より、ここでは仕事や職場の選択において何が重視されているか、多数の項目を用意し、その調査結果に基づき、仕事や職場の選択で何を重視するか、職

場や仕事の魅力を整理することとした。

　仕事や職場の選択で重視される内容の項目を ERG 理論や日本労働研究機構（2003）の多次元企業魅力度尺度を参考に収集し、類似性の高い項目を削除する等整理し 60 項目を作成した。この 60 項目により、男女年代を均等に Web モニター 500 名から回答を収集している。以下に Web での調査票画面を示した。ここでは Web 調査の最初の部分のみを示しているが、以下に続き全体で 60 項目となり、その後で性別や年齢他の属性を聞いている。

　調査の開始は 2010 年 8 月 25 日 11：40 であり、終了は 2010 年 8 月 26 日 23：00 である。終了時間は目標とする 500 名が性別年齢均等に収集できた時点の時刻である。調査開始から終了までの間で段階的に調査依頼メールを送信しており、配信数は終了までに 6,460 件であった。

（以下 60 項目まで続く）

（以下属性を回答する画面が続く）

(5) Web調査の結果

　図表2-62～図表2-69は回答者の属性を示している。年齢性別は均等になるようデータを収集しておりそのような結果となっている。最終学歴では高卒191名38.2%、次いで大卒179名35.8%となっている。就労等の状況では従業員として就労している者が224名44.8%、自営等で就労している者が34名6.8%、合わせて258名51.6%が就労者となり、その他は主婦や学生等となっている。就労している258名について就業形態をみると正社員が177名68.6%と多い。現在の職業では事務職が87名33.7%、次いで技術職が59名22.9%となっている。現在の職位では一般が159名61.6%と多くなっている。現在の年収では300～599万円が101名39.1%、300万未満が91名35.3%等が多い。勤めている会社の業種としては、製造業57名22.1%、サービス業（対個人）47名18.2%、サービス業（対事業所）39名15.1%等が多い。このように性別年齢を均一に収集したデータではあるが、その他の属性等に関しても大きな偏りはないものとなっている。

図表2-62　回収データの性別年代別（上段度数／下段%）

	18-19歳	20代	30代	40代	50代	60-65歳	合計
男	41	42	42	42	42	41	250
	16.4	16.8	16.8	16.8	16.8	16.4	100.0
女	41	42	42	42	42	41	250
	16.4	16.8	16.8	16.8	16.8	16.4	100.0
全体	82	84	84	84	84	82	500
	16.4	16.8	16.8	16.8	16.8	16.4	100.0

図表2-63　最終学歴

	度数	%
高校卒	191	38.2
専門学校卒	50	10.0
短大卒	58	11.6
大学卒	179	35.8
大学院卒	22	4.4
合計	500	100.0

第 2 章　各測定尺度、チェックリストの開発とその内容

図表2-64　就労等の状況

	度数	%
就労（従業員等）	224	44.8
就労（自営等）	34	6.8
学生	92	18.4
主婦・主夫	94	18.8
無職（収入あり）	30	6.0
無職（収入なし）	26	5.2
合計	500	100.0

図表2-65　就業形態（就労している258名）

	度数	%
正社員	177	68.6
パート・アルバイト	29	11.2
派遣	3	1.2
契約	12	4.7
嘱託	6	2.3
自営	29	11.2
その他	2	0.8
合計	258	100.0

図表2-66　現在の職業（就労している258名）

	度数	%
事務職	87	33.7
技術職	59	22.9
専門職	37	14.3
営業・販売職	37	14.3
現業職	38	14.7
合計	258	100.0

図表2-67　現在の職位（就労している258名）

	度数	%
一般	159	61.6
係長・主任相当	26	10.1
課長相当	26	10.1
部長・次長相当	15	5.8
役員・経営者等	32	12.4
合計	258	100.0

図表2-68　現在の年収（就労している258名）

	度数	%
〜299万円	91	35.3
300〜599万円	101	39.1
600〜999万円	51	19.8
1,000〜1,499万円	9	3.5
1,500〜1,999万円	4	1.6
2,000万円以上	2	0.8
合計	258	100.0

図表2-69　会社の業種（就労している258名）

	度数	%
建設業	21	8.1
製造業	57	22.1
電気・ガス・熱供給・水道業	1	0.4
運輸・通信業	24	9.3
卸・小売	19	7.4
飲食業	4	1.6
金融・保険業	7	2.7
不動産業	7	2.7
サービス業（対事業所）	39	15.1
サービス業（対個人）	47	18.2
その他	32	12.4
合計	258	100.0

第 2 章　各測定尺度、チェックリストの開発とその内容

　図表 2-70 は重要度の平均値の高いものから項目を示している。理解のある上
司や経営者であること、興味・関心がもてる仕事、収入が安定している仕事、社
会保険（健康、雇用等）に加入していること、解雇等がない／当面ないこと、お
互いに助け合う雰囲気の職場、雇用が安定している仕事、安全で衛生的な仕事、
やりたいことができる仕事、色々な知識やスキルが得られる仕事、等が上位 10
位に来ている。

　ERG の枠組みで考えると、理解のある上司や経営者であることは R、興味・関
心がもてる仕事は G、収入が安定している仕事は E、社会保険（健康、雇用等）
に加入していることは E、解雇等がない／当面ないことは E、お互いに助け合う
雰囲気の職場は R、雇用が安定している仕事は E、安全で衛生的な仕事は E、や
りたいことができる仕事は G、色々な知識やスキルが得られる仕事は G となり、
様々な要素になっているが、E が上位 10 位中 5 個となり多い。

　一方、下位の 10 項目をみると（51 位から 60 位）、リーダーシップを発揮で
きる仕事は R、周囲で有名な企業であることは R、社長も「さん」づけのような
上下関係のない職場は R、良く知られた製品やサービスの仕事は R、独身寮、社
宅、等があることは E、将来的には独立することもできる仕事は G、会社に託児
所があることは E、新しい社屋や最近リフォームした職場は R、海外に進出して
いる会社であることは R、外資系の会社であることは R、等となり、こちらも様々
なものとなるが、R が 7 個と多い。

　以上のように上位 10、下位 10 で考えると、重要度として上位に来るものは E
が多く、下位に来るもの、すなわち重視されないものには R が多い傾向となって
いる。

　なお、60 項目を上位 30 項目、下位 30 項目に分けると、上位 30 項目では E が
14、G が 10、R が 6 となる。下位 30 項目では、R が 14、G が 8、E が 8 となり、
やはり、相対的に重視されるものとしては E が多く、相対的に重視されないもの
では R が多い。

　このように重視するもの、重視しないものを ERG で考えると、様々なものが上
がっている。そこで、次に 60 項目全体を因子分析しどのような因子が大きいか
をみることとした。因子分析は因子の抽出方法、回転方法によって結果が異なる
こともあることから、因子の抽出と回転について様々な方法で行い結果を比較し
た（図表 2-71 の上）。因子の抽出を固有値 1.0 以上とした場合、主因子法によっ

119

ても最尤法によってもまた回転が直交回転（バリマックス回転）であっても斜交回転（プロマックス）であっても、後で命名する「創意・自律・個性」、「定時・安全・通勤」、「社屋・海外・有名」、「人員・財務・売上」は大きな因子となり、「社会・貢献」、「職場・上司」、「資格・知識」、「女性・活躍」に関しては多くは抽出されるが、一部は類似の別の因子となる結果であった（図表中の△）。「アットホーム」に関しては抽出される場合もあるが小さな因子となった。次に、抽出される因子の大きさをみると第6因子になると急に小さくなることから（スクリープロット）、抽出因子を5個として様々な抽出法と回転法を行ったところ（図表2-71の下）、「創意・自律・個性」、「定時・安全・通勤」、「社屋・海外・有名」、「人員・財務・売上」の4つが大きな因子として安定して出てくるという結果であった。

　以上から因子の抽出は主因子法で行い、固有値が1以上の12因子に関して、プロマックス法（斜交回転）で回転することとした（図表2-72）。因子分析では一般的な方法といえるが、ここでの検討のように他の方法でも類似の結果となる。回転前の12因子の説明率は64.2%であった。

　第1因子は、自分で創意工夫できる仕事、自律的に自分の判断で進められる仕事、自分の能力や個性が生かせる仕事、リーダーシップを発揮できる仕事、やりたいことができる仕事、次第に大きな責任のある仕事が任されること、色々とチャレンジできる仕事、高い技術力がある会社であること、等に負荷量が大きく「創意・自律・個性」の因子と命名した。ERG では G に対応すると考えられる。第2因子は、残業があまりなく定時に帰れること、安全で衛生的な仕事、職場が家から近く通勤に便利なこと、転勤がない／少ないこと、解雇等がない／当面ないこと、すぐに採用されすぐに収入があること、等に負荷量が大きく ERG では E に対応するが、「定時・安全・通勤」とした。第3因子は、新しい社屋や最近リフォームした職場、海外に進出している会社であること、周囲で有名な企業であること、新鋭設備が導入されていること、外資系の会社であること、会社の託児所があること、将来的には独立することもできる仕事、良く知られた製品やサービスの仕事、周りにちょっと自慢のできる仕事、等に負荷量が大きく、「社屋・海外・有名」とした。第4因子は、組織、人員が縮小していないこと、財務内容が良さそうな会社であること、売上が上昇していること、雇用が安定している仕事、銀行からの借入等が少ない会社であること、等の負荷量が大きく、「人員・

財務・売上」とした。

　第5因子は、社会に必要な製品やサービスの仕事、社会に貢献できる仕事、環境問題に貢献する仕事、等の負荷量が大きく、「社会・貢献」とした。第6因子は、お互いに助け合う雰囲気の職場、興味・関心がもてる仕事、理解のある上司や経営者であること、等の負荷量が大きく、「職場・上司」とした。第7因子は、資格や免許の取得に繋がる仕事、色々な知識やスキルが得られる仕事、等の負荷量が大きく、「資格・知識」とした。第8因子は、女性が働きやすいこと、女性が多く活躍していること、等の負荷量が大きく、「女性・活躍」とした。第9因子は、年休が取りやすいこと、各人が年齢にふさわしい仕事をできること、土日の休日が取れること、第10因子は、社会保険（健康、雇用等）に加入していること、収入が安定している仕事、第11因子は、人間関係の良いアットホームな職場となっている。第9因子以降は、含まれる項目が少ないことから、ここでは第8因子までを以下、検討している。

　図表2-73は第8因子までを性別に集計し平均値の差を見たものである。数値上は大きな差ではないが、「創意・自律・個性」は男性が有意に高く、「定時・安全・通勤」は女性が有意に高い。また「女性・活躍」も女性が有意に高い。他の因子に関して有意差は求められなかった。

　同様に年齢に関しても因子得点を集計し、平均の差の検討をしたところ、同じように数値上は大きな差ではないが、分散分析により年齢が有意な要因となるのは、「創意・自律・個性」、「社屋・海外・有名」、「人員・財務・売上」の三つであった（図表2-74）。多重比較により年齢段階間で差を見ると、「創意・自律・個性」の因子は60歳代が20歳代に比べ有意に高く、「社屋・海外・有名」の因子が20歳代、30歳代、40歳代に比べて10歳代が高く、また同因子が30歳代・40歳代に比べて60歳代が有意に高かった。「人員・財務・売上」の因子では40歳代と50歳代が30歳代に比べて有意に高かった。有意ではあるものの僅かな差であるが、「社屋・海外・有名」は若年と高齢者で高く、「人員・財務・売上」は今現在現役の働き盛りである中年（40歳代、50歳代）が高いという傾向となっている。

図表2-70　重要度平均値ランキング（n=500）

順位	項　目	ERG	平均値	標準偏差
1	理解のある上司や経営者であること	R	4.29	0.784
2	興味・関心がもてる仕事	G	4.27	0.818
3	収入が安定している仕事	E	4.21	0.793
4	社会保険（健康、雇用等）に加入していること	E	4.17	0.958
5	解雇等がない／当面ないこと	E	4.15	0.943
6	お互いに助け合う雰囲気の職場	R	4.13	0.831
7	雇用が安定している仕事	E	4.00	0.849
8	安全で衛生的な仕事	E	3.98	0.903
9	やりたいことができる仕事	G	3.93	0.840
10	色々な知識やスキルが得られる仕事	G	3.88	0.849
11	職場が家から近く通勤に便利なこと	E	3.88	0.916
12	年休が取りやすいこと	E	3.86	0.974
13	土日の休日が取れること	E	3.85	1.138
14	人間関係の良いアットホームな職場	R	3.82	0.951
15	自分の能力や個性が生かせる仕事	G	3.81	0.922
16	転勤がない／少ないこと	E	3.76	1.086
17	少しずつ自分が成長できる仕事	G	3.75	0.871
18	女性が働きやすいこと	E	3.74	1.121
19	体への過度の負担がない仕事	E	3.70	0.909
20	すぐに採用されすぐに収入があること	E	3.67	0.932
21	自分で創意工夫できる仕事	G	3.66	1.059
22	各人が年齢にふさわしい仕事をできること	R	3.64	0.985
23	顧客や同僚から喜ばれる仕事	R	3.62	0.901
24	入ったときの教育訓練がしっかりしていること	G	3.61	0.894
25	財務内容が良さそうな会社であること	E	3.57	0.938
26	会社のマイナスイメージ等がないこと	R	3.51	0.901
27	自律的に自分の判断で進められる仕事	G	3.50	0.843
28	高い技術力がある会社であること	G	3.50	1.085
29	家族等の都合で早退等がしやすいこと	E	3.50	0.976
30	次第に大きな責任のある仕事が任されること	G	3.49	1.000
31	組織、人員が縮小していないこと	E	3.48	0.894
32	残業があまりなく定時に帰れること	E	3.48	1.060
33	様々な仕事を経験できること	G	3.45	0.915
34	同業他社と同等かそれ以上の給料	E	3.44	0.942
35	色々とチャレンジできる仕事	G	3.43	0.991
36	売上が上昇していること	E	3.42	0.921
37	資格や免許の取得に繋がる仕事	G	3.33	0.954
38	色々な人との出会いがある仕事	R	3.32	0.949
39	社会に貢献できる仕事	R	3.31	1.004
40	銀行からの借入等が少ない会社であること	E	3.26	0.961
41	社会に必要な製品やサービスの仕事	R	3.26	0.919
42	商品やサービスの市場シェアが高いこと	R	3.24	0.924
43	仕事に必要な様々な研修に参加できること	G	3.23	1.004
44	周りにちょっと自慢のできる仕事	R	3.21	0.976

第2章 各測定尺度、チェックリストの開発とその内容

45	若手や部下を育成する仕事	R	3.20	0.936
46	女性が多く活躍していること	E	3.15	0.970
47	環境問題に貢献する仕事	R	3.11	0.966
48	大変だけれども収入が高い仕事	G	3.01	0.959
49	自分の学歴を生かせる仕事	G	3.01	1.016
50	新鋭設備が導入されていること	G	2.98	0.932
51	リーダーシップを発揮できる仕事	R	2.97	0.971
52	周囲で有名な企業であること	R	2.93	0.965
53	社長も「さん」づけのような上下関係のない職場	R	2.92	1.009
54	良く知られた製品やサービスの仕事	R	2.87	0.932
55	独身寮、社宅、等があること	E	2.63	1.093
56	将来的には独立することもできる仕事	G	2.61	1.092
57	会社の託児所があること	E	2.50	1.088
58	新しい社屋や最近リフォームした職場	R	2.48	0.925
59	海外に進出している会社であること	R	2.43	1.041
60	外資系の会社であること	R	2.04	0.944

注）ERG はアルダファ（Alderfer, C. 1969）の生存（Existence）、関係（Relatedness）、成長（Growth）を示す。

図表2-71 様々な因子分析での検討

抽出因子を固有値1.0 以上とした場合

抽出法	主因子法	主因子法	最尤法	最尤法	主成分
回転法	斜交	直交	斜交	直交	
創意・自律・個性	◎	◎	◎	◎	収束せず因子を抽出できなかった
定時・安全・通勤	◎	◎	◎	◎	
社屋・海外・有名	◎	◎	◎	◎	
人員・財務・売上	◎	◎	◎	◎	
社会・貢献	○	○	○	○	
職場・上司	○	△	○	△	
資格・知識	○	△	○	△	
女性・活躍	○	○	○	○	
アットホーム	△		△	△	

因子のスクリープロットにより抽出因子を5個とした場合

抽出法	主因子法	主因子法	最尤法	最尤法	主成分	主成分
回転法	斜交	直交	斜交	直交	斜交	直交
創意・自律・個性	◎	◎	◎	◎	◎	◎
定時・安全・通勤	◎	◎	◎	◎	◎	◎
社屋・海外・有名	◎	◎	◎	◎	◎	◎
人員・財務・売上	◎	◎	◎	◎	◎	◎
社会・貢献						
職場・上司						
資格・知識						
女性・活躍					○	○
アットホーム						

図表2-72　因子分析の結果（n=500）

項目	1	2	3	4	5	6	7	8	9	10	11	12
自分で創意工夫できる仕事	**.864**	-.028	.033	.052	-.093	.144	-.125	-.021	.225	-.068	-.379	-.058
自律的に自分の判断で進められる仕事	**.800**	.108	-.229	-.067	.188	-.193	.023	.014	.089	-.089	.074	-.068
自分の能力や個性が生かせる仕事	**.782**	-.001	-.010	-.040	-.063	.178	-.122	.075	-.096	-.072	.144	-.020
リーダーシップを発揮できる仕事	**.675**	-.039	.086	.089	.020	-.279	.077	-.117	.128	.062	-.101	-.089
やりたいことができる仕事	**.672**	.132	-.017	-.250	-.067	.173	-.004	.087	.031	-.095	.255	.133
次第に大きな責任のある仕事が任されること	**.611**	-.084	-.002	.195	.010	-.009	.146	-.014	-.026	.069	-.267	.050
色々とチャレンジできる仕事	**.594**	-.094	.056	.104	.036	.023	.165	-.068	.004	-.095	.092	-.075
高い技術力がある会社であること	**.532**	-.070	.151	.078	.026	.146	-.043	-.092	.134	.084	-.366	.018
様々な仕事を経験できること	**.495**	.106	.033	-.204	.096	-.002	.486	-.023	-.055	-.072	-.014	.079
色々な人との出会いがある仕事	**.473**	.047	-.068	-.054	.165	-.065	.431	.161	-.065	-.022	-.089	.012
若手や部下を育成する仕事	**.402**	.069	.242	-.039	.063	-.107	.149	.001	.012	.096	-.054	-.009
顧客や同僚から喜ばれる仕事	**.366**	-.001	-.159	.267	.315	.096	-.066	-.002	-.041	-.065	.133	.052
自分の学歴を生かせる仕事	**.362**	-.079	.174	.033	.112	-.104	-.149	.216	.020	.063	.065	.121
仕事に必要な様々な研修に参加できること	**.301**	-.228	.099	.137	.034	-.055	.219	-.011	.111	.211	.049	-.117
残業があまりなく定時に帰れること	-.132	**.681**	.195	-.047	.076	-.076	-.036	.045	.165	-.161	.042	-.058
安全で衛生的な仕事	.046	**.666**	.078	-.036	.061	.093	.035	.039	-.025	.063	-.081	-.058
職場が家から近く通勤に便利なこと	.055	**.639**	-.024	-.129	-.127	-.013	.178	.073	.074	-.042	.160	.029
転勤がない／少ないこと	.035	**.619**	-.080	.166	-.092	-.010	-.040	.088	-.007	-.086	.016	-.037
解雇等がない／当面ないこと	-.097	**.555**	-.007	.318	-.011	.050	.056	.050	-.011	.135	-.158	-.007
すぐに採用されすぐに収入があること	.154	**.540**	-.028	.206	-.147	-.075	.145	-.071	-.018	-.074	-.051	.130
体への過度の負担がない仕事	-.066	**.449**	-.024	.133	.243	.059	-.115	.013	.143	.059	.012	-.086
家族等の都合で早退等がしやすいこと	-.167	**.401**	.096	-.168	-.064	-.004	.220	.063	.242	.026	.229	.058
会社のマイナスイメージ等がないこと	.223	**.251**	.028	.244	.023	-.073	-.082	.099	-.083	.120	.136	.006
新しい社屋や最近リフォームした職場	-.116	.251	**.809**	-.022	.040	-.007	-.062	-.025	-.038	-.213	.082	.141
海外に進出している会社であること	.044	-.128	**.739**	-.033	.143	.072	-.021	.059	.051	-.037	-.253	.207
周囲で有名な企業であること	-.108	-.127	**.714**	-.039	.012	.035	.022	-.044	.007	.176	.038	.559
新鋭設備が導入されていること	.158	.170	**.710**	.110	-.006	.100	-.048	-.121	-.150	-.057	-.045	.010
外資系の会社であること	-.099	-.035	**.646**	.042	.082	-.030	.007	.092	.037	-.214	-.223	.137
会社の託児所があること	-.125	-.022	**.596**	.002	-.073	.062	.114	.307	.022	.011	-.001	-.072
将来的には独立することもできる仕事	.256	-.072	**.572**	-.144	-.097	.047	.017	.206	-.032	.020	-.027	-.052
良く知られた製品やサービスの仕事	-.046	-.036	**.543**	.209	-.167	-.064	-.044	-.092	-.112	.008	.258	.266
周りにちょっと自慢のできる仕事	.022	-.023	**.525**	.014	.034	.213	.015	.092	-.031	-.022	-.031	.479
独身寮、社宅、等があること	-.036	-.156	**.496**	.108	-.037	-.034	.157	-.092	.016	.117	.054	-.037
商品やサービスの市場シェアが高いこと	.085	.093	**.395**	.110	.063	-.068	.122	.021	-.035	.254	-.068	.043
社長と「さん」づけのような上下関係のない職場	.090	.088	**.313**	.125	.085	-.050	-.017	-.060	.087	-.170	.289	-.058
組織、人員が縮小していないこと	-.040	.021	.079	**.844**	-.055	.012	-.040	.065	-.006	-.023	-.010	-.115
財務内容が良さそうな会社であること	.042	-.002	.076	**.831**	.061	-.015	-.195	-.067	.013	.094	-.102	.035
売上が上昇していること	.089	.096	.107	**.690**	-.115	-.007	.128	-.076	.069	-.015	.003	
雇用が安定している仕事	-.036	.186	-.225	**.595**	.044	.041	-.101	.107	.033	.215	.002	.075
銀行からの借入等が少ない会社であること	-.053	.248	.157	**.563**	.027	-.032	.078	.021	-.011	.003	-.278	-.106
同業他社と同等かそれ以上の給料	-.049	.109	.206	**.465**	-.169	.009	.039	-.149	.105	.064	.122	.185
大変だけれども収入が高い仕事	.262	-.064	.261	**.355**	-.180	-.058	-.017	.036	.168	-.091	.141	.274
少しずつ自分が成長できる仕事	.293	-.085	-.117	**.303**	.026	.243	.165	.078	-.058	.063	.122	-.102
社会に必要な製品やサービスの仕事	.196	-.023	.122	-.088	**.684**	-.054	-.058	-.098	-.024	.020	.070	.015
社会に貢献できる仕事	.205	-.081	.088	-.069	**.610**	.156	.090	.046	.027	-.091	-.085	.062
環境問題に貢献する仕事	.060	.074	.261	.000	**.558**	.020	.006	-.046	.089	-.069	.020	-.037
入ったときの教育訓練がしっかりしていること	.029	-.013	-.014	.170	**.284**	.125	.123	.004	-.041	.258	.197	-.170
お互いに助け合う雰囲気の職場	-.008	.074	.103	.045	.134	**.685**	-.059	.041	.004	.026	-.009	.149
興味・関心がもてる仕事	.429	-.036	.013	-.067	.029	**.550**	-.167	.047	-.012	.112	-.033	.077
理解のある上司や経営者であること	.247	.381	-.022	.007	-.012	**.433**	.002	-.171	-.037	-.021	.033	-.029
資格や免許の取得に繋がる仕事	.086	.106	.078	-.075	-.037	-.141	**.731**	.050	-.049	.263	.020	-.018
色々な知識やスキルが得られる仕事	.348	.067	.042	-.099	-.034	.290	**.441**	-.126	-.078	.140	-.013	-.001
女性が働きやすいこと	-.073	.236	.039	-.036	-.077	.137	.009	**.660**	.093	.121	-.043	.095
女性が多く活躍していること	.131	.106	.082	.230	-.011	-.124	.062	**.552**	-.100	-.047	.085	-.055
年休が取りやすいこと	.169	.423	-.027	-.121	-.088	.037	-.095	-.016	**.567**	.101	.060	-.141
各人が年齢にふさわしい仕事をできること	.282	.144	-.110	.155	.066	-.027	-.050	-.004	**.499**	-.083	-.092	.042
土日の休日が取れること	-.107	.294	.072	-.012	.084	-.025	-.047	.037	**.469**	.208	-.036	.042
社会保険（健康、雇用等）に加入していること	-.062	.020	-.134	.239	-.055	.058	.244	.046	.068	**.627**	-.116	.033
収入が安定している仕事	-.062	.237	-.218	.250	-.019	.187	.131	-.008	.075	**.276**	.056	.149
人間関係の良いアットホームな職場	-.122	.118	-.079	.359	.039	.339	.002	.038	.069	-.188	**.410**	-.054

因子間相関	1	2	3	4	5	6	7	8	9	10	11	12
1	－	.11	.49	.54	.50	.30	.38	.08	.17	.40	.43	-.02
2		－	.05	.39	.25	.38	.15	.24	.21	.27	.34	.13
3			－	.41	.45	-.05	.37	.14	.26	.27	.34	-.19
4				－	.52	.34	.48	.18	.33	.48	.08	
5					－	.22	.35	.29	.16	.26	.36	-.09
6						－	.36	.23	.22	.20	.28	-.17
7							－	.19	.32	-.01	.24	-.06
8								－	.14	.02	.27	-.13
9									－	.12	.17	-.03
10										－	.44	-.03
11											－	-.09
12												－

第2章　各測定尺度、チェックリストの開発とその内容

図表2-73　仕事魅力因子の男女比較（n=500）

下位尺度	男性　（n=250）		女性　（n=250）		t 値
	合計値 平均値	標準 偏差	合計値 平均値	標準 偏差	
創意・自律・個性	11.3	2.27	10.6	2.33	3.31 **
定時・安全・通勤	10.6	2.26	12.1	2.13	−7.50 **
社屋・海外・有名	8.0	2.22	7.6	2.49	1.80
人員・財務・売上	10.4	2.34	10.5	2.45	−0.49
社会・貢献	6.6	1.66	6.5	1.80	0.85
職場・上司	8.3	1.50	8.5	1.34	−1.73
資格・知識	7.3	1.57	7.1	1.55	1.15
女性・活躍	6.0	1.60	7.8	1.54	−13.10 **

注)**は 1%水準で有意。

図表2-74　仕事魅力因子の年齢段階別比較（n=500）

	18-19歳（N=82）		20代（N=84）		30代（N=84）		40代（N=84）	
	平均値	標準偏差	平均値	標準偏差	平均値	標準偏差	平均値	標準偏差
創意・自律・個性	10.8	2.54	10.4	2.37	10.6	2.46	11.3	2.17
定時・安全・通勤	11.0	2.60	11.3	2.47	11.4	2.22	11.4	2.29
社屋・海外・有名	8.8	2.29	7.7	2.44	7.0	2.05	7.2	2.54
人員・財務・売上	10.4	2.75	10.3	2.07	9.8	2.52	10.8	2.41
社会・貢献	6.6	1.88	6.3	1.82	6.3	1.93	6.6	1.49
職場・上司	8.3	1.60	8.3	1.60	8.5	1.38	8.7	1.24
資格・知識	7.2	1.68	7.4	1.72	7.1	1.83	7.4	1.41
女性・活躍	7.0	2.04	6.8	1.83	6.7	1.89	6.8	1.04

50代（N=84）		60-65歳（N=82）		F値	多重比較
平均値	標準偏差	平均値	標準偏差		
11.3	2.00	11.5	2.20	3.39 **	20代<60代
11.7	2.09	11.3	2.17	0.98	
8.0	2.02	8.4	2.38	7.43 **	10代>20代・30代・40代、30代・40代<60代
10.8	2.07	10.6	2.37	2.42 *	30代<40代・50代
6.9	1.31	6.8	1.84	1.80	
8.4	1.42	8.3	1.25	1.39	
7.2	1.36	7.0	1.30	0.93	
7.0	1.58	7.0	1.63	0.39	

(6) 因子分析の結果の考察

　因子分析により 12 因子が抽出され、その中の 8 因子に関して検討してきた。ERG 理論との関係で考えると、ERG の各要素が分解されて因子となっているといえる。第 1 因子の創意・自律・個性は G、第 2 因子の定時・安全・通勤は E、第 3 因子の社屋・海外・有名は R、第 4 因子の人員・財務・売上は E となり、ここまでが大きな因子といえるが、この 4 つの因子に関しては、E が身近なものとして第 2 因子の定時・安全・通勤と、会社全体の安定性といえる第 4 因子の人員・財務・売上に分かれて出ている。以下の相対的に小さな因子では、第 5 因子の社会・貢献は R、第 6 因子の職場・上司は R、第 7 因子の資格・知識は G と考えることができる。第 8 因子の女性・活躍は ERG には当てはめられない因子である。

　日本労働研究機構 (2003) における多次元企業魅力度尺度の調査では、「経営と事業内容に対する魅力」の第 1 因子「若者の価値との合致」、第 2 因子「企業業績の優秀性」、第 3 因子は「事業内容の独創性」、第 4 因子「事業展開の国際性」、第 5 因子「社会と環境への配慮」、第 6 因子「将来性と市場即応」、第 7 因子「知名度と競争優位」、第 8 因子「経営の安定性」、第 9 因子「顧客利益の重視」の 9 因子が抽出され、「組織と雇用管理に対する魅力」では、第 1 因子「能力主義の管理」、第 2 因子「コミュニケーションの開放性」、第 3 因子「勤務時間の安定性」、第 4 因子「人的資源の重視」、第 5 因子「組織のチームワーク」、第 6 因子「女性就業者への支援」、第 7 因子「キャリア開発への支援」、第 8 因子「終身雇用と年功制」、第 9 因子「組織の若さ」の 9 因子が抽出されている。この中で「経営と事業内容に対する魅力」の第 2 因子「企業業績の優秀性」、第 4 因子「事業展開の国際性」、第 5 因子「社会と環境への配慮」、第 7 因子「知名度と競争優位」、第 8 因子「経営の安定性」、「組織と雇用管理に対する魅力」の第 3 因子「勤務時間の安定性」、第 5 因子「組織のチームワーク」、第 6 因子「女性就業者への支援」は類似の因子が今回の調査でも抽出されている。多次元企業魅力度尺度での因子と今回の因子を比較すると、多次元企業魅力度尺度の調査が大学生で行われていることから、就業経験のない大学生のイメージが「経営と事業内容に対する魅力」と「組織と雇用管理に対する魅力」の計 18 因子になっているといえる。

　ここで因子となった仕事の進め方や社内の人間関係等々は、求人票等には通常示されない情報ではあるが、求職者はこのような情報を求めているといえる。

第2章　各測定尺度、チェックリストの開発とその内容

（7）チェックリスト作成

　今回の因子分析の結果から、仕事と職場の魅力に関するチェックリストを作成している。このチェックリストによって、求人企業は自らの求人のどの点が良く、アピールできるかを確認でき、どこを改善すべきかがわかる。また、自社の意外な魅力を発見できることも考えられる。職業紹介機関等においては、求人受理の時点で求人の魅力を確認し、求職者にアピールするようにもっと強調すべきところ、また内容を見直すと人が集まるところ等を提案することもできる。このように本チェックリストは企業の人事担当者や経営者が利用するものであるが、職業紹介等においても活用できる。

　「仕事と職場の魅力チェックリスト」には自由記述欄をAからHの項目ごとに用意している。それぞれのチェック項目を5段階評価するときに、関連する内容で思い出す点があればこの自由記述欄に書くことになる。この記述から求人において、具体的にアピールできる点を発見できることもある。

　仕事や職場の魅力は地域や産業によって違いがあることも考えられる。自由記述にはこのような地域や産業の違いによる、より具体的な仕事魅力が記述されることも考えられる。チェックリストとしてこのような自由記述が集積されていくと、今後、チェックリスト自体をもっと充実させていくこともできる。集まった自由記述を整理しチェックリストをより多面的で的確なものとしていくことができる。チェックリストの文章も何年か経つと見直しが必要になるとも考えられる。この際にも蓄積された自由記述が改訂の良い参考資料となる。

　AからHの項目ごとに自由記述欄を用意したが、この自由記述欄は以上のように、現時点で求人企業や職業紹介機関のためになり、今後、このようなチェックリストを充実させていく上で活用できるものといえる。

　なお、本チェックリストは労働政策研究・研修機構(2011)にも掲載しているが、試行等の反応を踏まえ、企業の人事担当者等がより自然に回答できるよう、自由記述の部分の説明を変更し、また、<B. 定時・安全・通勤>の項目6はWeb調査としては「職場が家から近く通勤に便利なこと」であったが「通いやすく通勤に便利なこと」とし、<D. 人員・財務・売上>の項目11は「財務内容が良さそうな会社であること」から「財務内容が良い会社であること」としている。

127

仕事と職場の魅力チェックリスト

＜A.創意・自律・個性＞	No	やや No	どちらともいえない	やや Yes	Yes
1　自分で創意工夫できる仕事	1	2	3	4	5
2　自律的に自分の判断で進められる仕事	1	2	3	4	5
3　自分の能力や個性が生かせる仕事	1	2	3	4	5

このような点で関連する魅力、具体的な魅力等があれば以下に書きましょう。

＜B.定時・安全・通勤＞	No	やや No	どちらともいえない	やや Yes	Yes
4　残業があまりなく定時に帰れること	1	2	3	4	5
5　安全で衛生的な仕事	1	2	3	4	5
6　通いやすく通勤に便利なこと	1	2	3	4	5

このような点で関連する魅力、具体的な魅力等があれば以下に書きましょう。

＜C.社屋・海外・有名＞	No	やや No	どちらともいえない	やや Yes	Yes
7　新しい社屋や最近リフォームした職場	1	2	3	4	5
8　海外に進出している会社であること	1	2	3	4	5
9　周囲で有名な企業であること	1	2	3	4	5

このような点で関連する魅力、具体的な魅力等があれば以下に書きましょう。

＜D.人員・財務・売上＞	No	やや No	どちらともいえない	やや Yes	Yes
10　組織、人員が縮小していないこと	1	2	3	4	5
11　財務内容が良い会社であること	1	2	3	4	5
12　売上が上昇していること	1	2	3	4	5

このような点で関連する魅力、具体的な魅力等があれば以下に書きましょう。

	No	やや No	どちらともいえない	やや Yes	Yes
（E.社会・貢献）					
13　社会に必要な製品やサービスの仕事	1	2	3	4	5
14　社会に貢献できる仕事	1	2	3	4	5
（F.職場・上司）					
15　お互いに助け合う雰囲気の職場	1	2	3	4	5
16　理解のある上司や経営者であること	1	2	3	4	5
（G.資格・知識）					
17　資格や免許の取得に繋がる仕事	1	2	3	4	5
18　色々な知識やスキルが得られる仕事	1	2	3	4	5
（H.女性・活躍）					
19　女性が働きやすいこと	1	2	3	4	5
20　女性が多く活躍していること	1	2	3	4	5

E～Hとその他の点で魅力となること具体的な魅力を以下に書きましょう。

第3章　測定尺度、チェックリストの利用活用

　ここでは、第2章で紹介した測定尺度、チェックリストの具体的な利用、活用方法に関して解説する。「HRM チェックリスト」の冊子として、利用されることが多いので、そのような使い方をメインに説明している。

1．利用活用の前提：会社にも個人にもプラスになること他

(1)　従業員に対しても企業にとってもプラスとなるものであること

　HRM チェックリストの実施は、仕事や職場での問題点が明らかになり、組織や企業も活性化することから、従業員にとっても組織や企業にとってもプラスとなるものである。このことがトップから現場の従業員まで認識される必要がある。このことが認識されないとトップの理解や従業員の協力を得ることができない。この認識があると、回収率が高く、未記入等が無い良い調査を実施できる。例えば、「調査は匿名で実施されるので現場の社員の生の声を聞きたい、結果を受けて会社としても職場をより良くしていきたい、これによって会社全体のパフォーマンスを上げていきたい」というようなトップの一文があると、100％近い回収率となり、自由記述欄にも長文の書き込みがある調査となる。

(2)　会社の情報、個人の秘密が守られること

　HRM チェックリストでは、組織の様々な状況、従業員の仕事や職場に対する意見や気持ちが収集される。これにより組織、職場、仕事の問題点が明らかになるが、このような組織の情報が、外部に漏れたり、従業員各人の意見や気持ちが他の従業員や人事部門に知られたりすることがあってはならない。従業員各人の回答が漏れると、従業員のマイナスになることが懸念される。マイナスになるのではないかという懸念があれば、本当の意見や気持ちは表明されない。会社の情報も外部には漏れてはならないものである。

　このため収集した情報は決して外部に漏れることがないよう所定の手続きに従い処理されなくてはならない。具体的には用紙から入力した段階で暗号化を行い、さらに特定の者しか情報にアクセスすることができないようにする必要がある。用紙で実施した場合、用紙は溶解処理する等が必要となる。用紙を配布し、回収する手間もかからず、回答の機密もより高められるとし

129

て、社内 LAN で実施する企業もある。このため内容は冊子と同じであるが、社内 LAN で実施できる Web 版も用意している。

　従業員の個別の回答も決して公開されず、集計された結果だけが検討対象となるようにしなくてはならない。集計された結果もその集計対象が少ない数であると、個人の結果を類推することにつながるため、20 名以下になるような集計はせず、必ず 20 名を上回る場合にのみ結果を出す等の配慮が必要である。人数の少ない部門等では集計せず、例えば、隣接の部門と併せて集計し、結果を出すようにする。

(3) 状況の改善につながるものであること

　測定尺度、チェックリストは実施しただけでは意味がない。仕事や職場の問題点が改善されたり、組織や企業が活性化したり、業績の向上にも結びつく必要がある。

　会社や組織の売り上げや利益率等に改善がみられることが最終の目的であるが、そのような最終結果に至るまでには多くの要因が介在する。そのため、これ以外の変数、例えば、離職率の低下、欠勤率の低下、就職希望者の増加、品質の向上等々、様々な変数に着目しパフォーマンスの改善をみていく必要がある。測定尺度、チェックリストを継続して実施し、ジョブインボルブメント、全般的職務満足感、組織コミットメント等が向上していくことが確認できれば、それも状況が改善されていることの兆候ということができる。

　また、HRM チェックリストの解釈、その後のアクションプランの作成に関しては、従来からの動機づけ理論や組織に関する様々な理論や実践研究が生かせる。

2．測定尺度、チェックリストの全体構成

　第 2 章では、測定尺度、チェックリストを個別に紹介したが、よく使われる測定尺度、チェックリストをまとめ冊子の形にした「HRM チェックリスト」が利用されることが多い。そこで、ここでは、HRM チェックリストの全体構成、フェースシートと他の測定尺度、チェックリストの関係をまずみておくことにする。全体の構成を図表 3-1 に示した。この図では全体を上から下への単純な流れとして表しているが、現実の因果関係はこのような単純なものとはいえない。図は理解しやすいよう単純化し、それぞれの位置づけをわかりやすくしたものである。

　企業のマネジメントを考える場合、企業を取り巻く環境としては経済情勢やライバル関係等企業の外側にある「外的経営環境」と企業理念、ミッション、

第3章　測定尺度、チェックリストの利用活用

企業文化等、企業の内側にありながら、比較的変化しにくい「内的経営環境」を想定することができる。ここでは企業文化と組織文化はほぼ同意語と考えることもできる。ビジョンはその企業の将来の姿をあらわすものであるため、内的経営環境に含めるか、図の他の部分に含めるか意見が分かれるであろうが、ここではビジョンが比較的長期のものであり、一度決められると一定期間続くものであること、また、そのビジョンによって経営戦略、組織等が決められることもよくみられるため、内的経営環境に含めることとした。

　そしてこの経済情勢、ライバル関係等「外的経営環境」と企業理念、ミッション、ビジョン等「内的経営環境」から、経営戦略、組織、賃金制度、人事労務管理制度、等が作られると想定している。

　「ワークシチュエーション」、「コミットメント（ジョブインボルブメント、キャリアコミットメント、全般的職務満足感、組織コミットメント）」、「ストレス」の測定尺度やチェックリストは、これらの条件下において見られる、従業員の意識や行動、集団の特性等を測定しようとするものである。なお、HRMチェックリストの冊子では、ジョブインボルブメント、キャリアコミットメント、全般的職務満足感、組織コミットメントは、「B.コミットメント」の中で測定するため、図表においても、これらをコミットメントとしてまとめている。

　「雇用管理施策チェックリスト」は本来、経営戦略、組織、賃金制度等に関する経営者、人事担当としての評価であるが、図の整理の上では開発した測定尺度、チェックリストを従業員・個人と会社・団体と二分し、その会社・団体へ位置づけることとした。「組織業績診断チェックリスト」も組織業績というアウトプットの評価であるが、「雇用管理施策チェックリスト」とともに会社・団体に位置付けることとした。

　「企業行動」、「経営状況」、「人事管理の課題」等は、このような流れの結果といえるが、人事担当用・会社用のフェースシートで、具体的な状況を把握しようとしている。

図表3-1 企業理念、ミッション、企業行動、経営状況等と各測定尺度の関係

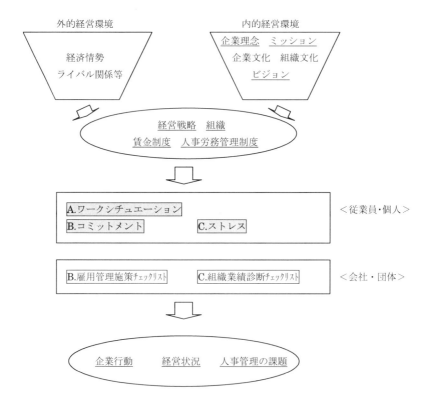

注) HRMチェックリストには下記として、それぞれ含まれている。
　　グレー四角——HRMチェックリスト（従業員用・個人用）
　　白　四　角——HRMチェックリスト（人事担当用・会社用）
　　下線部分　——HRMチェックリスト（人事担当用・会社用）フェースシート

3．フェースシートの構成と活用法

　人事担当用・会社用のフェースシートの構成、従業員用・個人用のフェースシートの構成を図表3-2、図表3-3に示した。全体の構成は図表3-1に示したような流れであるが、実際のフェースシートは記入のしやすさ、冊子としての構成（改頁等で分断されないように）等の配慮から、このような順番になっている。フェースシートの項目の中には次の「経営戦略、組織、賃金制度、人事

第3章　測定尺度、チェックリストの利用活用

労務管理制度」に含まれるものもあるが、ここで一括して掲載した。

　企業や組織の業績は相互に深く関連し合った、複雑な因果関係を形成するものである。「(1)企業理念、ミッション、ビジョン、企業文化」の図表 3-1 に示したものは、個々の要素をわかりやすく整理したものにすぎないと前にも述べた。以上みてきた経営戦略、組織、賃金制度、人事管理制度、経営行動、人事管理上の課題、企業や組織の状況に関する項目も、相互に影響しあう複雑なものである。このように断片的に一側面を取り出すことは、本来はできないことかもしれない。しかしながら、複雑なものをそのままにしておいても理解は進まない。たとえ一側面、断面であったとしても、一度、そのようなものに分解し、それを再構成することによって、複雑に絡み合う全体像の把握が一歩前進するものであると考えられる。

　相互に絡み合う要素ということは、あるいはある側面だけみれば、他の側面はすべてそれから推し量れるということともあろう。しかし、それは大きな誤解、勘違いをしている可能性もある。可能な限り多くの断面を確認することによって、そのような誤解や勘違いを回避し、本態としての姿に迫ることが必要となる。

　また、このフェースシートへの回答は、それ自体が自らの企業や組織を振り返る良い機会になるとも思われる。回答しながら、自らの企業や組織についての考え方や感じ方を整理していくことができる。

　フェースシートは多少長すぎるような印象を受けるかもしれない。しかし、長くなっているのはここで述べたように、可能な限り多くの断面をみようとするためであり、また、このフェースシートへ回答すること自体、自らの企業や組織を振り返るという意味があるといえるためである。

図表3-2 フェースシートの構成（人事担当用・会社用）

1．　会社概要　　所在地、設立年、業種、社員数、平均年齢、主な製品・サービス
2．　Ｆ１　現在の経営行動
3．　Ｆ２　現在の雇用管理上の課題
4．　Ｆ３　経営状況（売り上げ、利益、資産、成長性、等）
5．　Ｆ４　人事管理等の諸制度導入状況
6．　Ｆ５　賃金制度
7．　Ｆ６　組織形態
8．　Ｆ７　企業理念、ミッション、ビジョン等
9．　Ｆ８　経営戦略、経営方針
10．　Ｆ９　その他　自由記入欄

図表3-3 フェースシートの構成（従業員用・個人用）

F1 勤務先等（年齢、性別、勤続年数、学歴、転職経験、在職年数、等）

F2 現在の職種

F3 現在の職位

F4 職場や仕事の状況（情報化、権限委譲、生産性、等の状況）

F5 自由記述欄

4．企業理念、ドメイン、ミッション、ビジョン、企業文化

　企業理念とは経営理念ともよばれるが、企業が経営にあたって持つところの信念、信条、理想であり、その企業の行動指針となる経営についての基本的な考え方である（図表 3-4）。比較的短い表現で企業理念を表現し、その次にそれを具体化した何項目かの経営方針が続いていることが多い（図表 3-5）。経営方針は次章でみる経営戦略とほぼ同じとみることもできる。また、企業によっては経営方針までを含めて、企業理念あるいは経営理念としているところもある。

　関連する用語にドメイン（domain）あるいは事業ドメインがあるが、これは企業が主力となる製品やサービスを提供する分野や領域を示している（図表3-6）。企業はそのドメインに経営資源を集中し、そこから利益を上げようとする。企業がドメインをどのように設定するかによって、企業行動は大きくかわることになる。主な事業として事業をリストアップしている企業もみられるが、ドメインという場合、企業が戦略的に経営資源を投入する分野、領域を示している。

　図表 3-7 のミッション（mission）とは企業や組織の目的、存在意義である（Bartol & Martin, 1991）。図表 3-8 のビジョン（vision）とは企業や組織を一定の方向へ動かしていく、組織の目的、価値観、原則等に関する見方である（Tracey, 1998）。企業理念、経営方針のなかで将来に関することとみることもできる。

　図表 3-9 の企業文化（corporate culture）あるいは組織文化（organizational culture）とは、メンバーによって共有される価値観、前提条件、信念、規範等であり、これによってメンバーが一つになるものである（Bartol & Martin, 1991）。企業文化と組織文化はほぼ同意語と考えてよい。

　これらは、現時点で、企業のホームページから整理したものである。企業理念、ミッション、企業文化、ビジョン等の用語はそれぞれに重なる意味合いがあり、また、それぞれの言葉の定義、使われ方も必ずしも明確に分かれていな

い。そのため同じような内容をある企業は企業理念とし、また別の企業では
ミッションとしているという例も見られる。このような混乱が生じるため、こ
こでは、その企業の表現をそのまま使い、基本的に、それによって分類した。
すなわち他の企業ではミッションとしていることでも、その企業が経営理念と
していれば、経営理念と分類した。

図表3-4 企業理念・経営理念の例

ＡＮＡグループ	安心と信頼を基礎に、世界をつなぐ心の翼で夢にあふれる未来に貢献します。
ＮＥＣ	NEC は C&C をとおして、世界の人々が相互に理解を深め、人間性を十分に発揮する豊かな社会の実現に貢献します。
ＮＴＴデータグループ	NTT データグループは、情報技術で、新しい「しくみ」や「価値」を創造し、より豊かで調和のとれた社会の実現に貢献する。
ＮＴＴドコモ	私たちは「新しいコミュニケーション文化の世界の創造」に向けて、個人の能力を最大限に生かし、お客様に心から満足していただける、よりパーソナルなコミュニケーションの確立をめざします。
キヤノン	キヤノンの企業理念は、『共生』です。私たちは、この理念のもと、文化、習慣、言語、民族などの違いを問わず、すべての人類が末永く共に生き、共に働き、幸せに暮らしていける社会をめざします。
コクヨグループ	1905 年の創業以来、「世の中の役に立つ」、すなわち一人ひとりの成功・成長をサポートすることで、社会全体をじわじわと豊かにしていくことを企業の目的（企業理念）としています。働くこと、学ぶことは人間の成長、社会の発展に欠かせない行為です。コクヨグループは今後も働く人・学ぶ人の知的活動を豊かにする商品・サービスの提供を通じて「国の誉（コクヨ）」の名に見合う、選ばれ続ける企業を目指します。
ソフトバンク	情報革命で人々を幸せに。
ＪＲ東日本グループ	私たち JR 東日本グループは、駅と鉄道を中心として、お客さまと地域の皆さまのために、良質で時代の先端を行くサービスを提供することにより、東日本エリアの発展をめざします。私たちは、「究極の安全」と「サービス品質の改革」に向けて、挑戦を続けます。また、技術革新やグローバル化の推進を通じて、幅広い視野を持つ人材の育成、鉄道の進化の実現、沿線価値の向上など、グループの無限の可能性を追求します。私たちは、「信頼される生活サービス創造グループ」として、社会的責任の遂行とグループの持続的成長をめざします。
ＪＴＢグループ	内外にわたる人々の交流を通じて、ツーリズム発展の一翼を担い、平和で心豊かな社会の実現に貢献する。
資生堂グループ	「Our Mission, Values and Way」は国・組織・ブランドを問わず、資生堂グループで働く全員で共有する「資生堂グループ企業理念」です。 ・Our Mission は、「資生堂グループは何をもって世の中のお役に立っていくのか」という企業使命と事業領域を定めたものです。資生堂グループの根幹をなす普遍の存在意義です。 ・Our Values は、Our Mission を実現するために、資生堂グループで働く一人ひとりが共有すべき心構えを定めたものです。仕事を進める上で常に忘れずに携えるべき価値観です。 ・Our Way は、Our Mission を実現するために、資生堂グループで働く一人ひとりがとるべき行動を定めたものです。

ＪＸグループ	ＪＸグループは、エネルギー・資源・素材における創造と革新を通じて、持続可能な経済・社会の発展に貢献します。
ソニー 「東京通信工業株式会社設立趣意書」1946 年	真面目ナル技術者ノ技能ヲ、最高度ニ発揮セシムベキ自由闊達ニシテ愉快ナル理想工場ノ建設。
宝酒造	自然との調和を大切に、発酵やバイオの技術を通じて人間の健康的な暮らしと生き生きとした社会づくりに貢献します。
帝人グループ	1. 帝人グループは人間への深い理解と豊かな創造力でクォリティ・オブ・ライフの向上に努めます。 2. 社会と共に成長します。 3. 社員と共に成長します。
ＴＤＫ	社是　創造によって文化、産業に貢献する 社訓　夢　勇気　信頼
ＴＯＴＯ	私たち TOTO グループは、社会の発展に貢献し、世界の人々から信頼される企業を目指します。 そのために ・水まわりを中心とした、豊かで快適な生活文化を創造します。 ・さまざまな提案を通じ、お客様の期待以上の満足を追求します。 ・たゆまぬ研究開発により、質の高い商品とサービスを提供します。 ・限りある資源とエネルギーを大切にし、地球環境を守ります。 ・一人ひとりの個性を尊重し、いきいきとした職場を実現します。
凸版印刷	私たちは　常にお客さまの信頼にこたえ　彩りの知と技をもとにこころをこめた作品を創りだし　情報・文化の担い手として　ふれあい豊かなくらしに貢献します
ＴＯＲＡＹ	わたしたちは新しい価値の創造を通じて社会に貢献します。
東洋紡グループ	「順理則裕」　（りにしたがえば、すなわちゆたかなり） 私たちは、理に順うことが最も大切なことだと考えています。「順理」とは、「合理的・論理的に考え、行動する」、「道理・倫理、人間としての基本姿勢を尊重する」という意味です。「順理則裕」は、当社の創業者である渋沢栄一が座右の銘の一つとしていたことから、当社の企業理念として受け継がれています。
トヨタ自動車 「豊田綱領」 1935 年	一、上下一致、至誠業務に服し、産業報国の実を挙ぐべし 一、研究と創造に心を致し、常に時流に先んずべし 一、華美を戒め、質実剛健たるべし 一、温情友愛の精神を発揮し、家庭的美風を作興すべし 一、神仏を尊崇し、報恩感謝の生活を為すべし
日立製作所	日立製作所は、その創業の精神である"和"、"誠"、"開拓者精神"をさらに高揚させ、日立人としての誇りを堅持し、優れた自主技術・製品の開発を通じて社会に貢献することを基本理念とする。あわせて、当社は、企業が社会の一員であることを深く認識し、公正かつ透明な企業行動に徹するとともに、環境との調和、積極的な社会貢献活動を通じ、良識ある市民として真に豊かな社会の実現に尽力する。
本田技研工業	Honda フィロソフィーは、「人間尊重」「三つの喜び」から成る"基本理念"と、"社是""運営方針"で構成されています。Honda フィロソフィーは、Honda グループで働く従業員一人ひとりの価値観として共有されているだけでなく、行動や判断の基準となっており、まさに企業活動の基礎を成すものといえます。 Honda は「夢」を原動力と

	し、この価値観をベースにすべての企業活動を通じて、世界中のお客様や社会と喜びと感動を分かちあうことで、「存在を期待される企業」をめざして、チャレンジを続けていきます。
パナソニック 松下電器製作所 1929年	（綱領）産業人タルノ本分ニ徹スル　社会生活ノ改善ト向上ヲ図リ　世界文化ノ進展ニ寄与センコトヲ期ス。
富士フィルム	わたしたちは、先進・独自の技術をもって、最高品質の商品やサービスを提供する事により、社会の文化・科学・技術・産業の発展、健康増進、環境保持に貢献し、人々の生活の質のさらなる向上に寄与します。
持田製薬	絶えず先見的特色ある製品を開発し、医療の世界に積極的に参加し、もって人類の健康・福祉に貢献する。
三菱商事	三綱領として「所期奉公」、「処事光明」、「立業貿易」。 所期奉公（事業を通じ、物心共に豊かな社会の実現に努力すると同時に、かけがえのない地球環境の維持にも貢献する）。処事光明（公明正大で品格ある行動を旨とし、活動の公開性、透明性を堅持する）。立業貿易（全世界的、宇宙の視野に立脚した事業展開を図る）。
ＹＫＫ	「善の巡環」他人の利益を図らずして自らの繁栄はない。

注）各社ホームページより、2017 年 2 月時点。

図表3-5　経営指針・経営方針の例

ソニー 「東京通信工業株式会社設立趣意書」1946年	一、不当ナル儲ケ主義ヲ廃シ、飽迄内容ノ充実、実質的ナ活動ニ重点ヲ置キ、徒ラニ規模ノ大ヲ追ハズ 一、経営規模トシテハ寧ロ小ナルヲ望ミ大経営企業ノ大経営ナルガ為ニ、進ミ得ザル分野ニ技術ノ進路ト経営活動ヲ期スル 一、極力製品ノ選択ニ努メ技術上ノ困難ヲ寧ロ之ヲ歓迎、量ノ多少ニ関セズ最モ社会的ニ利用度ノ高イ高級技術製品ヲ対象トス、又単ニ電気、機械等ノ形式的分類ハサケ、其ノ両者ヲ統合セルガ如キ他社ノ追随ヲ絶対許サザル境地ニ独自ナル製品化ヲ行フ 一、技術界業界ニ多クノ知己関係ト絶大ナル信用ヲ有スル我ガ社ノ特長ヲ最高度ニ活用以テ人資本ニ充分匹敵スルニ足ル生産活動販路ノ開拓資材ノ獲得等ヲ相互扶助的ニ行フ 一、従来ノ下請工場ヲ独立自主的経営ノ方向ヘ指導育成シ、相互扶助ノ陣営ノ拡大強化ヲ計ル 一、従業員ハ厳選サレタル可成小員数ヲ以ッテ構成シ、形式的職階制ヲサケ、一切ノ秩序ヲ実力本位、人格主義ノ上ニ置キ個人ノ技能ヲ最大限ニ発揮セシム 一、会社ノ余剰利益ハ適切ナル方法ヲモッテ全従業員ニ配分、又、生活安定ノ道モ実質的面ヨリ充分考慮援助シ、会社ノ仕事即チ自己ノ仕事ノ観念ヲ徹底セシム
本田技研工業 「運営方針」	・常に夢と若さを保つこと。 ・理論とアイディアと時間を尊重すること。 ・仕事を愛しコミュニケーションを大切にすること。 ・調和のとれた仕事の流れをつくり上げること。 ・不断の研究と努力を忘れないこと。
TORAY	お客様のために　新しい価値と高い品質の製品とサービスを 社員のために　働きがいと公正な機会を 株主のために　誠実で信頼に応える経営を 社会のために　社会の一員として責任を果たし相互信頼と連携を

ヤクルト「経営の基本方針」	当社グループは、「私たちは、生命科学の追究を基盤として、世界の人々の健康で楽しい生活づくりに貢献します」という企業理念に基づき、人々が健康とゆとりと生きがいを実感できる生活づくりに貢献し、地域社会とともに発展する企業を目指しています。また、株主の皆さまやお客さまをはじめ、ひろく社会から信頼され、魅力のある企業となるよう、本業を基本とした着実な事業展開に徹するとともに、透明性の高いガラス張りの経営をおし進めていきます。

注）各社ホームページより、2017 年 2 月時点。

図表3-6 ドメイン（事業ドメイン）の例

オンワード	オンワードホールディングスグループ（以下、オンワード）はあらゆる人々におしゃれを楽しんでいただくファッションを自らのドメインと定め・・・
コクヨ	働く人・学ぶ人の知的活動の進化に資する価値の提供。
帝人	高機能繊維・複合材料、電子材料・化成品、ヘルスケア、繊維製品・流通、IT など、多岐にわたる事業をグローバルに展開。
凸版	トッパンの強みは「彩りの知と技」です。「彩り」とは、印刷の持つ再現性や創造性、精緻さを表しています。「知」とは企画力・マーケティング力、「技」とは技術力を表しています。この強みのもと、事業領域を以下の 5 つに定めます。「情報・ネットワーク系」「生活環境系」「エレクトロニクス系」「パーソナルサービス系」「次世代商品系」
日立製作所事業領域	情報・通信システム　社会・産業システム　電力システム 電子装置・システム　建設機械　高機能材料 オートモティブシステム　生活・エコシステム その他（物流・サービス他）　金融サービス
富士フィルム	富士フイルムグループは、イメージングソリューション、インフォメーションソリューション、ドキュメントソリューションの 3 つを柱に事業を展開しています。

注）各社ホームページより、2017 年 2 月時点。

図表3-7 ミッションの例

旭硝子 AGC	"AGC、いつも世界の大事な一部"～独自の素材・ソリューションで、いつもどこかで世界中の人々の暮らしを支えます～
花王グループ	（使命）私たちは、消費者・顧客の立場にたって、心をこめた "よきモノづくり" を行ない、世界の人々の喜びと満足のある豊かな生活文化を実現するとともに、社会のサステナビリティ（持続可能性）に貢献することを使命とします。この使命のもと、私たちは全員の熱意と力を合わせ、清潔で美しくすこやかな暮らしに役立つ商品と、産業界の発展に寄与する工業用製品の分野において、消費者・顧客と共に感動を分かち合う価値ある商品とブランドを提供します。
グーグル	世界中の情報を整理し、世界中の人々がアクセスできて使えるようにすること。
スターバックス	「人々の心を豊かで活力あるものにするために－ひとりのお客様、一杯のコーヒー、そしてひとつのコミュニティから」－ それが私たち、スターバックスのミッションです。
日産自動車	私たち日産は、独自性に溢れ、革新的なクルマやサービスを創造し、その目に見える優れた価値を、すべてのステークホルダーに提供しま

	す。それらはルノーとの提携のもとに行っていきます。
ザ・リッツ・カールトンホテル	ザ・リッツ・カールトンはお客様への心のこもったおもてなしと快適さを提供することをもっとも大切な使命とこころえています。

注）各社ホームページより、2017 年 2 月時点。

図表3-8 ビジョンの例

旭硝子 AGC	AGC グループビジョン"Look Beyond"　将来を見据え、自らの領域を超えた視点を持ち、現状に満足せず飽くなき革新を追及し、グループ全体が持つ大きな潜在力を発揮し、世界に価値を創造し続けます。
花王グループ	私たちは、それぞれの市場で消費者・顧客を最もよく知る企業となることをグローバルにめざし、全てのステークホルダーの支持と信頼を獲得します。
ＡＮＡグループ	ＡＮＡグループは、お客様満足と価値創造で世界のリーディングユアラインググループを目指します。
ＮＴＴデータグループ	2005 年、急速なグローバル化が進むなか、私たち NTT データグループは「Global IT Innovator」という Group Vision を掲げ、IT を事業のコアとして、世界的な舞台への進出を本格化しました。「IT を使って世界を変革していく」「IT そのものを変革していく」というふたつの意志が込められた「Global IT Innovator」のビジョンのもと、私たちは IT ビジネスにおける中心的なイノベーターとしての役割を担い、お客様の夢を実現してきました。 　2013 年、私たちの挑戦は、世界 35 カ国・地域の拠点で約 62,000 人が働くスケールに広がり、いまなお成長を続けています。そして新たなる発展をめざし、私たちは「Global IT Innovator」の持つ意味をさらに進化させ、次なる 10 年へと向かいます。 　進化した Group Vision に込めた 3 つの新しいメッセージ。それは、お客様との間に長期的な関係を築き上げ、お客様の夢を実現すること。先端技術によって「エコシステム」を創造すること。そして働く一人ひとりの多様性を尊重することにより創造力を高めていくことです。 　10 年後の NTT データグループに向けて、さらなる挑戦と飛躍がここからはじまります。
ＮＴＴドコモ	HEART　スマートイノベーションへの挑戦 [Harmonize]国・地域・世代を超えた豊かな社会への貢献 [Evolve] サービス・ネットワークの進化 [Advance]サービスの融合による産業の発展 [Relate]つながりによる喜びの創出 [Trust]安心・安全で心地よい暮らしの支援
コクヨ	「国の誉（コクヨ）」であり続け、「アジアの誉」に成長する。
ソフトバンク	世界の人々から最も必要とされる企業グループ（新 30 年ビジョン）
東洋紡グループ	私たちは、「環境、ライフサイエンス、高機能で、社会に貢献する価値を創りつづけるカテゴリー・リーダー」を目指しています。
トヨタ自動車	地球温暖化や化石燃料の枯渇など、自動車はいま、数多くの問題に直面しています。トヨタは、既存技術をさらに進歩させる一方、次世代燃料を使う新たなクルマの開発にも積極的に取り組み、自動車の未来を切りひらきます。
日産自動車	日産：人々の生活を豊かに（企業ビジョン）。日産は業界をリードする持続可能な企業の一つになることを目指します（CSR ビジョン）。

日本 IBM	私たち IBM は、IT を駆使することにより、人類が直面しているさまざまな課題を解決し、より豊かな世界を実現する"Smarter Planet（地球を、より賢く、よりスマートに）"というコーポレート・ビジョンを提唱しています。2008 年
富士フィルム	オープン、フェア、クリアな企業風土と先進・独自の技術の下、勇気ある挑戦により、新たな商品を開発し、新たな価値を創造するリーディングカンパニーであり続ける。（富士フイルムグループが目指す姿）

注）各社ホームページより、2017 年 2 月時点。

図表3-9 企業文化の例

旭硝子 AGC	私たちの価値観―Innovation & Operational Excellence（革新と卓越）、Diversity（多様性）、Environment（環境）、Integrity（誠実）私たちのスピリット―「易きになじまず難きにつく」（岩崎俊彌が唱えた創業の精神）
ＮＴＴデータ	NTT データグループは、自社グループの社員やパートナー企業の社員にとって安心して力を発揮できる労働環境をつくるため、ワークスタイルの変革を推進するとともに、将来の IT 業界を担う人材の育成に注力しています。
スターバックス OUR VALUES	私たちは、パートナー（従業員）、コーヒー、お客様を中心とし、Values を日々体現します。 ・お互いに心から認め合い、誰もが自分の居場所と感じられるような文化をつくります。 ・勇気をもって行動し、現状に満足せず、新しい方法を追い求めます。スターバックスと私たちの成長のために。 ・誠実に向き合い、威厳と尊厳をもって心を通わせる、その瞬間を大切にします。 ・一人ひとりが全力を尽くし、最後まで結果に責任を持ちます。 私たちは、人間らしさを大切にしながら成長し続けます。
日産自動車「日産ウェイ」	The power comes from inside. : すべては一人ひとりの意欲から始まる。日産ウェイ 5 つのマインドセット：「クロス・ファンクショナル、クロス・カルチュラル」「トランスペアレント」「ラーナー」「フルーガル」「コンペティティブ」。日産ウェイ 5 つの行動の価値：「モチベート」「コミット＆ターゲット」「パフォーム」「メジャー」「チャレンジ」。
日本 IBM	IBMers Value―IBM 社員が共有する 3 つの価値観。お客様の成功に全力を尽くす。私たち、そして世界に価値あるイノベーション。あらゆる関係における信頼と一人ひとりの責任。
富士フィルム（再掲）	オープン、フェア、クリアな企業風土と先進・独自の技術の下、勇気ある挑戦により、新たな商品を開発し、新たな価値を創造するリーディングカンパニーであり続ける。（富士フイルムグループが目指す姿）
デルコンピュータ	企業文化は、社員一人一人の日々の行動や実践によって育まれます。デルでは、「テクノロジーを提供する企業としてどうあるべきか」そして「一社会人としてどうあるべきか」の基準をまず明確にし、そこからさらなる成長に向けて目標を設定します。デルの社員は、こういった基準や目標に向かって、揺るぎない価値観のもとに日々行動しています。
LIXIL LIXIL VALUES	One LIXIL for Good Living... 一つにつながる Values. Work with Respect, Deliver on Commitment, Embrace Quality, Inspire Passion, Pursue Growth

注）各社ホームページより、2017 年 2 月時点。

5．経営戦略、組織、賃金制度、人事管理等諸制度

経営戦略(strategies)とは、長期目標を達成するために作成される、経営環境との間の交互作用のための、企業や組織の行動計画である(Bartol & Martin, 1991)。戦略は通常、企業や組織全体のもの、すなわち経営戦略、企業戦略等と呼ばれるものがあり、それをブレイクダウンしたもの、例えば事業本部の戦略等があり、さらにその下に、その事業本部を構成する各部門等の戦略がある。多くの場合、戦略にはこのような階層性がある。HRM チェックリスト（人事担当用・会社用）において、経営戦略を聞いているが、これは企業や組織全体の戦略を聞いているものである。

経営戦略（HRM チェックリスト：人事担当用・会社用のＦ８）は、図表 3-1に示したように、企業を取り巻く「外的経営環境」としての、経済情勢やライバル関係等、企業の外側にあるものと、企業理念、ミッション、企業文化等、企業の内側にありながら、比較的変化しにくい「内的経営環境」の双方に影響をされながら決められるものである。経営戦略については「差別化」、「集中」、「コストリーダーシップ」、「追随者としての戦略」、「市場の成熟期における戦略」等々、様々なものがあるとされるが、HRM チェックリストではこれらの要素をすべて文章化し、それを５段階評定するようにしている。

この経営戦略、経営方針の部分に関して、2,125 社のデータを収集し、分析している。そのデータに基くこの経営戦略、経営行動の主成分分析の結果を図表 3-10 に示した。第１成分（分散 4.805、説明率 19.2%）は「革新による新たな市場の創造を目指し、企業運営が行われている」、「経営環境や市場の変化に敏感であり、製品やサービスが頻繁に変更される」、「新規事業、新たな市場のために積極的に経営資源を投入している」、「自社の製品やサービスは革新的であることを最優先している」等に負荷量が高く、「革新性」の成分といえる。第２成分（分散 3.396、説明率 13.6%）は「信頼されることを最優先している」、「従業員の生活向上を企業の重要課題と考えている」、「雇用に対する配慮を最優先している」、「手堅い商品、堅実で安定したサービスを目指し、企業運営が行われている」等に負荷量が高く、「安定性」の成分といえる。第３成分（分散 2.202、説明率 8.8%）は「ライバル会社と市場のシェア争いをしている」、「ライバル会社に勝つことを、最優先して企業運営が行われている」等に負荷量が高く、「競争性」の成分といえる。第４成分（分散 1.905、説明率 7.6%）は「年長者の意見が重要視されて、企業運営が行われている」、「組織や予算配分、仕事の仕方は長年、変化が少ない」等に負荷量が高く、「保守性」の成分といえる。革新性と保守性は一次元上の対極のように思われるが、ここで４つの成分は直交回転であるバリマックス回転によるものであり、相関

はなく、独立している。事業に対しては革新的であるが、組織運営は保守的であるといったように、4つの成分が並存している会社があることになる。

　企業の組織がどのようなものかも重要な要素であるが、このチェックリストではHRMチェックリスト（人事担当用・会社用）のF6において、1.単純・未分化組織（経営者と従業員というような組織）　2.機能別組織（製造、営業、研究開発等の機能別組織）　3.事業部組織（製品別、顧客別、地域別等々の組織）　4.マトリックス組織（上記二つの機能別と事業部を組み合わせた組織形態）　5.戦略的事業単位（SBU：Strategic Business Unit　いくつかの事業部を戦略策定、戦略実行のために統合した組織形態）　6.分社化、カンパニー制度（商品群等で分社し、それぞれがひとつの会社のような権限を与えられた組織）　7.社内ベンチャー、制作毎のプロダクション制　8.上記等の組織のなかに作られる自律的ワークグループ、セルフマネジングチーム　9.上記等の組織に加え、プロジェクトチームを必要に応じて編成　10.その他（自由記述）、以上の中から選択する形にしている。社内ベンチャー、プロダクション制、自律的ワークグループ、セルフマネジングチーム、プロジェクトチーム等はその他の組織形態と重複して作られていることも多い。例えば事業部制をとっている会社で、研究開発や制作はプロジェクトチームによる等がある。このためこの組織形態の部分は複数回答ができるものとした。

　賃金制度についてもHRMチェックリスト（人事担当用・会社用）のF5において、1.職能給　2.職務給　3.年俸制　4.特別報奨金制度（年間数十万円以上）　5.ストックオプション、あるいは類似の制度　6.プロフィットシェアリング（利益配分）　7.退職金前払い制度　8.社員持株会　9.その他（自由記述）とし、複数回答とした。

　人事管理の諸制度はHRMチェックリスト（人事担当用・会社用のF4）は、1.自己申告、社内公募制度　2.目標管理制度　3.複線型人事　4.裁量労働制5.役職定年制・任期制　6.早期退職優遇制度　7.部下による上司評価　8.定期的な従業員意識調査　9.人事考課結果のフェードバック　10.定年退職者再雇用制度　11.自己啓発支援制度　12.転職、自立支援プログラム　13.カフェテリアプラン　14.フレックスタイム　15.介護休業制度　16.育児休業制度　17.リフレッシュ休暇　18.ボランティア休暇　19.有給教育訓練休暇　20.有給休暇取得促進制度　21.その他（自由記述）とし、やはり複数回答とした。介護休業制度、育児休業制度、リフレッシュ休暇、ボランティア休暇、等は人事労務管理の範疇とは必ずしもいえないかもしれないが、他の項目とするとそのためにスペースを必要とすること、また、これらが制度としてあることが、会社の人事に関する考え方の一面となっている等の考え方もあることから、ここで

第3章　測定尺度、チェックリストの利用活用

一括して聞くことにした。なお、15.介護休業制度　16.育児休業制度　19.有給教育訓練休暇は近年、この名称が定着しているため、以前と表現を変えている。例えば、有給教育訓練休暇は以前の冊子では「教育休暇」としていた。

図表3-10　経営戦略、経営方針の主成分分析（2,125社）

	成分1	成分2	成分3	成分4
革新による新たな市場の創造を目指し、企業運営が行われている	0.754	0.244	0.119	-0.104
経営環境や市場の変化に敏感であり、製品やサービスが頻繁に変更される	0.696	-0.004	0.178	-0.005
新規事業、新たな市場のために積極的に経営資源を投入している	0.686	0.175	0.170	-0.089
自社の製品やサービスは革新的であることを最優先している	0.679	0.239	0.114	-0.108
他者の経営戦略も、成長が期待できるものは積極的に取り入れている	0.641	0.325	0.085	-0.028
将来の発展を考え、可能な限り多角化を進めようとしている	0.634	0.064	0.093	0.068
社内の組織や予算配分等も頻繁に変更される	0.611	-0.172	0.272	0.073
高付加価値の製品、サービスをめざし研究開発を重視している	0.575	0.356	0.165	-0.095
不採算部門等の整理、問題事業からの撤退は迅速に行われている	0.533	0.236	0.119	0.043
取引先や仕事相手から信頼されることを最優先している	-0.028	0.704	0.099	0.064
従業員の生活向上を企業の重要課題と考えている	0.305	0.693	0.066	-0.146
従業員の雇用に対する配慮を最優先している	0.247	0.673	0.006	-0.050
手堅い商品、堅実で安定したサービスを目指し、企業運営が行われている	-0.095	0.605	0.048	0.452
地域社会や自然環境への配慮を最優先している	0.235	0.550	-0.072	0.052
長期的な成長、発展を優先して企業運営が行われている	0.499	0.528	0.070	-0.068
リスクを最小限にするよう、企業運営が行われている	0.047	0.494	0.024	0.484
自社の得意分野に経営資源を集中し、競争優位を保とうとしている	0.183	0.483	0.409	-0.008
ライバル会社と市場のシェア争いをしている	0.099	0.111	0.802	-0.015
ライバル会社に勝つことを、最優先して企業運営が行われている	0.311	0.041	0.753	-0.017
企業としては、ある程度短期的な収益を優先している	0.093	-0.064	0.547	0.246
株主の利益を追求することが、もっとも重要な企業の社会的責任である	0.291	0.123	0.445	0.065
年長者の意見が重要視されて、企業運営が行われている	-0.161	-0.040	-0.007	0.672
組織や予算配分、仕事の仕方は長年、変化が少ない	-0.332	0.135	-0.037	0.646
自社の競争優位は主にコスト削減によってもたらされる	0.228	-0.002	0.222	0.527
成長が期待される市場に、二番手として参入することが多い	0.355	-0.148	0.177	0.409

注）主成分法により抽出、バリマックス回転。

143

６．利用活用の方法

(1) 比較による現状の把握
1）他社との比較

　HRM チェックリストはこれまでに約２千社、約２万７千名の従業員のデータが得られている。このデータと比較することにより、自社が各測定尺度上でどのような位置にあるかを知ることができる。

　第２章で示したように、各測定尺度、チェックリストにおいて、年齢別、性別、職種別、企業規模別、業種別等の平均値等があることから、これらと比較して自社の状況を知ることもできる。

2）社内の属性による比較

　一社での実施人数が多い場合、社内で、年齢段階、性別、職種別等、従業員の属性によってグループに分け、グループ間の比較を行うこともできる。この場合、グループに含まれる人数が少ないと、集計結果が安定せず、個人の特定につながる恐れもあるため、分けたグループはそれぞれ最低でも 20 名とし、それよりも多い場合、グループ分けし、比較することとしている。人数の少ないグループは他と統合し集計することになる。例えば、年齢段階はまとめる、性別のみで分けて、比較する、等となる。

3）部門間比較

　一社で実施人数が多い場合、部門や事業所によってグループ分けし、グループ間の比較を行うこともできる。生産部門、営業部門、管理部門等に分け、それぞれの問題点等を明らかにするためには有効な方法である。また、事業所や支店に分かれている場合は事業所や支店別に集計し、どのような違いがあるかを見ることもできる。

　この場合、属性別と同様に 20 名以下になるようなグループでの集計を行わないこととするが、もう一点、注意すべきことがある。それは、事業所別、支店別等ではその集計結果が事業所長、支店長の責任であるとされてしまう可能性があることである。このような危険性があるために、もし部門間の比較を行うのであれば、本チェックリストの趣旨を説明し、部門長の承諾を得てから行う必要がある。また、本チェックリストの結果は現時点のものであり、組織としての取り組みにより、改善されることが可能であること、その改善のために現状を確認するためのものであることが十分認識され、事業所別、支店別等の責任者が積極的、肯定的に受取れる場合にのみ、実施することが必要である。

第3章　測定尺度、チェックリストの利用活用

(2)　事前事後の測定

　組織において何らかの変更を行う場合の事前事後に測定し、変化の傾向を見るというのも一つの方法である。組織や体制を変える前に実施し、変更後、また、測定をすることによって、どのような変化があったかを確認することができる。

(3)　定期的な測定

　これは既に HRM チェックリストを利用している一部の会社で行われているが、定期的に本チェックリストを行うという方法である。自社の現状を把握し、どのような方向に変化しているかをみる方法として優れた方法といえる。全社で一斉に毎年、あるいは数年おきに実施するという方法もあり、また、実施対象者をサンプリングし、そのサンプルで定期的に実施するという方法もある。結果は集計されたものであり、全員が毎年行うと負荷も高いことから、サンプリングによって各個人としては数年に一回回答すればよいという方法も良い方法といえる。

　測定を継続して行っていると、その間に組織や体制、人事制度の変更等々があった場合、それらとの関係を検討し、その変化の効果や影響を把握することができる。

(4)　イントラ等での随時実施

　随時実施という方法もある。これは用紙を配布する方法では難しく、手間もかかってしまうが、社内の LAN から実施できる Web 版であれば、随時実施ということも可能である。

　先進的な企業では、このような方法を実際に行っているところがあり、従業員の問題意識等がいつでも分かるようにしている。職場や仕事に問題点があり、それによって組織全体のパフォーマンスが落ちていないか確認するためであったり、優秀な技術者がそれによって退社してしまったりすることを避ける狙いがある。

(5)　測定尺度、チェックリストを単独であるいは部分的に使う活用法

　「HRM チェックリスト」は様々開発してきた測定尺度、チェックリストの中から、よく使われるものを一冊の冊子としたものであり、会社や職場の状況を広範に、全体として把握できることから、この冊子で利用されることが多いが、本書で紹介してきたように、それぞれの測定尺度、チェックリストを単独で、またはいくつかを組合せて使うこともできる。例えば、組織コミッ

145

トメントの部分だけを使い、会社への帰属意識をみる、あるいは、ストレス反応だけの部分を使い、会社や職場のストレスをみる、等である。

　このような使い方は、設問数が少ないことから、測定したい内容が固まっている場合は、より簡便な方法ということができる。あるいは、本書で紹介しているもの以外に測定したい内容があり、そのための調査票と本書での一部の測定尺度、チェックリストを使うということもある。本書にない会社や職場の状況を測定し、それと本書での測定尺度、チェックリストを組み合わせ、利用するという活用法である。実際に、会社や職場の状況に関する研究を行っており、研究対象となる部分の測定は、独自に作成した調査項目を用い、それと本書の測定尺度、チェックリストの一部を組み合わせ、データを取り、それを分析するということはしばしば行われている。

(6) 測定尺度、チェックリストを「使わない」活用法

　本書では多くの測定尺度、チェックリストを紹介している。いずれも手軽に使えるものであり、これを利用すれば職場やチームの状態を客観的に数値化し、他と比較することができる。しかし、測定尺度、チェックリストを実際に使用しなくても、その背景となる理論やモデル、枠組みが頭の中にあれば、職場やチームの状況を認識したり、職場やチームを活性化する具体的な方法を考えたりすることができる。

　例えば、第2章で冒頭に紹介している「ワークシチュエーション」において、仕事の進め方「職務」に関して、下記のような側面からみている。

a. 達成　　仕事で自分の力を発揮し、達成感を得ることができる。
b. 成長　　仕事で自分の能力を生かしたり伸ばしたりすることができる。
c. 自律性　業務の遂行手順や目標の設定は自分が決められる。
d. 参画　　仕事に関係する決定には自分の意見が反映されている。
e. 意義　　仕事は組織、自分の人生、社会に関係する有意義なものである。

従業員やメンバーが仕事に打ち込めないようであれば、この各側面から「頭の中で」チェックし、職場や仕事について検討することができる。今、従業員やメンバーにしてもらっている仕事は達成感のあるものであろうか（a. 達成）、仕事を通じて成長を感じられるものであろうか（b. 成長）、ある程度仕事を任せ自律的にできるようにしているであろうか（c. 自律性）、その人の仕事に関係することが勝手に変更されたり、決められたりすることがないだろうか（d. 参画）、仕事はそれによって自分の将来が広がるものであったり、社会に貢献

146

第3章　測定尺度、チェックリストの利用活用

できるものだろうか（e.意義）、このように「頭の中で」チェックしていくと、仕事の進め方の問題点が明確になることもある。また、ここでの「c.自律性」であるが、仕事を請けた各人はより良い仕事にしたいために、自分で色々と工夫したい、自分で細かいところは決めていきたいと思っている、と考えられる。手を抜くために自分でやり方を変えたいというのではなく、より良い結果にするために、自分なりのやり方をしたい、工夫をしたい、それが自律的に仕事を進めたい、ということになっていることが多いのではないだろうか。

　本書で紹介している測定尺度、チェックリストは体系的になっており、具体的な設問も用意している。具体的な設問を念頭に、仕事や職場を「体系的に」、「頭の中で」分析できることになる。

7．実施方法、実施後の処理、返却

　調査は基本的には用紙を配布し、それを回収するだけである。回収されたものをまとめてデータ入力し、第2章に書いた方法により集計すれば結果が得られる。HRMチェックリストの冊子（従業員用・個人用）は全体で9頁となるが、実際の回答時間は15分程度であり、手軽に実施できる。HRMチェックリスト（人事担当用・会社用）も11頁あるが、回答に要する時間は20分程度である。回答しながら自社や自分の職場について、振り返り、思いを巡らせていると時間が経ってしまうかもしれないが、それはそれで自社や自分の職場の現状を検討する良い機会になっているといえる。

　実施にあたって、通常は、人事部門等が主導的な役割を果たし、経営トップから従業員までの了解を得られてから実施する。会社によっては経営トップが実施に積極的であり、そのイニシアティブによって調査が行われることもある。従業員全員の了解が得られることが望ましいが、従業員を代表する組織の了解を得て、また、調査実施に対する事前の予告を行って実施することになる。

　実施にあたっては、調査の目的・趣旨、調査方法、調査の時期、調査結果を会社としてどのように生かすか、また、個人の回答内容は秘密が守られ、結果は集団についてのものであり、個人の回答内容は決して見られない等の文書を付け配布する。この文書は通常は、経営トップや人事部門からの「調査実施のお願い」の形となる。

　当機構に集計等が依頼された場合、収集した調査票をデータ入力し、所定のプログラム（統計パッケージSPSSのシンタックスとエクセルのマクロ）により処理している。

　　具体的な処理の手順としては、以下になる。

　。各項目の平均値や標準偏差の算出。

- この平均値と標準偏差をこれまでに収集したデータと比較し検定を行う。
- 性別や年齢段階別、職種別、社内各種グループ別（部門別等）に平均値と標準偏差を算出し検定を行う。
- 自由記述回答は性別、年齢段階別に並べ替え見やすくする。性別と年齢段階別に分けた場合、個人がわかってしまうようであれば（例えば、50歳代の男性は一人しか居ない等）、区分をより大きくし、個人が特定できない出力にする。

　当機構ではこのような出力をもとに、結果について人事部門等に説明を行っている。結果返却までの期間は、通常はデータ回収から2週間から4週間である。

8．HRMチェックリスト活用のモデルケース

　以下に、HRM チェックリストを活用した実例を記載しているが、あまり細かく記述すると、企業の特定につながり、企業の実情という、外部にはオープンにできない情報であることから、実例ではあまり詳細には記述することができない。そこで、ここではまず、HRM チェックリストを活用したモデルケースを二つ、HRM チェックリストの結果とともに紹介する。実際の1社の例ではないが、よくある例を何社か合成し、よくある結果として示したものと考えていただきたい。

(1) モデルケース1

　モデルケース1は、スマートフォン、タブレット等のアプリ開発を行っている会社である。社員の構成としては、アプリの企画開発を行うエンジニア（SE）、約200名、総務、経理等事務、20名という会社である。

　この業界は全体としては成長しているが、この会社は退職者が多いことが問題であった。そこで、社内にどのような問題があるか HRM チェックリストを実施することとなった。HRM チェックリストの結果が、図表 3-11、図表 3-12である。実際の結果は、平均値、標準偏差、他社全般と比較した統計的有意差検定の結果の表があり（巻末の結果出力見本を参照）、その後ろに、職種別、職位別、性別、年齢段階別、等の表が続き、年齢等個人情報を消した自由記述が続いている。ここでは、スペースを圧縮するために、他社全般と比較した統計的有意差検定の結果を示し、同じ表に職種別の有意差検定の結果のみを示している。右から2列目に＋、－が入っている箇所があるが、その部分が他社全般と比較した場合、この会社が有意に平均値が高い部分（＋）と有意に平均値が低い部分（－）である。右端の列に「SE＞事務」となっている部分は、SE と事務の職種で分けた場合、有意に SE が事務に対して平均

値が高い部分であり、「SE＜事務」は逆に事務の平均値が SE に比べ、有意に高い部分を示している。

ワークシチュエーションに関しては、経営者が元々開発を行っていたエンジニアであり、社員との関係は良く、他社と比べて、高い評価となっている（m. 経営者と従業員、n. 経営者への信頼）。しかしながら、I. 職務の a. 達成、b. 成長、IV. ビジョン・経営者の o. 仕事の革新 は他社と比べて低く、VI. 能力開発・福利厚生・生活サポートの r. 教育・研修 も低かった。職種で比べると、c. 自律性と d. 参画で事務は SE より低い。これは、SE の方が開発等自律的に行うことができ、会社のプロジェクトへの参加等、SE の方が仕事に「参画」していると感じられているためである。V. 処遇・報酬の q. 評価・給与 に関しても、開発したものが評価され、それによって給与にも反映されることから、SE の方が事務よりも高い。

図表 3-12 の職務満足に関しては、職務内容が他社全般よりも平均値が有意に低い。組織コミットメントに関しては、残留意欲と情緒的が他社全般よりも低い。ストレス反応は抑鬱気分と怒りが、他社全般よりも高い。会社全体として、仕事に満足感がなく、会社への帰属意識も低く、ストレスは高いという、あまりよくない状況といえる。職種別にみると、人間関係は他者との比較では差がないが、事務の方が SE よりも高い。事務は同じような仕事を良いチームワークで行っており、それがここに現れている。組織コミットメントは、会社全体として低いが、さらに職種別では SE の方が事務よりも低い。SE はアプリの開発等ができれば、他社に行っても行えることから、このように低くなっていると考えられる。抑鬱気分と怒りが他社全般よりも高いが、職種別にみると事務に比べて SE の方が高い。SE は時間に追われる開発で、忙しくなっていることが影響していると考えられる。

HRM チェックリストでの自由記述の結果、また、社員の何人かの面接を通して、以上の結果には次のようなことが考えられた。

SE は忙しく、納期に追われている。自分のスキルを高める時間的な余裕もない。事務は良い人間関係のなかで仕事を進められているが、仕事の特性として仕方がない面もあるが、仕事で自律性、仕事への参画がないと感じている。

そこで、この会社では次のような対応が行われた。SE は開発プロジェクトが一段落すると、最長 10 日のリフレッシュ、充電期間を与える。また、業務に関連するものであれば、すぐに必要なスキルや知識ではなくても、研修費用を会社として半分から全額、助成することにし、また、この研修を受けるための仕事や時間の調整を最大限行うことを会社の方針とした。

事務に関しても、業務に差し障りがないよう調整し、同様に最長 10 日のリ

フレッシュ、充電期間を与えることとした。また、事務作業の効率化、正確化等で創意工夫を奨励し、事務の仕事であってもやりがいを感じられるようにした。また、事務も専門性を伸ばせるよう、外国語、経理、法務等の研修参加を奨励し、研修費用の半分から全額を会社で助成することとした。

このような対策の結果、この会社は定着率が改善し、SE も事務も今まで以上に職務に熱心に取組むようになった。また、社員の様々な能力が高まった結果、今までしたことがないような開発ができるようになり、外国語、経理、法務等の知識も事務作業の中で生かせることがあった。元々、社長と社員の関係は良かったが、このような対策の結果、会社の業績がさらに良くなる兆候が色々な面で出始めている。

図表3-11　HRM チェックリスト結果 A（モデルケース1）

	I. 職務	－	
	a. 達成	－	
	b. 成長	－	
	c. 自律性		SE＞事務
	d. 参画		SE＞事務
	e. 意義		
	II. 上司やリーダー		
	f. 承認・支持		
	g. 公正・信頼		
	h. 指導・支援		
	III. 顧客や同僚との関係		
	i. 職場の人間関係		SE＜事務
	j. チームワーク		SE＜事務
ワークシチュ	k. 顧客との関係		
エーション	IV. ビジョン・経営者		
	l. ビジョン・戦略		
	m. 経営者と従業員	＋	
	n. 経営者への信頼	＋	
	o. 仕事の革新	－	
	V. 処遇・報酬		
	p. 昇進・昇格・キャリア		
	q. 評価・給与		SE＞事務
	VI. 能力開発・福利厚生・生活サポート		
	r. 教育・研修	－	
	s. 福利厚生		
	t. 生活サポート		
	u. 労働条件		

150

第3章　測定尺度、チェックリストの利用活用

図表3-12　HRMチェックリスト結果B（モデルケース1）

職務満足	職務内容	−	
	職場環境		SE＜事務
	人間関係		
	全般的満足感		
組織コミットメント	残留意欲	−	SE＜事務
	情緒的	−	SE＜事務
	存続的		
	規範的		
CC／JI	キャリアコミットメント		
	ジョブインボルブメント		
ストレス反応	抑鬱気分	＋	SE＞事務
	不安		
	怒り	＋	SE＞事務
	高揚感		
	身体反応		

(2)　モデルケース2

　モデルケース2は福祉サービスを行う会社である。スタッフが50名、事務が5名の小規模な事業者である。モデルケース2ではスタッフ以外は人数が少ない。結果に安定性がないことが考えられること、また、個人の結果ととられる可能性があることから、事務の5名に関しては集計等は行わず、スタッフ50名と他社全般との比較のみの結果となっている。

　モデルケース2の問題は退職者が多いことであった。また、顧客との対人関係に疲れ、ストレスも高いことが考えられた。

　HRMチェックリストを実施した結果が、図表3-13、図表3-14である。右に＋、−が入っている箇所があるが、その部分は他社全般と比較した場合、この会社は有意に平均値が高い部分（＋）と、有意に平均値が低い部分（−）である。

　ワークシチュエーションに関しては、社内の人間関係は良いが（i.職場の人間関係、j.チームワーク）、顧客との関係は良くない（k.顧客との関係）。I.職務に関して、人を助けることに意義を感じているが（e.意義）、それ以外はすべて低い。IV.ビジョン・経営者も低く、経営方針に不満があると考えられる。小さな会社であることから、V.処遇・報酬、VI.能力開発・福利厚生・生活サポートも低いものが多い。

151

図表 3-14 の職務満足では、人間関係は良いが、職務内容が低い。組織コミットメントも低いものが多く、キャリアコミットメント、ジョブインボルブメントも低い。ストレス反応に関しては抑鬱気分と身体反応が高い。

　自由記述には、人手が足りず、時間的、精神的な余裕がないとの書込みが多くみられた。

　以上の結果から、モデルケース 2 の場合、職員は人のためになっているという意義は感じており、スタッフ間の人間関係、チームワークは良いが、時間的、精神的余裕のなさから職務内容は不満であり、入所者とのギクシャクした関係により、ストレスも高い状態であるといえる。

　そこで、この施設では次のような対応が行われた。まず、スタッフに関して、短時間の勤務者を増やし、各人の業務に余裕をもたせるようにした。会社が住宅街にあることもあり、まだまだ仕事ができる高齢者もかなりいた。この元気な高齢者を上手く活用し、施設で働いてもらうことにした。経験や資格のない高齢者はできることは限られているが、それでも職員には大きな負担軽減となった。施設に関わる周辺の高齢者が多くなると、周辺の情報が入ってくるようになり、○○さんにも頼めるのではないか、というような情報から、新たに参加してもらえる人も増えていった。

　近隣の高齢者が職場に入って行ったことは意外な効果をもたらした。知合いの高齢者がいることによって、入所者とのコミュニケーションが多くなり、入所者からの「ありがとう」というような感謝のメッセージが多くなった。施設全体に感謝のメッセージが多くなり、それがスタッフのやりがいとなった。また、職員と入所者という二分された関係から、地域の皆で助け合い、皆で良くしていこうという一体感が生まれた。

　このようにして、この施設では職員の負担を減らすことができ、感謝されることによるやりがいも感じられるようになった。近隣の元気な高齢者が活躍する場所を提供することもできた。職員はゆとりある対応ができるようになり、入所者からの感謝のメッセージは職員の意欲を引き出し、これが入所者の居心地を良くするという良い循環が生まれた。職員の退職は少なくなり、職員にもプラス、入所者にもプラス、事業者にもプラス、さらには地域にもプラスといった効果がもたらされた。

第3章　測定尺度、チェックリストの利用活用

図表3-13　HRM チェックリスト結果 A（モデルケース2）

ワークシチュエーション	I.職務	－
	a.達成	－
	b.成長	－
	c.自律性	－
	d.参画	－
	e.意義	＋
	II.上司やリーダー	
	f.承認・支持	
	g.公正・信頼	
	h.指導・支援	
	III.顧客や同僚との関係	
	i.職場の人間関係	＋
	j.チームワーク	＋
	k.顧客との関係	－
	IV.ビジョン・経営者	－
	l.ビジョン・戦略	－
	m.経営者と従業員	－
	n.経営者への信頼	－
	o.仕事の革新	－
	V.処遇・報酬	
	p.昇進・昇格・キャリア	－
	q.評価・給与	－
	VI.能力開発・福利厚生・生活サポート	
	r.教育・研修	－
	s.福利厚生	－
	t.生活サポート	
	u.労働条件	－

153

図表3-14　HRMチェックリスト結果 B（モデルケース２）

職務満足	職務内容	−
	職場環境	
	人間関係	＋
	全般的満足感	
組織コミットメント	残留・意欲	−
	情緒的	−
	存続的	−
	規範的	
CC／JI	キャリアコミットメント	−
	ジョブインボルブメント	−
ストレス反応	抑鬱気分	＋
	不安	
	怒り	
	高揚感	
	身体反応	＋

9．HRMチェックリストの活用例

　ここでは、HRM チェックリストの実際の活用例を紹介する。それぞれ、このような形で活用例として紹介することの了解を得ているものであるが、会社名や所在地等、会社を特定できる情報は落とし、また、細かい内容となり、会社が特定されないよう配慮している。このため、知りたい部分が記載されていないということもあるかもしれないが、それは、会社名を外し、このような形で公開することを各社に確認してもらった結果であり、ご容赦いただきたい。

（1）　Y社（大手製造業）—評価処遇制度の見直しに活用—
企業の状況と利用の背景

　Y社は三つ事業部門があり、これを仮にA事業部門、B事業部門、C事業部門とする。A事業部門は国内需要の低迷、業界間競争の激化により、業績は悪化、数年前に赤字に転落している。一方、B事業部門は、中国、韓国、台湾といった国々の市場参入により、低価格帯では押されているものの、大きなシェアを維持しており、Y社の収益の大半を稼ぎ出している。また、これに付随するC事業部門も、収益的には良い状況であった。

　この三つの事業部門の処遇はこれまで同じであったが、以上のように経営環境も異なり、それぞれの事業部の収益も異なる中で、これからも評価処遇制度

第3章　測定尺度、チェックリストの利用活用

は事業部門を越えて共通で良いのか、それぞれの事業部門において、時代の変化を受けて更なる発展を続けるために、新たな人材マネジメントの確立を目指すべきではないか、というのが経営トップの判断であった。

　評価処遇制度について、古くからの社員は、三つの事業部に分かれていても、Ｙ社は同じ船に乗った仲間という意識が強かった。しかしながら、グローバル化の中、海外帰任者を中心に社員の意識は変化しており、高齢化の進展、優秀な中堅社員が引き抜かれる等、従来の評価処遇制度が新しい時代には合わないのではないかとの意見もあった。

　そこで社員全体の意識の状況と、社員の意識の変化を探るべく、HRM チェックリストを実施することとなった。また、社員の約百名のインタビューも並行して行い、それらの結果を基に新しい人材マネジメントの考え方と仕組みを作り上げることとなった。HRM チェックリストの実施、その後の検討等は社内に設けられた組織横断的なプロジェクトチームにより行われた。

結果の概要と検討

　HRM チェックリストとインタビューの結果、以下のような点があきらかになった。

・ 職場の状況として「ワークシチュエーション」については、他社全体と比較すると、全般的には他社よりも評価、満足度は高い。しかしながら、事業本部別にみると、業績の良いＢ事業部門だけは、他社と比べて同程度であり、特に「Ｖ処遇・報酬」は他社よりも評価、満足度が低く、不満を持っているという結果であった。

・ 業績に応じた処遇を求める傾向は、海外赴任経験者が高く、グローバル展開を進めているＢ事業部にとりわけ多い。

・ 「評価・処遇・報酬」面で格差が少ないことに対して、若手・中堅クラスが明らかに不満を持っている。

・ ベテランの社員になればなるほど、Ｙ社は一体であり、事業部門ごとに処遇を分けることに難色を示している。

・ 事業部門毎に収益が異なることから、この格差を賞与等へ反映すべきという意見がある一方、事業部門への配属は本人の希望ではなく、会社全体の調整により行われているため、収益格差をそのまま報酬にリンクすることに対する違和感を示す意見もあった。

・ 組織コミットメントについても、他社全般と同程度か、やや高いという結果であるが、Ｂ事業部門は低いという結果であった。

・ ストレス反応については他社よりもやや低く（ストレスを感じていない）、すぐにでも対策が必要という状況ではない。

155

対応とその後の動き

　以上のようなHRMチェックリストの結果とインタビューを踏まえ、プロジェクトチーム内で議論が重ねられた。その結果、Y社社員は同じ船に乗った仲間という考え方は、社員全体には受け入れられず、従来の職能資格制度に替わり、成果主義・実力主義の人事制度を導入することとなった。同一成果・同一報酬の原則により、成果に応じて賃金格差が広がるようなメリハリのある業績給や、事業部ごとの業績に応じて変動する賞与や報酬制度を、今後、社員の納得を得ながら、目指すこととなった。

　HRMチェックリストは、社員の意見、職場の状況等を広範に把握することができ、他社全般と比較することによって、Y社の状況を客観的に把握することに役立ったとされる。HRMチェックリストによって、インタビューで得られた質的情報を量的に把握することができたとされた。

（2）　T社（中堅商社）—制度変更の前後で実施し、企業体質の好転を確認—
企業概要と業界状況

　40年前に設立されたT社は、大手製造業グループの商社として、成長を続け企業業績は決して悪くはなかった。しかしながら売り上げの大半は、母体企業の子会社としての部品や素材の販売が中心であり、設立当初の次々と新規事業に取り組んでいくチャレンジングな組織風土、ユニークな新しいビジネスを創造していく力が失われているように思われた。母体企業に依存的になり、保守的な組織風土となっていないかと懸念されていた。

　このような状況から、この会社トップはT社の置かれている状況と問題に関して次のような仮説を立てた。自社の業績が高まり、組織が肥大化するなかで、思考パターンが硬直化し、顧客が求めるニーズは何なのか、市場がどのように変化しているのか、といった課題に対して対応策が打てなくなってしまっているのではないか。社員の高齢化とポスト不足が慢性化した組織の中で、減点主義の評価システムが運用され、部門のエゴや社内力学が先に立ち、責任回避や問題の先送りなど、いわゆる大企業病と呼べるものになっているのではないか。また、これから本当に必要な、起業スピリットのある人材を潰してきたのではないか。

　そこで、HRMチェックリストを活用し、これらの仮説を検証するとともに、現状の問題点を洗い出し、具体的な施策を立て、企業体質の転換をはかることとした。

　また、施策を展開した一年後に再度、HRMチェックリストを実施し、施策の妥当性や効果を検証することにした。

一回目、施策展開前の調査結果

HRM チェックリストの実施により、以下のような結果が得られた。「職務」に対する参画、自律性などの満足度が他社と比べても高い等、良い面があるものの、「上司やリーダー」、「ビジョンや経営者」に対する信頼が他社と比べて低い。昇進・昇格・キャリアなど「処遇・報酬」面で他社と比べて満足度が低い。特に中堅・若手社員や女性社員を中心に悪い結果であった。この一回目の結果は、予想以上に他社と比べて悪く、Ｔ社の経営層にショックを与えるものであった。

この一回目の結果を踏まえ、また、組織のかかげるビジョンや目標に、独自のものが無かったため、中堅若手社員を中心メンバーとしてビジョン作りが行われた。並行して、営業力を強化するため、全社員の５％にあたる人員が中途採用や定期採用で増員された。徹底した教育訓練を行うとともに、交通の利便性の高い地域に、本社社屋を移転することにした。さらに、社内各事業の自律性を高め、自己完結的に運営できるような組織構造とし、それに沿った会社運営を行うこととした。

一年後、二回目の調査結果

「職務」に対する参画、自律性などの満足度がさらに高まった。「顧客や同僚との関係」が前回を上回り、他社と比べても高くなった。「能力開発・福利厚生・生活サポート」の満足度も前回を上回り、前回低かった「教育・研修」も好転し、すべての項目で他社よりも高くなった。前回、他社よりも低い結果であった「上司やリーダー」に関する信頼感や支持が前回より好転し、他社並みとなった。「ビジョンや経営者」に対する信頼も前回より好転し、他社並みとなった。昇進・昇格・キャリアなど「処遇・報酬」面で絶対値は低いが、前回よりは好転し、他社並みとなった。会社に対する帰属意識は前回より好転し、他社並みとなった。

このように、一年後に再びチェックリストを実施した結果、前回からの改善の度合いや評価の違いを明確に知ることができた。このことは当初の仮説が正しく、仮説に基づいた問題解決策、施策実施、風土改革を行ったことが好結果に結びついたと判断された。

(3) Ｈ社（小規模金属加工業）—厳しい中でも従業員の満足度を高めたい—
企業の状況と利用の背景

Ｈ社は従業員数十名の金属加工会社である。ＩＴ導入による効率化や社内の活発な活動が様々行われ、顧客満足は向上していた。次に目を向けたのが「従業員満足度」の向上である。厳しい経営環境の中で大企業に伍して生き残るた

めには、今、居る優秀な社員を手放すことはできない。少ない社員であるためにコミュニケーションがとれるはずなのだが、経営者の思いと従業員の思いとは必ずしも一致していないかも知れない。ＩＴ導入や社内の活動により、人間関係がギクシャクしてきたようでもある。トップの「この会社で働いてよかった」と思えるような会社づくりがしたいという意向を受け、改善すべき点は何か、現状での問題点は何か等々、これらを確認するためにHRMチェックリストを利用することとなった。

調査結果

HRMチェックリストのワークシチュエーションに関して、次のようなことが明らかになった。ワークシチュエーションにおいて、「達成」、「成長」、「自律性」が低く、これらがコミットメントの低下につながっている。ワークシチュエーションにおけるこれらの低さが、労働への意欲を阻害することがないよう、仕事にやり甲斐が感じられるよう、職務を再設計することが必要と考えられた。しかしながら、仕事の「意義」は高く評価されており、マイナス面を相殺している状況であった。上司や同僚に対してはおおむね満足しているものの、仕事の忙しさからかストレスも感じており、上司の「指導・支援」を求めている。会社の持つ社会的意義、「ビジョン・戦略」は非常に高く評価されており、他社と顕著な違いが見られた。「処遇・報酬」、「能力開発・福利厚生・生活サポート」における満足度は低いだろうと予測していたが、それほどでもなく、会社規模を考えれば問題ない水準であった。もっとも留意すべきは「ストレス反応」であった。ストレス反応の値が高く、何らかの早急な対策が必要と考えられた。

また、HRMチェックリストの自由記述に次のようなものがあった。「仕事が細かく精神的に疲れを感じるときがある。」、「本来の仕事に加え、管理業務が増加、各人のゆとりが少なくなってきている。」、「コミュニケーションが不足、特にトップと現場の温度差がある。」、「コンピュータによる効率化を目指すあまり、息苦しい感がする。」、「計画的に仕事をこなしていきたいが、特急品対応などで思い通りにこなせない。」

チェックリストの結果は従業員を対象としたインタビューの中でも、すでに感じられていたことでもあったが、今回の調査によってあらためて明確になった。

以上の結果から次のようにまとめられた。自分が担当している仕事の社会的大切さを強く認識しているが、その仕事を続けることによって、自分自身が成長できるか、不安を感じている。コンプライアンス（企業倫理）意識は高く、この企業の経営理念のもと団結、チームワークの良さがあり、職場環境、労働条件や処遇の満足度も高い。しかし、従業員のストレスが他社にくらべ高く、

この点は何らかの早急な対策が必要である。

対策、その後

　調査によって、H社の従業員の意識、会社のとるべき施策が具体的に明らかになったとされた。また、就業規則や賃金体系の見直しにも着手することとなり、この見直し作業には全員が参画することとなった。少しでも経営へ参画させることにより経営側と従業員の一体感を醸成しようと考えたためである。会社の経営情報も可能な限り従業員に公開するようにした。賃金については、業績や成果と一部、連動させざるを得ないという会社方針のもと、仕事の評価基準を皆で作ろうということになった。自分の仕事がどのような形で認められ、どのように報われるかを明らかにし、仕事に対するコミットメントを高めたいとの考えからである。

（4）S社（中堅エステ業）—職場の問題を洗い出し定着率を向上させたい—
企業の状況と利用の背景

　痩身美容、いわゆるエステティックサービスを行う企業である。従業員数は数百名であり、業界では中堅といえる。若い女性のあこがれる職業の一つではあるが、高温の室内、立ちっぱなしの作業、長時間労働と、その労働環境は厳しく、離職率も高い。従業員から寄せられる苦情の内容を考えれば、何が原因であるかは容易に理解できそうではあったのだが、長年にわたり解決すべき点が解決されず放置されていた。

　また、この問題は経営陣の中では共通認識になっていなかった。そこで、HRMチェックリストによって、従業員の声を広く集め、集約しようということになった。事業の発展のためには、従業員がその能力を遺憾なく発揮できる環境とその基礎となる企業風土が必要であり、そのためには経営側としても、従業員が職場や仕事に対しどのような考えを持っているか、知っておく必要があると判断された。

チェックリストの結果

　経営陣と現場の従業員に調査の趣旨が良く理解されたため、回収率が高く、ほぼ全員から HRM チェックリストを回収することができた。この結果から次の点が明らかになった。
・「成長」、「社内の人間関係」、「チームワーク」、「顧客や同僚との関係」、「能力開発・福利厚生・生活サポート」には満足を感じているが、「ビジョン・経営者」、「労働条件」、「自律性」、「参画」には不満を感じている。
・同僚との人間関係は良いが、それと比較した場合、顧客との関係では不満がある。

・ 事務職は、現業職、営業職、技術職よりも「達成感がない」と感じている。その他、事務職が様々な面で不満を持っている。
・ ストレス反応の「抑鬱気分」、「不安」、「身体反応」が他社よりも高く、ストレスが高いと考えられる。ストレス反応に関しては営業職の方が事務職よりも高く、事務職はストレスに関してはあまり感じていない。
・ 一般的な傾向と一致しているが、職位が上がるほど満足度が高まっている。女性よりも男性の方が満足度は高い。若年よりも年齢が高い方が満足度は高い。
・ 男性社員は、女性社員に比べて「給与・報酬」に不満を抱き、若い女性が多い中で「人間関係」に難しさを感じている。
・「身体的つらさ」を訴える人が多く見受けられる。

　また、自由記述欄には約半数の社員が何らかの意見を書いており、今まで見えなかった様々な問題点が浮き彫りになった。この自由記述欄を分類し、多いものから以下のようにまとめることができる。「長時間労働」、「有給休暇がとれない」、「残業手当が少ない」、「上司に対する不満」、「組織運営に対する不満」、「人手不足」、「人員配置が不適切」、「社員教育が不十分」、「家庭との両立ができない」、「賞与が少ない」、「スタッフの技術レベルが低い」、「店内をもっと美しくしたい」、「機器設備が古い」、「休憩時間が短い」、「顧客との間で信頼関係が崩れることがある」、等々。

　従業員の会社に対する帰属意識は低く、「優秀な社員が定着しない」、「社員のやる気がない」、「採用に手間暇と金がかかる」、「社員の能力が向上しない」、「社員の不満ばかりが蔓延している」等、会社の発展の妨げになりそうな意見もあった。

対応、その後

　調査結果から従業員の意見、従業員の声が明らかになった。経営難の時期において、実現困難な二律背反ではあるが、「労働時間と残業手当」の問題を解決するために以下のような提案が行われた。

　まず、店舗における繁忙時間帯を把握し、「交代制労働（シフト制）の導入」をする。そして、「パートタイマーの活用」が提案された。店舗従業員の中には家庭の主婦も多く、調査の結果、彼女たちは職業生活と家庭生活を両立させたいと思いつつ、現実面で困難を感じていた。それは、朝から夜遅くまで働かなければならないためである。中には技術的に優秀な者も少なからずおり、そのような人材が職業と家庭生活を両立することが困難と考え、退職に至るようなことになれば、それは会社としての大きな損失となる。パートタイマー等として人材を柔軟に活用することが考えられた。

さらに、店舗責任者のマネジメント再教育が提案された。人件費の高騰と難しい経営環境において、店舗責任者は、交代制の導入、パートタイマーの活用、また、事務職をいかに動機づけるか等々、マネジメントの要素が増えるばかりである。店舗責任者にマネジメント能力を身につける教育が早急に必要であった。店舗責任者の評価基準は、売上と重要性を増した従業員マネジメントの二つとすべき、と提案された。

(5) K施設（民間福祉施設）—職員の意識変化を継続して縦断的に測定—

組織の概要と状況

この施設は開設後、数年しか経っておらず、経営者の交代もあり、従業員の離職も多く見られる組織である。その為、従業員の職務関連の満足感を把握する必要があるとされた。この基礎的な情報を収集する目的で、HRMチェックリストを行うこととなった。

調査の結果

HRMチェックリストを3ヶ月おきに4回実施した。職務満足の「人間関係」、「職務内容」、「職場環境」、「全般的満足度」の4カテゴリーの平均は、4回の測定において一貫して低下していた。「組織コミットメント」と「ジョブインボルブメント」も傾向としては低下していった。

1年間の測定期間中にも退職者が出ていたが、退職者と退職しなかった者を比較すると、「組織コミットメント」と「ジョブインボルブメント」が高い者が退職する傾向がみられた。

結果の検討

「人間関係」、「職務内容」、「職場環境」、「全般的満足度」の満足感は一貫して低下している。「ジョブインボルブメント」、「組織コミットメント」も低下傾向であった。一年間の測定期間中もマネジメント層の交代があり、職場の状況は悪化していったものと考えられる。「ジョブインボルブメント」と「組織コミットメント」が高い者が退職する傾向がみられたが、「ジョブインボルブメント」に関しては仕事に熱心な者がかえって退職していること、組織コミットメントに関連して、マネジメント層の交代があったことから、以前のマネジメント層を支持していた者が退職していったことも考えられる。

体制や制度等、変化の激しい組織であるが、その変化による影響をHRMチェックリストによって的確に把握することができた。この活用事例では、測定結果がそのまま職場の改善につながったわけではないが、将来の検討材料として活用されるものとなった。

１０．HRMチェックリストのインターネットサイトについて

（1） インターネット版ＨＲＭチェックリスト

　HRM チェックリストは小冊子で実施できるものを、従業員用・個人用と人事担当用・会社用の二種類用意しているが、インターネットを通じて簡易に実施できるデモ版を個人用と会社用の二種類用意している（http://www.hrsys.net/ch1/）。個人用は冊子版のワークシチュエーション、コミットメント、ココロと体の健康チェック（ストレス）の項目から主要な要素を抽出したものであり、会社用は冊子版の組織業績診断の部分である。

　入力画面は個人用も会社用もスクロールは必要であるが一画面であり、回答の所要時間は 5 分から 10 分程度である。マウスで回答し、「次へ」のボタンをクリックすると、結果が表示される。

　結果は、簡単な結果の見方とともに、平均 100、標準偏差 20 の標準得点で表示される。

（2） システムの構成

　図表3-15に全体の構成を示した。Web版チェックリストのトップ画面では、本システムの説明とともに、SSL による暗号化の選択ができるようになっている。本システムは簡易なデモ版としての位置付けであるが、会社内で LAN 上のPC から実施する場合、自分の入力が見られてしまうことを懸念することがあることから、SSL により入力を暗号化することもできるようにしている。

図表3-15　Web版HRMチェックリストの構成

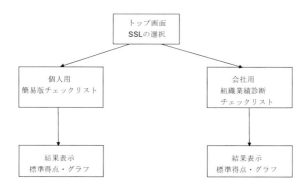

第3章 測定尺度、チェックリストの利用活用

　図表 3-16 にトップ画面を示した。このトップ画面で、SSL による暗号化を行うかどうかの選択をし、個人用と会社用のどちらかを選ぶ。冊子版同様、個人用は従業員個人が自らの職場や仕事を振り返り、回答するものである。会社用は人事担当、または中小企業の経営者が社内の状況を回答するものである。
　図表 3-17 が個人用と会社用の回答入力画面である。5段階評価等のいずれかのポイントをマウスで選択するものとなっており、短い自由記述の欄も用意されている。
　図表 3-18 が結果画面である。これまでに収集されたデータから、平均 100、標準偏差 20 の標準得点を計算し、数値とともにグラフィックにより結果を表示している。従業員用は本来、企業単位、職場単位で集計し、企業の状況、職場の状況をチェックするものであるが、Web 版では簡易なデモ版であることから、他社全般と比較した個人の入力による結果が表示される。
　また、職場単位でこのインターネット版（個人用）に回答し、結果を匿名で集め、その平均等を算出することによって、職場や仕事の状況を見ることをする会社もある。
　ここで見てきたものは HRM チェックリストのデモ版であるが、社内で用紙を配布し回収するのではなく、社内の LAN に繋がれた PC から実施したいという企業もあり、この実施が可能な Web 版もその後開発している。これを用いると、紙の用紙で行うのとまったく同じ内容で HRM チェックリストを実施できる。
　本インターネットサイトには関連情報コーナーを設けており、HRM チェックリスト等に関するこれまでの資料を PDF により提供している（図表 3-19）。

図表3-16　Web版HRMチェックリストのトップ画面

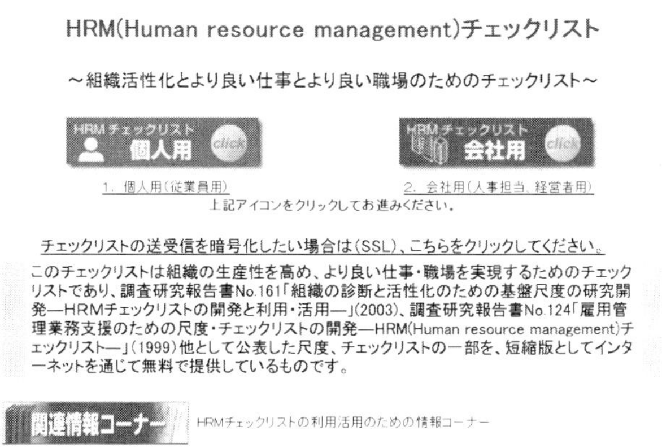

HRM(Human resource management)チェックリスト

～組織活性化とより良い仕事とより良い職場のためのチェックリスト～

1. 個人用（従業員用）　　2. 会社用（人事担当、経営者用）
上記アイコンをクリックしてお進みください。

チェックリストの送受信を暗号化したい場合は(SSL)、こちらをクリックしてください。
このチェックリストは組織の生産性を高め、より良い仕事・職場を実現するためのチェックリストであり、調査研究報告書No.161「組織の診断と活性化のための基盤尺度の研究開発—HRMチェックリストの開発と利用・活用—」(2003)、調査研究報告書No.124「雇用管理業務支援のための尺度・チェックリストの開発—HRM(Human resource management)チェックリスト—」(1999)他として公表した尺度、チェックリストの一部を、短縮版としてインターネットを通じて無料で提供しているものです。

関連情報コーナー　HRMチェックリストの利用活用のための情報コーナー

図表3-17　個人用と会社用の回答入力画面

第3章　測定尺度、チェックリストの利用活用

図表3-18　個人用と会社用の結果画面

HRMチェックリストWeb版（個人用）結果シート

採点結果を以下に示します。結果は様々な会社や職場で働く、様々な職種の人、約2500名の平均値との比較で表示しています。まったく平均と同じ場合、グラフ中央の100のところにプロットされます。なお、このWeb版はあくまでも簡易版です。短時間で回答できるよう、設問をかなり少なくしています。より正確な状況の把握には小冊子「HRMチェックリスト」での実施をおすすめします。

A. ワークシチュエーション

	得点	60	70	80	90	100	110	120	130	140
仕事内容	137								★	
自律性	105					★				
仕事の革新	107					★				
チームワーク	66	★								
上司・リーダー	67	★								
顧客との関係	63	★								
経営者	78		★							
ビジョン・戦略	72		★							
処遇・給与	124							★		
教育・研修	143									★
福利厚生	85			★						
生活両立	103					★				

A. ワークシチュエーションは、仕事や職場がどのような状況かをみたものです。大きく分けると次の4つの側面、1仕事内容、（仕事の自律性、仕事の革新）2チームワーク、上司・リーダー、顧客との関係、3経営者、ビジョン・戦略、4処遇・給与、教育・研修、福利厚生、生活両立、きみています。中央の100が平均で、120、140など高い得点ほどその面に満足していること、逆に80、60と低い得点ほどその面に満足していないこと、場合によっては、何らかの問題があるかもしれないことをあらわしています。

B. コミットメント

	得点	60	70	80	90	100	110	120	130	140
職場満足	141									★
ジョブインボルブメント	140									★
組織コミットメント	76		★							
キャリアコミットメント	142									★

B. コミットメントは、仕事や職場に関する気分や感情をみています。「職務満足」は全体として現在の仕事にどの程度満足しているか、「ジョブインボルブメント」は現在の仕事にどれほど思い入れがあり、熱中しているか、「組織コミットメント」は現在の会社や職場に留まりたいと思う程度、「キャリアコミットメント」は現在のキャリア、専門分野にどの程度、思い入れがあり、それを続けたいと思っているかをみます。人や数字はそのようなお気持ちが強いことをあらわしており、やはり100が平均になっています。

C. ストレス

	得点	60	70	80	90	100	110	120	130	140
不安	105					★				
怒り	87			★						
身体反応	111						★			
抑うつ感	100					★				

C. ストレスは「ココロと体の健康チェック」となっていた部分で、ストレスの強さみています。ストレスが高まると「不安」、「怒り」、「身体反応（眠れない等）」が高まり、逆に「高揚感」は低くなります。人や状況によってストレスのあらわれ方が異なりますので、このようにいくつかの側面でみています。

終わりましたらここをクリックしてください

HRMチェックリストWeb版（会社用）結果シート

採点結果を以下に示します。結果は様々な会社（約100社）の平均値との比較で表示しています。まったく平均と同じ場合、グラフ中央の100のところにプロットされます。なお、このWeb版はあくまでも簡易版です。より多面的な状況の把握には小冊子「HRMチェックリスト」での実施をおすすめします。

	得点	60	70	80	90	100	110	120	130	140
A. 企業生産性	80			★						

	得点	60	70	80	90	100	110	120	130	140
B. スキル・技術水準	95				★					

	得点	60	70	80	90	100	110	120	130	140
C. モラール・動機づけ	72		★							

	得点	60	70	80	90	100	110	120	130	140
D. 顧客満足	103					★				

＜チェックリストの結果について＞

◆ チェックリストの意図と構成

このチェックリストの目的は企業組織の問題点を明確化することにあります。直接的な組織業績にいる「企業生産性」と「顧客満足」の二面から捉えると同時に、これらを支える組織自体の「スキル・技術水準」はどうか、また、そのスキル・技術を十二分に発揮するという側面から従業員の「モラール／動機づけ」はどうか、このような以上4つの側面から、企業組織の自己分析を促すという構成になっています。

◆ 複数の視点による明確化と共通認識

以上4つの側面にみている3問、全部で12問の設問となっていますが、設問の中には自分では判断できないものも含まれているものと思われます。このような場合、自分の知る範囲ではどうか、自分が感じている状況などはどうか、という点から回答していただき、自分だけの立場では自信が持てない場合は、社内で複数の人にチェックしてもらい、その結果を相互に比較することによって、より的確な問題点の把握と問題点に関する共通認識が生まれるものと期待されます。

◆ 今後の活用

結果は、様々な企業約100社と比較したものとして提示されています。貴社の問題点は明確化されているであろうか、問題点の把握にはさらに情報収集が必要であろうか、問題点が把握できたとして、その背景、原因は明らかになったであろうか、その問題点を解消するために、どのようなアクションプランが必要となるであろうか、HRMチェックリストには従業員個人用、会社全体をチェックする会社用、このそれぞれに様々なものが他にも用意されています。それらを活用することによって、これらの点を確認、前に進むための情報が得られるものと考えています。

参考文献：
日本労働研究機構　調査研究報告書　No.124「雇用管理業務支援のための尺度・チェックリストの開発－HRMチェックリスト－」

終わりましたらここをクリックしてください

図表3-19 関連情報コーナーの画面

(3) Web版システムの利用状況

　以上みてきたインターネットでのデモ版は、2007年より、ハードウェアとしては、CPUはXeon 2.8GHzのデュアル、メモリーは2Gバイトで運用している。ルーター、ファイアウォールを介して100Mbps（ベストエフォート）でインターネットに接続している。当然ながら固定IPであり、独自ドメイン名を取得している。ソフトウェアとしては、OSはCentOS、WebサイトはApacheで運用し、

開発言語は PHP である。

　なお、2001 年4月にインターネットにシステムを最初に公開したが、その時点ではシステムは Pentium II 400MHz、メモリー256MB、WindowsNT4 という構成であり、IIS で運用し、開発言語は ASP（Active Server Pages）であった。その後、2007 年に ASP から PHP に書き直し、ハードウェアも現行のものに更新している。また、このときに、社内の LAN 等からデモではなく本番も利用できるようソフトウェアを開発している。

　固定 IP で継続的に公開していることから、Google、Yahoo!等の検索エンジンにおいて、たやすくヒットするようになっている。最近は月に 2,000〜3,000件のアクセスがある。このような検索エンジンで本システムのことを知り、問い合わせてくることも多くなっている。関係する報告書等も PDF 形式で全文をインターネットで公開していることから、検索エンジンで報告書の方に気がつき、そこから HRM チェックリストを知り、会社として実施したい、自分の研究で使いたい、等の連絡が来ることも多くなっている。

第4章　測定尺度、チェックリストと企業業績

―測定尺度、チェックリストのデータ分析より―

1．従業員の意識、行動と会社の全体状況（用紙データ）

　第2章では、測定尺度、チェックリストに関して、それぞれどのようなものであるか説明し、第3章ではそれら測定尺度、チェックリストをどのように利用、活用するか解説した。この前提として、測定尺度、チェックリストが会社の組織の業績に関係している、測定尺度、チェックリストによって会社や組織の業績が説明できる、測定尺度、チェックリストでの数値が改善されれば、会社や組織の業績も良くなる、と考えている。ところが、会社や組織の業績には置かれた状況、また、その変化といった他の要因も関係しており、明確な関係を見出すことは難しい。多くの測定尺度、チェックリストを設けているが、それでもすべての要因を押さえられるわけではない。このような制限はあるが、ここでは測定尺度、チェックリストの結果と会社や組織の業績との関係について、得られているデータからみていく。

　図表 4-1 に会社の状況と個人の意識、行動を示した。これは用紙で実施し、人事担当用・会社用のデータと従業員用・個人用のデータの双方が揃っているものから、相関係数を計算したものである。データ数は全体では 12,522 名、企業・団体の数が 108 であるが、用紙での実施のため回答されなかった部分があり、そのような欠損値をそれぞれの項目で除き、相関係数を計算し、項目によって異なるがいずれも 1 万名前後での相関係数となっている。

　行にあたる横軸の最初の「売上利益向上」は、人事担当用・会社用において、それぞれ 5 段階で回答された「貴社の売上（過去 3 年間）」と「貴社の利益（過去 3 年間）」を合計したものであり、2〜10 の数値となる。「公開参加」は同様に「一般従業員に公開される経営情報」と「一般従業員が経営に参加する機会」を合計したものであり、2〜10 の数値となる。次の経営戦略、経営行動は第3章で主成分分析により検討したものであり、「革新」は「革新による新たな市場の創造を目指し、企業運営が行われている」と「経営環境や市場の変化に敏感であり、製品やサービスが頻繁に変更される」を合計したものであり、2〜10 の数値となる。以下、同様に「信頼」は「取引先や仕事相手から信頼されることを最優先している」と「従業員の生活向上を企業の重要課題と考えている」の合計、「競争」は「ライバル会社と市場のシェア争いをしている」と「ライバル会社に勝つことを、最優先して企業運営が行われている」の合計、

169

保守的は「年長者の意見が重要視されて、企業運営が行われている」と「組織や予算配分、仕事の仕方は長年、変化が少ない」の合計となっている。最後の「企業生産性」、「スキル・技術水準」、「モラール・動機づけ」、「顧客満足」は第2章の「組織業績診断チェックリスト」においてみたものであり、会社毎のスコアを計算した値となっている。

　列にあたる縦軸に関しては、第2章でみた従業員用・個人用の尺度、チェックリストの得点としている。最初がジョブインボルブメント、キャリアコミットメント、全般的満足感であり、次いで組織コミットメント（残留意欲、情緒的、存続的、規範的）、最後がストレス反応（抑鬱気分、不安、怒り、高揚感、身体反応）となっている。

　数字は相関係数であり、**は1％水準で有意、*は5％水準で有意を示す。また、全体を見やすくするために、プラスの相関が1％水準で有意な部分に＋＋、5％水準で有意な部分に＋、マイナスの相関が1％水準で有意な部分に－－、5％水準で有意にマイナスの相関の部分に－としている。

　全体に相関係数は小さく、多くが.100以下であり、もっとも大きなもので、「競争」と組織コミットメント存続的の .144 である。ただし、サンプル数がいずれも約1万件であることから、有意となる部分は多い。

　縦方向最初のジョブインボルブメントを縦方向にみると、会社の状態の「売上利益向上」と＋＋、経営戦略、経営行動の「革新」と＋＋、「信頼」と－－、「競争」と－－、「保守的」と＋、組織業績の「顧客満足」と＋＋となっており、納得できる関係といえる。横方向最初の「売上利益向上」はジョブインボルブメント、キャリアコミットメント、全般的満足感と＋＋であり、組織コミットメント（残留意欲、情緒的、規範的）と＋＋、ストレス反応（抑鬱気分、不安、高揚感、身体反応）と＋＋となっている。ストレス反応の高揚感とともに、ストレス反応の抑鬱気分、不安、身体反応とも＋＋となっており、「売上利益向上」の会社で高揚感というポジティブなストレス反応も身体反応他のネガティブなストレス反応もともに高いことになる。「売上利益向上」の社内でポジティブとネガティブの双方のストレスが高くなっているのであろう。ただし相関係数は高揚感が大きいものの、それほど大きくはない。

　他の部分を含め、全体として、相関係数は大きくはないが、会社の状態と個人の意識、行動におおよそ解釈可能な関係が見られるということができよう。

2．従業員の意識、行動と会社の全体状況（Web データ）

　次に、Web で情報収集した個人、従業員の回答と、そのときにその本人から併せて聞いた会社の状況等に関する関係をみたものが図表 4-2 である。行にあ

たる横軸が会社の状況であり、列にあたる縦軸がジョブインボルブメント以下、従業員、個人の意識、行動である。

　相関係数が小さなものもあるが、サンプル数が 15,186 名と多いため、すべてが 1 ％水準で有意になっている。全体の傾向をみるために、.400 以上のセルを濃い色、.300 以上のセルをやや濃い色、.200 以上のセルを薄い色にしている。また、最初のジョブインボルブメントとの相関係数によって大きなものから小さなものへソートしている。

　列に関しては、ジョブインボルブメントとの相関の大きいものから「チームや職場の活気,活力」、「各人が専門性を高めることへの配慮」、「あなたの仕事の先進性,独自性」、「組織としての意思決定の早さ」となっているが、これらの項目は全般的満足感、組織コミットメント（残留意欲、情緒的、存続的、規範的）等とも相関が大きい。ストレス反応に関しては濃い色が無くなり、やや濃い色も少なくなるように相関係数が小さくなる。

　行に関しては、表の下の方にある「貴社の利益（過去 3 年間）」、「貴社の売上（過去 3 年間）」、「貴社の資産」、「正社員の数」、「仕事の上でのゆとり」、「パート、契約、派遣等正社員以外の社員数」等は相関係数が小さい。

　因果関係ではなく、相関関係であるが、「チームや職場の活気,活力」、「各人が専門性を高めることへの配慮」、「あなたの仕事の先進性,独自性」、「組織としての意思決定の早さ」等が高いとジョブインボルブメントが高い。また、「チームや職場の活気,活力」が高いと、ジョブインボルブメント、キャリアコミットメント、全般的職務満足感、組織コミットメント（残留意欲、情緒的、規範的）が高く、ストレス反応（抑鬱気分、怒り、身体反応）とはマイナスの関係であり、ストレス反応（高揚感）とはプラスとなっている。「チームや職場の活気,活力」が高いとネガティブなストレス反応は低く、ポジティブな反応は高いことになる。

　図表 4-1 に較べると、全体に相関係数の値は大きくなり、もっともな関係が示されている。そして、「貴社の利益（過去 3 年間）」、「貴社の売上（過去 3 年間）」、「貴社の資産」他、他の様々な要因も影響すると考えられるものに関して相関係数は小さくなっている。

3．決定木分析による会社と従業員

　全体としての傾向は以上であるが、会社の規模や業種によっても状況は変わると考えられる。そこで、会社の規模（正社員数 1〜30 名、31〜300 名、301〜3,000 名、3,001 名以上の 4 区分）、業種（建設業、製造業、電気・ガス・熱供給・水道業、運輸・通信業、卸・小売・飲食業、金融・保険業、不動産業、

対事業所サービス業、対個人サービス業、公的機関等、その他の 11 区分）を加え、ジョブインボルブメント、キャリアコミットメントを説明変数として決定木分析を行った。全体的職務満足感、組織コミットメント、ストレス反応に関しては、それが原因となり、会社の状況に関係することもあるであろうが、会社の状況、職場の状況に影響されると考えた方が自然であるため、説明変数としなかった。

　図表 4-3 は、SPSS Statistics Version22 の決定木分析（Decision Trees、ディシジョンツリー）により分析方法を CHAID として行ったものである。決定木分析の CHAID では、分割できるすべてを検討し、もっとも明確に分けられる分割から順次行う。すなわちすべての分割を検討し、分割による分散が最大となるものから分割し、それを繰り返す。詳しくは松本（1982）を参照のこと。連続変数に関しても等間隔に分割し、同様に明確な分割をその中から探し出す。「今後の貴社の成長性」（以下、「成長性」）を被説明変数とし、規模、業種、ジョブインボルブメント、キャリアコミットメントを説明変数とした。ツリーの深さは CHAID でできる最大である 3 とし（最大 3 階層まで分割する）、分割は 100 社以上で行い、50 社以下になるような分割は行わない設定とした。同様に、図表 4-4 は「貴社の製品やサービスの市場での競争力」（以下、「競争力」）を被説明変数にし、説明変数と設定はまったく同じで分析を行ったものである。成長性と競争力を被説明変数としたのは、図表 4-2 より、「貴社の利益」、「貴社の売上」等が他と大きな相関係数ではないのに対し、成長性と競争力は他との相関係数が大きく、関係が深かったためである。

　まず、「今後の貴社の成長性」（成長性）に関しては（図表 4-3）、最初にジョブインボルブメントで分割され、ジョブインボルブメントが低いものは成長性も低い（ノード 1）。ジョブインボルブメントが高いものは成長性も高い（ノード 8）。なお、ノードとは決定木分析において、分割されて出来た、ここでは会社の集合のことである。ノード毎に会社数、被説明変数の平均値と標準偏差等が示されている。次にそれぞれのノードは規模で分割されているが、ノード 8 に関しては、成長性が高いのは規模が 300 名までよりも 301 名以上の方が成長性が高い（ノード 30、ノード 31）。このノード 31 が成長性の平均値が最も高いノードとなっている。成長性が低い方をみると（ノード 1）、同じく、規模で分割されるが、規模 30 名以下が平均値が低く（ノード 9）、このノードがさらにキャリアコミットメントで分割され、キャリアコミットメントが低い方が成長性の平均値が低くなり、ノード 32 が最も平均値が低くなっている。

　全体として、今後の会社の成長性はまずジョブインボルブメントが関係し、

第4章　測定尺度、チェックリストと企業業績

ジョブインボルブメントが高い方が成長性も高い、次に、規模が関係し、規模が大きい方が成長性が高い。キャリアコミットメントも関係し、キャリアコミットメントが高い方が成長性も高い。結果として、ジョブインボルブメントが高く、規模が大きい会社、すなわちノード31の607社が最も成長性の平均値が高い。ジョブインボルブメントが低く、規模が小さく、そしてキャリアコミットメントも低いノード32の199社が最も成長性が低くなっている。業種も説明変数に入れているが、分割に使われることはなく、この決定木では影響のないものとなる。

　同様に、「貴社の製品やサービスの市場での競争力」（競争力）（図表4-4）も、最初にジョブインボルブメントで分割され、ジョブインボルブメントが低いものは競争力の平均値も低い（ノード1）。ジョブインボルブメントが高いものは、競争力の平均値も高い（ノード7）。次にそれぞれのノードは規模、最後のノード7はキャリアコミットメントで分割される。会社の競争力の平均値が高いのは規模が大きく、低いのは規模が小さい会社である（ノード1～6）。ノード7に関してはキャリアコミットメントが高い会社は競争力が高く（ノード29）、低い会社は競争力が低い（ノード28）。ノード29はさらに規模で分割され、301名以上の会社358社が競争力は最も高くなっている（ノード48）。競争力が低い方では、業種によりさらに分割されるが（ノード9）、これよりも規模30名までの会社のノード8の方が競争力は低い。

　全体として、競争力はまずジョブインボルブメントが関係し、ジョブインボルブメントが高い方が競争力も高い。次に、規模とキャリアコミットメントが関係し、規模は大きい方が、キャリアコミットメントは高い方が競争力も高い。結果として、ジョブインボルブメントが高く、キャリアコミットメントが高く、規模が大きい会社であるノード48の358社が最も競争力が高い。ジョブインボルブメントが低く、規模が小さい会社であるノード8の346社が最も競争力が低くなっている。業種は分割に使われたが、部分的であった（ノード9）。

173

図表 4-1　会社の状況と個人の意識、行動（用紙データ、12,522 名）

	ジョブインボルブメント	キャリアコミットメント	全般的満足感	OC残留意欲	OC情緒的	OC存続的	OC規範的	抑鬱気分	不安	怒り	高揚感	身体反応
売上利益向上	.040** ++	.089** ++	.067** ++	.042** ++	.040** ++	-.035** --	.085** ++	.033** ++	.038** ++	-.004	.079** ++	.062** ++
公開参加	-.019	.003	-.012	.020* +	.014	.042** ++	.001	-.015	-.035** --	-.003	-.006	.030** ++
革新	.037** ++	.093** ++	.068** ++	.020* +	.028** ++	-.017	.046** ++	.041** ++	.023* +	.002	.079** ++	.091** ++
信頼	-.024* --	-.057** --	-.045** --	.015	.004	.055** ++	-.015	-.047** --	-.041** --	-.008	-.060** --	-.069** --
競争	-.042** --	-.083** --	-.043** --	.094** ++	.086** ++	.144** ++	.012	-.077** --	-.076** --	-.053** --	.002	-.110** --
保守的	.023* +	-.001	.022* +	.076** ++	.090** ++	.056** ++	.026** ++	-.026** --	-.015	-.037** --	.040** ++	-.092** --
企業生産性	.002	.001	-.005	.074** ++	.032** ++	.092** ++	.032** ++	-.042** --	-.036** --	-.029** --	-.005	-.020
スキル・技術水準	.000	.019	.014	.090** ++	.038** ++	.105** ++	.026** ++	-.045** --	-.054** --	-.053** --	.030** ++	-.020* -
モラール・動機づけ	-.004	.022* +	.013	.056** ++	.040** ++	.101** ++	.033** ++	-.018	-.023* -	-.039** --	.006	.015
顧客満足	.037** ++	.006	.019	.052** ++	.045** ++	.061** ++	.055** ++	-.013	-.006	-.024* -	-.003	.018

注）数字は相関係数である。数字の**は１％水準で有意、*は５％水準で有意を示す。また、全体を見やすくするために、プラスの相関が１％水準で有意な部分に＋＋、５％水準で有意な部分に＋、マイナスの相関が１％水準で有意な部分に－－、５％水準で有意な部分に－としている。

図表 4-2　会社の状況と個人の意識、行動（Web データ、15,186名）

	ジョブ・インボルブメント	キャリアコミットメント	全般的職務満足感	OC残留意欲	OC情緒的	OC存続的	OC規範的	抑鬱気分	不安	怒り	高揚感	身体反応
チームや職場の活気、活力	.378**	.337**	.459**	.406**	.425**	.162**	.337**	-.258**	-.187**	-.259**	.323**	-.194**
各人が専門性を高めることへの配慮	.365**	.340**	.401**	.362**	.406**	.151**	.309**	-.186**	-.124**	-.207**	.262**	-.141**
あなたの仕事の先進性、独自性	.345**	.328**	.377**	.244**	.295**	.067*	.184**	-.160**	-.137**	-.116**	.250**	-.113**
組織としての意思決定の早さ	.335**	.272**	.344**	.385**	.406**	.145**	.340**	-.190**	-.129**	-.217**	.235**	-.161**
プロジェクトにより仕事をする機会	.332**	.293**	.313**	.269**	.327**	.116**	.245**	-.125**	-.066**	-.143**	.207**	-.086**
今後の貴社の成長性	.304**	.270**	.331**	.322**	.344**	.140**	.279**	-.169**	-.120**	-.166**	.234**	-.137**
環境変化への企業としての対応	.300**	.250**	.312**	.343**	.357**	.153**	.285**	-.178**	-.125**	-.193**	.220**	-.148**
あなたの仕事の質、水準	.295**	.295**	.365**	.222**	.272**	.065*	.138**	-.181**	-.172**	-.106**	.255**	-.140**
本人の業績による収入の変動幅	.290**	.227**	.244**	.251**	.284**	.109**	.232**	-.095**	-.050**	-.121**	.155**	-.073**
あなたの仕事の生産性	.270**	.247**	.312**	.206**	.240**	.058**	.133**	-.167**	-.149**	-.103**	.225**	-.129**
貴社の製品やサービスの市場での競争力	.263**	.234**	.301**	.292**	.318**	.128**	.246**	-.159**	-.117**	-.152**	.219**	-.128**
各人の家庭生活や個人生活への配慮	.243**	.259**	.337**	.402**	.369**	.203**	.349**	-.236**	-.172**	-.245**	.234**	-.210**
エンパワーメント（権限委譲）	.229**	.180**	.216**	.271**	.283**	.122**	.213**	-.117**	-.078**	-.152**	.150**	-.096**
あなたの職場への異動、採用希望者	.213**	.192**	.206**	.180**	.195**	.073**	.144**	-.077**	-.034**	-.087**	.134**	-.065**
人事情報の公開	.191**	.154**	.190**	.245**	.253**	.117**	.184**	-.115**	-.081**	-.140**	.141**	-.094**
経営情報の公開	.176**	.146**	.185**	.241**	.255**	.131**	.163**	-.110**	-.086**	-.135**	.138**	-.086**
電子メールによる情報交換	.173**	.158**	.192**	.226**	.238**	.113**	.132**	-.125**	-.101**	-.140**	.152**	-.104**
あなたの仕事量	.150**	.099**	.091**	-.019*	.063**	.038**	.008	.073**	.060**	.118**	.033**	.108**
グループウェア、イントラネットによる情報共有	.143**	.126**	.152**	.189**	.198**	.097**	.109**	-.100**	-.075**	-.116**	.121**	-.080**
自己都合による離職者	-.125**	-.107**	-.180**	-.284**	-.236**	-.174**	-.196**	.150**	.124**	.158**	-.120**	.136**

貴社の利益（過去3年間）	.123**	.117**	.148**	.132**	.139**	.035**	.110**	-.080**	-.066**	-.063**	.114**	-.072**
貴社の売上（過去3年間）	.121**	.116**	.145**	.127**	.136**	.033**	.104**	-.080**	-.066**	-.060**	.116**	-.071**
貴社の資産	.111**	.109**	.136**	.123**	.133**	.037**	.098**	-.087**	-.073**	-.071**	.111**	-.077**
正社員の数	.111**	.118**	.134**	.116**	.125**	.031**	.129**	-.077**	-.049**	-.071**	.103**	-.065**
仕事の上でのゆとり	.078**	.131**	.189**	.239**	.157**	.075**	.178**	-.228**	-.193**	-.235**	.168**	-.229**
パート,契約等正社員以外の社員数	.059**	.067**	.082**	.073**	.073**	.043**	.053**	-.035**	-.029**	-.030**	.054**	-.023**

注) 数字は相関係数であり、すべてが1%水準で有意（**）。.400 以上のセルを濃い色、.300 以上のセルをやや濃い色、.200 以上のセルを薄い色にしている。最初のジョインボルブメントの相関係数の大きさによって行（会社の状況）をソートしている。

第4章 測定尺度、チェックリストと企業業績

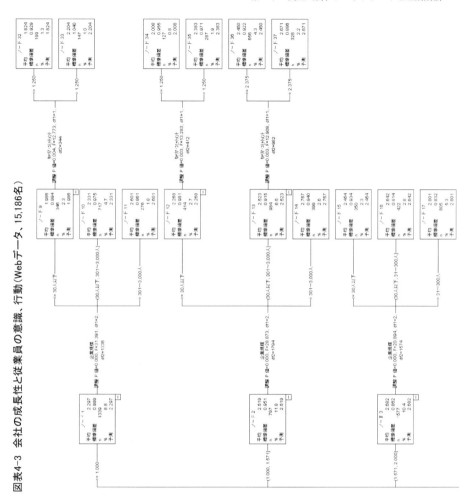

図表4-3 会社の成長性と従業員の意識、行動(Webデータ、15,186名)

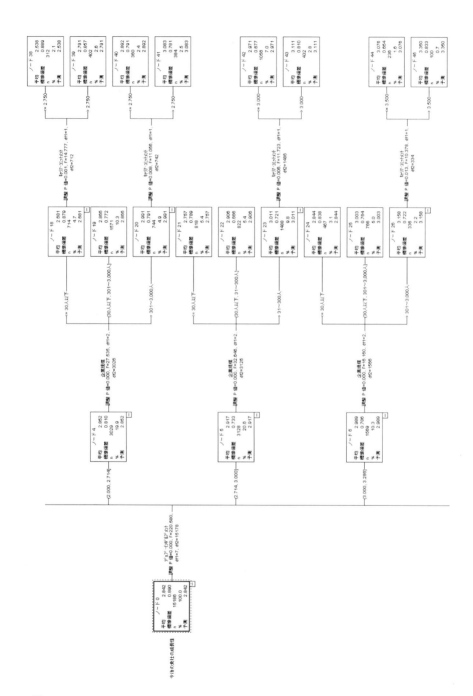

第4章 測定尺度、チェックリストと企業業績

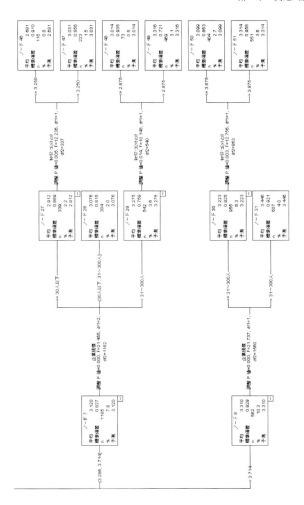

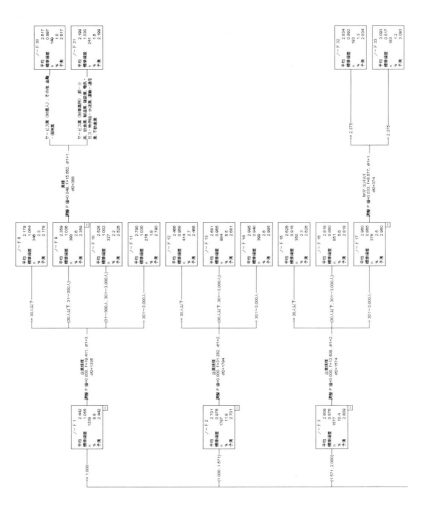

図表4-4 会社の競争力と従業員の意識、行動（Webデータ、15,186名）

第4章 測定尺度、チェックリストと企業業績

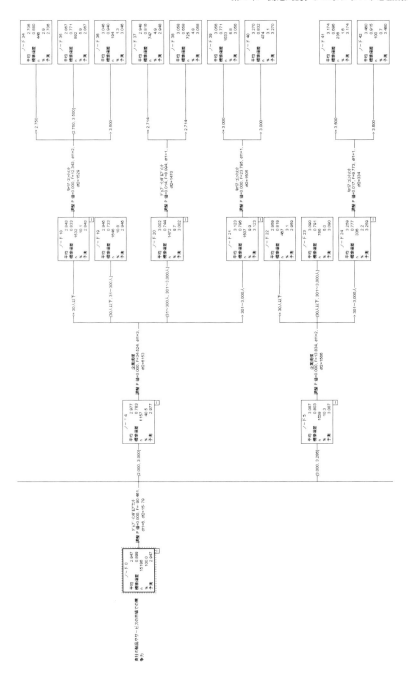

181

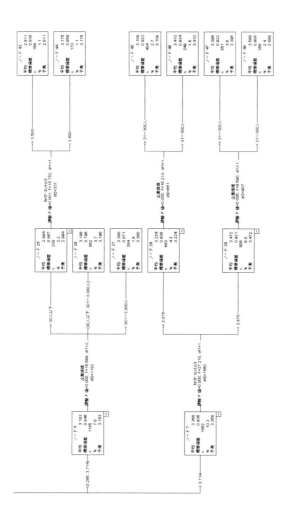

182

4. 規模別の会社の状況、仕事や職場の状態

　決定木の分析において、規模が分割要因となっていたことから規模別の会社の状況、仕事や職場の状態を確認しておくことにする。

　会社や団体の状況に関して評定値を規模により分け、平均値を求めたものが図表 4-5 である。1 から 5 で評定して貰っており、項目により、「減少している」(1)〜「増加している」(5)、「低い」(1)〜「高い」(5)、「遅い」(1)〜「早い」(5)の 3 種類がある。これらをまとめ評定値の平均が高い項目から並べ、図表としている。全体として 30 名までが低い評定値となっているものが多く、「組織としての意思決定の早さ」のみ 30 名までが最も高くなっている。「環境変化への企業としての対応」、「今後の貴社の成長性」、「貴社の製品やサービスの市場での競争力」において、3,001 人以上が最も高く、301〜3,000 人、31〜300 人、30 人以下の順となっており、従業員数に比例して値が高く、プラスの方向となっている。

　次に職場や仕事の状況の評定値を規模により分け、平均値を求めたものが図表 4-6 である。全体としては 3,001 名以上が高い評定値、30 名までが低い評定値となっており、この間に 31〜300 名、301〜3,000 名が位置している。差の大きな部分をみると、「経営情報の公開」では、3,001 人以上が最も高く、301〜3,000 人、31〜300 人、30 人以下の順となっており、30 人以下が最も低い。従業員数に比例して値が高く、「経営情報の公開」が進んでいることになる。「グループウェア、イントラネットによる情報共有」も同様であり、3,001 人以上が最も高く、301〜3,000 人、31〜300 人、30 人以下の順となっており、30 人以下が最も低い。従業員数に比例して「グループウェア、イントラネットによる情報共有」が進んでいることになる。「人事情報の公開」も同様に従業員数に比例して、進んでいることになる。「電子メールによる情報交換」も同じである。規模が大きいと社内、組織内の電子化が進み、情報公開が進んでいることになる。同じ傾向は「エンパワーメント（権限委譲）」にもみられ、3,001 人以上が最も高く、301〜3,000 人、31〜300 人、30 人以下の順となっており、30 人以下が最も低い。また差は大きくないが、「自己都合による離職者」は 3,001 人以上が最も値が低く、少ないことになる。

図表 4-5 会社や団体の状況(規模別、1~5の評定の平均値、n=15,186)

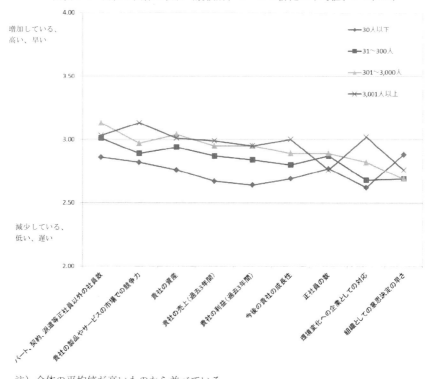

注)全体の平均値が高いものから並べている。

第4章 測定尺度、チェックリストと企業業績

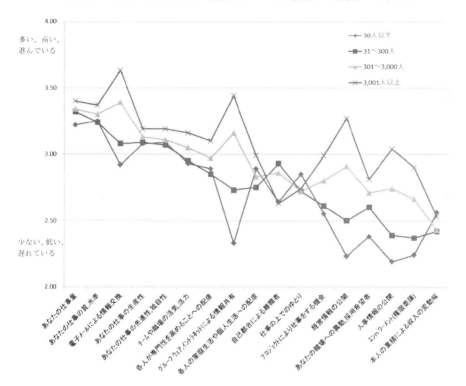

図表4-6 職場や仕事の状況（規模別、1〜5の評定の平均値、n=15,186）

注）全体の平均値が高いものから並べている。

5．原因と結果の関係

ここでは会社や団体の状況と従業員の意識等の関係をみてきた。全体としてもっともな関係が多く見られているが、従業員の意識に関わる要因、また、最終的な企業業績等に関わる要因は非常に複雑であると考えなくてはならない。

図表4-7に考え方のモデルを示した。仮に、経営環境（1D）が職場、仕事（2D）を規定し、それが従業員の意識や意欲（3D）に影響し、それが従業員の行動を決め（4D）、それによって企業業績（5D）が左右されると考えたとしても（実線矢印の部分）、企業業績には4Cの要因も影響していると考えられ、従業員の意識、意欲にも2Cの要因も影響していることを考えなくてはならない。さらに、ここでは図解のために関係を単純化しているが、実際の原因と結果の関係はさらに複雑であり、様々な要因と要因の関係を想定し、図表4-7であれば、

もっと多くの矢印を想定しなくてはならない。場合によっては逆向きの矢印になる可能性もある。例えば、企業業績が良ければ、それが従業員の意識や意欲に影響を及ぼすことも考えられる。1Aから5Aの矢印のように、経営環境が直接、企業業績に影響するというような要因も想定できる。

本章で見てきた会社と個人の様々な関係はこのように複雑な要素間の関係を、それぞれの断面でみたものといえる。その結果、もっともな関係ではあるが、それほどハッキリした関係ではなく、相関係数が低くなっていると考えられる。

そうであるとすると、要素と要素の関係はより近接した箇所で検討する必要がある。例えば従業員の意識、意欲は経営環境からみるよりも、職場、仕事との関係から見たほうがより明確な結果が得られる。第2章において、全般的職務満足感、ジョブインボルブメント、キャリアコミットメント、組織コミットメント、ストレス反応に対するワークシチュエーションの影響をみているが、このような近接した要素間の関係を検討することによって、より明確な結果が得られ、また、そのように検討する必要がある。

本書では測定尺度、チェックリストとして、様々なものを紹介しているが、このような測定尺度、チェックリストで測定される要因は図表4-7で考えれば、経営環境と企業業績の間にあるものであり、測定尺度、チェックリストで様々な要因を測定し、細かく間を接続することによって全体の流れを検討できることになる。

図表4-7　原因と結果の考え方

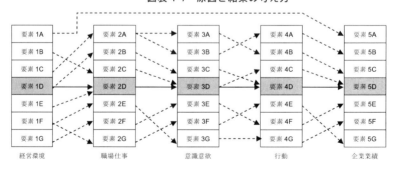

第5章 これまでの研究と本研究でのデータ

1. 高業績で魅力ある職場とチーム

仕事では、スキル、知識、経験等能力の面とともに、意欲、やる気等動機づけの面が必要となる。さらに、多くの仕事は、職場あるいはチームとして、進めることになるため、人を惹きつける魅力ある職場とチームであることも必要となる。

各人が動機づけられ、職場、チームとしても活性化され、高業績であるためにはどうすればよいか、この点に答えられるよう、本書では、現状を数値化できる測定尺度、チェックリストを紹介してきた。

ここでは、最後に、魅力ある職場とチーム、また、高業績の職場とチームに関して、これまでの関連する研究を紹介し、本研究でのデータ収集について説明する。

2. 米国における研究の展開

本書で紹介してきた測定尺度、チェックリストの背景には、従業員の意識と行動、また、職場とチームの状況が企業業績に関係しているという前提がある。従業員の意識と行動、職場とチームの状況が、企業や組織の業績とどのように関係するか、本研究の出発点となった研究から紹介する。

(1) 米国労働省のガイドブック

1994年、米国労働省は Road to High-Performance Workplaces（「高業績組織への道」）と題したガイドブックを発刊している。この冊子は米国労働省内に置かれた Office of American Workplace（OAW）によって発刊されたもので、1980年後半から1990年代初めまでの高業績企業の実践例をもとに、企業の経営者や労働組合幹部、企業の従業員やスタッフ、また、投資家など関係者が、企業を高業績組織にするために、それぞれの立場において、どのように企業や職場を捉え、また運営すべきか、その方向性をガイドブックとしてまとめたものである。ポイントは次の三つにまとめられる。

第一に、従業員が効率よく仕事を進めるためには「スキルと情報」、すなわち、「トレーニングと継続的な学習への積極的な投資と、どのような能力開発を行うか明確に設定すること（直接職務に必要なスキルだけではなく、問題解決能力、顧客への対応能力、チームワークのスキル、エンプロイアビリティ等

を含む）」、「経営情報の共有（戦略、財務に関する目標と実績、競合他社の情報、新技術の導入計画、等々）」が必要である。

第二に、高業績の職場を作るために、「参画、組織の構造、パートナーシップ」が必要である。具体的には、「業務プロセスの改善に従業員を参画させ、現場の問題解決や製品・サービスの改革に従業員を巻き込むこと」、「顧客との接点の拡大、自律的なワークチームの形成、職能横断的なチームの活用」、「信頼と敬意をベースとした組織内のパートナーシップの確立と良い労使関係」が必要であるとしている。

第三に、継続的な業績改善と従業員のコミットメントを維持、強化するためには「報酬、雇用の保証、仕事環境」が重要である。具体的には、「個人やチームまた企業自体の業績に応じた報酬体系とし、それによって従業員の組織への長期的なコミットメントを得ること」、「継続的な能力開発を促すゲインシェアリングや、知識・スキルをベースとした給与施策」、また「様々な雇用形態の導入と雇用を保証する方針の確立」、そして「家庭生活の安定や生活を支援する福利厚生プログラム」や「従業員のモラールやコミットメントを高める方針やプログラムを作り、それを実践する」などが必要としている。

最後に、上記の実践がそれぞれ単独に行われるのではなく、相互に補完しつつ、顧客への対応や高品質の実現、技術やマーケティングの開発など、重要な経営戦略を実現するための、統合されたプログラムとされ、また、実践されることが重要であるとしている。

以上の内容から4領域33項目のチェックリストが作られており、このチェックリストに沿って、経営層、管理職、人事労務担当者、従業員が自社の人材マネジメントを見直し、高業績の職場を実現できるよう、改善の方向を示すガイドブックとなっている。

（2）ローラーⅢ世（Edward E. Lawler, Ⅲ）の研究

米国の著名な経営学者であるローラー(E. E. Lawler, Ⅲ)は、従業員の参画、特に事業に従業員を巻き込む施策が、企業の高業績を可能とする鍵であるとしている。ローラー等は、1995年に「高業績組織を創造する」（"Creating High Performance Organizations"）を刊行し、その中で、従業員に経営情報がどの程度公開されているか、企業の各事業の状況とそのために必要となるスキル、知識等を開発する機会が従業員にどの程度提供されているか、従業員個々のパフォーマンスに酬いるのに、どのような報酬が提供されているか、組織の編成や業務の展開において従業員にどのように意思決定を委ね、権限を委譲する体制となっているか等、人材マネジメントを構成する様々な側面に、従業員を参

画させる実践（Employee Involvement Practices）が企業の業績を左右している
るとしている。

　この報告書は、アメリカの Fortune 1,000 社を対象に 1987 年から 3 年おき
に実施された調査結果（1,000 社リストからの回収率は 1987 年度 51％、1990
年度 32％、1993 年度 28％）をもとにしているが、経営情報の共有の程度や報
酬としてのゲインシェアリングの増加、職務に基づく給与から知識・スキルを
ベースとした給与への転換、従業員の自律的な運営を可能とする自己管理ワー
クチーム（Self-managing work teams）や小さなビジネスユニット
(Mini-business units) の活用など、従業員を事業に巻き込む施策が増加して
きているとしている。そして、こうした施策を導入した企業は財務面の業績が
高まっていること、すなわち、企業の生産性が向上しているだけではなく、売
上利益率、投資利益率、株主資本利益率などにおいて、より高い業績となって
いるとしている。また、従業員の参画をより一層高める施策の展開や人材マネ
ジメントが、従業員の組織へのコミットメントを高め、企業業績の向上へと結
びついているとしている。

　この二つの研究が刊行された 1990 年代前半、日本の GDP は米国に次ぐ世界
第 2 位であり、GDP の伸びは米国にまさり、将来的には日本が GDP で米国を抜
くとも考えられていた時期である。これらの研究には日本を意識し、よい方法
であれば、それを取り込もうとする姿勢がみられる。ところが、実際はその後、
日本の GDP の伸びは止まり、2010 年、中国に抜かれ、世界第 3 位となっている。
ここで紹介した研究だけの効果ではないだろうが、米国の GDP はその後も延び
続け、世界一を維持している。GDP だけでなく、労働生産性においても、日本
の生産性が伸びた時期もあるが、米国は常に日本を上回っている（日本生産性
本部のサイト「日本の生産性の動向」）。

　この二つは本研究の出発点となった研究であり、二十年以上前の研究ではあ
るが、職場や仕事を科学的、客観的に捉え、実際の企業の実例も把握し、その
上に立った実践の書ということができ、本研究のベースとなっている。

3.　日本におけるこれまでの測定尺度等の開発

　本書で紹介した測定尺度、チェックリストに類似するものとして、伝統的な
モラールサーベイがある。日本のモラールサーベイの草分けは日本労務研究会
の「NRK モラールサーベイ」である。これはシカゴ大学 SRA（Science Research
Associates）の従業員態度調査（employee inventory）をもとに第二次大戦後
作られたものである。労働省（当時）の「社内コミュニケーション診断」は「コ

ミュニケーション診断」としているが、「NRK モラールサーベイ」の簡易版として、特に中小企業が利用しやすいよう開発されたものである。NRK モラールサーベイは 1955 年の開発以来の歴史があることから、これまでに多くの企業で実施されてきた（日本労務研究会ホームページ）。

「NRK モラールサーベイ」以降、様々なモラールサーベイが開発されている。リクルート「組織活性度調査（OBS）」、JTB モチベーションズ「やる気分析システム（MSQ）」、リンクアンドモチベーション「 モチベーションサーベイ」などである。モラールという用語が多少古くなり、また不要の構えを持たれずに実施できるよう、名称はモラールサーベイではないが、内容的にはモラールサーベイといえるものである。また、経営コンサルティング会社も自社が行うモラールサーベイを自社で開発し、経営コンサルティングの中で利用している。経営コンサルティング会社のモラールサーベイに類するものは多いが、それらは商品であり、詳細な内容、データ等は公開されていない。

モラールサーベイとしては、慶応義塾大学グループの『慶応産研式モラール・サーベイ 質問紙Ｑ略画法Ｐ－Ｆ文章完成法ＳＣＴの多角的使用』（金子書房, 1968）もある。質問紙だけでなく、文章完成法、描画、文章完成といった投影法／投射法(projective technique)も用いているところに特徴がある。

しかしながら、本書で紹介している測定尺度、チェックリストに関しては、研究面では日本は、全体としてあまり活発とはいえない。Google によって、「(組織 OR 職場 OR 仕事)AND 測定 AND 尺度 AND 研究」あるいは「(組織 OR 職場 OR 仕事) AND "測定尺度"AND 研究」を検索すると、本書の HRM チェックリストの関係が多く出てくる。また、看護師に関して、職場適応、職務満足、仕事意欲、組織文化に関する測定尺度を用いて、データを収集し、分析したとする研究論文がみつかる。どうした訳か、看護師に関して、測定尺度でデータを収集し、分析するという研究は多い。看護師の職場、態度等を測定したいとして、HRM チェックリストに含まれる測定尺度を利用したいとの問い合わせがよく寄せられる。

先の Google での検索によって、サイエンス社『心理測定尺度集』も検索結果に出てくる。心理学での様々な測定尺度が掲載されている I から VIの 6 冊の書籍となっているが、性格、適応、感情、欲求、態度、発達、対人関係、問題行動、ストレス、等、基礎的なものが多く、本書で紹介している測定尺度に近いものはない。「職場環境，職務内容，給与に関する満足感測定尺度」が紹介されているが、一つの研究論文の中で作られ、その研究でのデータ収集に使われたものであり、広く使われているものではない。

『組織心理測定論—項目反応理論のフロンティア』（白桃書房, 1999）、『組

織・心理テスティングの科学－項目反応理論による組織行動の探求』（白桃書房, 2015）は項目反応理論に基く書籍であるが、様々な測定尺度が紹介されており、職業興味、職務満足、組織コミットメント等も含まれている。

ただし、『心理測定尺度集』、『組織心理測定論―項目反応理論のフロンティア』、『組織・心理テスティングの科学－項目反応理論による組織行動の探求』は心理の測定であり、個人の態度、特性等を測定している。本書での測定尺度、チェックリストは個人を測定するものではなく、組織、職場、仕事等を測定しようとするものであり、それによって、組織、職場、仕事等を改善しようとするものである。この点が大きく異なっている。

以上から、組織、職場、仕事等に関する多方面の測定尺度、チェックリストを研究開発し、また、それによってデータ収集し、そのデータとともに公開しているものは他にはないと考えている。

4. 本研究の方法と経緯

本書で紹介した各種測定尺度に関する研究は1990年代半ばから行っており、労働政策研究・研修機構の前身である日本労働研究機構と早稲田大学システム科学研究所（現アジア太平洋研究センター）が共同で尺度やチェックリストの検討や原案の作成を行っていた。1998年度までの研究に関しては、調査研究報告書 No.124「雇用管理業務支援のための尺度・チェックリストの開発－HRM (Human Resource Management) チェックリスト」（日本労働研究機構, 1999）として刊行している。その後も開発とデータの分析等を続け、調査研究報告書 No.161「組織の診断と活性化のための基盤尺度の研究開発 IIRM チェックリストの開発と利用・活用―」（日本労働研究機構, 2003）として公表している。

HRM チェックリストは、調査研究報告書 No.144「メンタルヘルス対策に関する研究―対策事例・欧米の状況・文献レビュー・調査結果―」（日本労働研究機構, 2001）において、職場のストレスに関する検討のためデータを利用したり、労働政策研究報告書 No.147「中小企業における人材の採用と定着―人が集まる求人、生きいきとした職場／アイトラッキング、HRM チェックリスト他から―」（労働政策研究・研修機構, 2012）において、中小企業における組織コミットメントや職務満足等の分析に活用してきた。JILPT 資料シリーズ No.134「中小企業と若年人材―HRM チェックリスト、関連資料、企業ヒアリングより採用、定着、動機づけに関わる要因の検討」（労働政策研究・研修機構, 2014）においても、若年を中心に、定着、動機づけ等の検討に HRM チェックリストを活用している。また、利用活用マニュアルとして、『経営組織の診断と活性化のためのチェックリスト：HRM チェックリスト利用・活用マニュア

ル』（労働政策研究・研修機構, 2005）、『経営組織の診断と活性化のための
チェックリスト―HRM チェックリスト利用活用マニュアル―（改訂増補版）』
（労働政策研究・研修機構, 2015）も刊行している。

　HRM チェックリストに関しては内容を紹介し、簡易版を体験できるサイトを
2001 年に開設している。このサイトには「関連情報コーナー」も設けており、
本チェックリストに関するこれまでに公表した冊子や資料等を PDF により公開
している。詳しくは本書第 3 章 10 節「HRM チェックリストのインターネットサ
イトについて」を参照されたい。

5．本研究でのデータ収集と属性等統計

　本書では、従業員、計約 2 万 7 千名、企業約 2 千社のデータを用いている。
様々なデータがあることから、どのようなデータか以下に説明する。

（1）データの全体的な構成

　図表 5-1 にデータの構成を示した。データには用紙を社内で配布したものと
（用紙データ）、調査会社の Web モニターから収集したもの（Web データ）があ
る。用紙データは約 100 社と会社としての数は多くはないが、その会社の従業
員から HRM チェックリスト（従業員用・個人用）によりデータ収集し、会社全
体の情報を HRM チェックリスト（人事担当用・会社用）から得ている。このた
め、従業員からの回答と会社の状況を付き合せて、分析することができる。た
だし、用紙データは約十年近くの長期間に渡り、少しずつ収集してきたため、
この十年の間で何らかの偏りが生じている可能性はある。

　Web データは調査会社の Web モニターを使ったものであり、従業員からの
データが約 1 万 5 千名、会社からのデータが 2 千社である。従業員からのデー
タは大きな影響があると考えられる、年齢、性別、規模等はできる限り均等に
なるようにデータ収集している。同様に会社データは規模に関しては均等にな
るように収集している。会社の業種は大きな影響が考えられるが、元々、会社
が少ない業種もあり、規模と業種をともに均等に収集することは困難であり、
業種に関しては均等に収集していない。Web データは従業員も会社も、約 1 週
間程度の短期間に収集している。

　以上のように、Web データは可能な範囲で均等に、また、短期間に収集して
いることから、本書では Web データを中心にみている。用紙データは従業員と
会社の関係を分析する際等に活用している。

　なお、それぞれのデータ収集のより細かい方法、経緯に関しては関連する部
分で述べている。

第5章 これまでの研究と本研究でのデータ

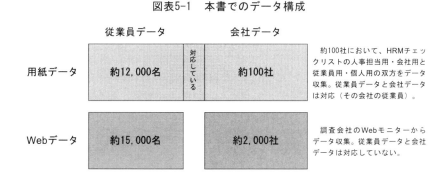

図表5-1 本書でのデータ構成

(2) 用紙による社内での実施とデータ収集

用紙によるデータ収集は 1998 年前後より行ってきた。当初は HRM チェックリストでのデータ収集に協力いただく形でデータを集めていた。1999 年に日本労働研究機構（1999）「雇用管理業務支援のための尺度・チェックリストの開発－HRM（Human Resource Management）チェックリスト－」調査研究報告書 No.124 を刊行し、2001 年に HRM チェックリストのサイトを設置した頃から、実施したいとの会社や団体が出てくるようになった。これ以降は希望に基づき実施し、結果を返却し、その中でデータ収集を続けてきた。このように、こちらから実施を依頼して収集したデータと、先方が実施を希望し、収集したデータがあることになる。先方が実施を希望したデータは、何らかの問題点を感じており、その解決を目的に実施されたものもあり、逆に、ある程度良いのではという感触があり、それを確かめるために実施した企業もあった。

また、長く収集してきたことから、経済情勢の変動もあった。データ収集を始めた 1998 年は、バブル崩壊後、積み上がった不良債権による金融機関の破綻が相次いでいた時期であり、名目 GDP 成長率は－1.5％となっていた。2000 年前後にはインターネットバブルでの好景気があった。2008 年にはリーマンショックがあり、2009 年には GDP 成長率が－5.5％となった。経済情勢が良い時期は職場や仕事の状況も良くなっており、経済情勢が悪いときには悪くなっていた可能性がある。

このようなことから、別の枠組みで、偏りなくデータを収集することが必要であった。そこで、近年、モニター数が数百万人にまでなっている Web 調査により、以下のようにデータを収集することとした。

ただし、紙での HRM チェックリストでは会社票として、人事担当者等に会社全体の状況に関して回答してもらっているが、Web モニターでの調査では、会

社単位での情報収集ではないため、HRM チェックリスト（人事担当用・会社用）に相当する収集はできない。そのため一般の従業員が答えられる項目に絞り、HRM チェックリスト（従業員用・個人用）に加えて情報収集を行った。

（3）Web での HRM チェックリスト（従業員用・個人用）のデータ収集

　Web でのデータ収集では、29 歳まで、30 歳代、40 歳代、50 歳代、60 歳以降で年齢を均等に、また企業・団体の規模として、従業員数が 1～30 名、31～300 名、301～3,000 名、3,001 名以上を均等に収集することとした。年齢 5 段階×従業員数 4 段階、計 20 区分のそれぞれに 600 名、計 12,000 名収集することとした。データ収集の具体的な日時は、2013 年 3 月 14 日に調査協力依頼のメール配信を開始し、3 月 16 日に調査協力依頼のリマインドを配信している。2013 年 3 月 19 日に回収目標の各区分 600 名となり、3 月 21 日に収集した回答のクリーニングを終了し、データが確定している。なお、2013 年 3 月 20 日は春分の日で休日であったため、データ確定が翌々日になった。

　このデータ収集では、規模と年齢段階に関して均等になるようデータ収集したが、性別と年齢に関しては、男性は年齢が高い層が多く、女性は年齢が低い層が多いという偏りがみられた。そこで、2013 年 12 月 16 日から 12 月 19 日、上記と同様の方法で性別の偏りを少なくするようデータ収集を行った。追加データは 3,186 名となるが、この中には 3 月の調査で収集したが、各区分 600 名を超えていたため、納品されなかったデータも含まれている。この追加収集を加えた性別、年齢段階、職種別等の分布が以下である。また、比較として、これまでに用紙でデータ収集した分布も併せて示した。

　性別年齢段階別に関しては（図表 5-2）、用紙データにおいて男性 58.4%、女性 35.4%であり、Web データでは男性 63.6%、女性 36.4%である。年齢段階では、用紙データは 60 歳以上が少ないのに対し、Web データは均等に収集したため、18.5%となっている。性別と年齢段階では、用紙データが女性の 30 歳未満が 43.1%と多くなっている。Web データでも女性の 30 歳未満がやや多いが割合としては 24.0%である。

　職種別に関して用紙データでは（図表 5-3）、男性が営業・販売職がやや多く、女性は事務職が多い。女性の専門職が 22.0%と多いが、この中には看護師が多く含まれる。Web データでは男性は技術職がやや多く、女性は事務職が 54.7%とかなりの割合になっている。

　規模と業種に関しては（図表 5-4）、用紙データでは 30 名以下は 3.7%と少なく、3,001 名以上は 34.6%と多く、偏りが見られる。これは大企業で実施した場合、多くのデータが一度に集まり、Web データでは規模に関して均等に収

集したためである。業種に関しては、用紙データで製造業が 42.5% と多く、Web
データでも製造業が多いが 23.3% である。

　用紙で収集してきたデータ（用紙データ）と、Web で収集したデータ（Web
データ）を比較すると、用紙データは Web データに比べ、3,001 人以上の大企
業が多く、30 名以下は少ない。また、製造業が Web データよりも多くなる。個
人属性では用紙データは、30 歳未満の若年が多く、Web データに較べると女性
が多い。また、用紙データは営業・販売職、現業職が多く、事務職、技術職、
専門職が Web データと較べ少ない。以上のようにまとめられる。

図表5-2　収集したデータの性別と年齢段階別（上：用紙、下：Web）

	30歳未満	30～39歳	40～49歳	50～59歳	60歳以上	無回答	計	計
男	1,436	1,972	1,487	1,456	121	462	6,934	6,934
	20.7%	28.4%	21.4%	21.0%	1.7%	6.7%	100.0%	58.4%
女	1,813	949	632	281	32	503	4,210	4,210
	43.1%	22.5%	15.0%	6.7%	0.8%	11.9%	100.0%	35.4%
無回答	13	18	13	28	2	660	734	734
	1.8%	2.5%	1.8%	3.8%	0.3%	89.9%	100.0%	6.2%
計	3,262	2,939	2,132	1,765	155	1,625	11,878	11,878
	27.5%	24.7%	17.9%	14.9%	1.3%	13.7%	100.0%	100.0%

	30歳未満	30～39歳	40～49歳	50～59歳	60歳以上		計	計
男	1,844	1,602	1,895	2,093	2,219		9,653	9,653
	19.1%	16.6%	19.6%	21.7%	23.0%		100.0%	63.6%
女	1,328	1,173	1,174	1,266	592		5,533	5,533
	24.0%	21.2%	21.2%	22.9%	10.7%		100.0%	36.4%
計	3,172	2,775	3,069	3,359	2,811		15,186	15,186
	20.9%	18.3%	20.2%	22.1%	18.5%		100.0%	100.0%

図表5-3 収集したデータの性別と職種別（上：用紙、下：Web）

	事務職	技術職	専門職	営業・販売職	現業職	無回答	計
男	1,193	1,470	391	1,858	1,574	448	6,934
	17.2%	21.2%	5.6%	26.8%	22.7%	6.5%	100.0%
女	1,246	313	928	503	523	697	4,210
	29.6%	7.4%	22.0%	11.9%	12.4%	16.6%	100.0%
無回答	93	72	50	146	98	275	734
	12.7%	9.8%	6.8%	19.9%	13.4%	37.5%	100.0%
計	2,532	1,855	1,369	2,507	2,195	1,420	11,878
	21.3%	15.6%	11.5%	21.1%	18.5%	12.0%	100.0%

	事務職	技術職	専門職	営業・販売職	現業職		計
男	2,349	2,669	1,317	1,713	1,605		9,653
	24.3%	27.6%	13.6%	17.7%	16.6%		100.0%
女	3,028	418	1,078	521	488		5,533
	54.7%	7.6%	19.5%	9.4%	8.8%		100.0%
計	5,377	3,087	2,395	2,234	2,093		15,186
	35.4%	20.3%	15.8%	14.7%	13.8%		100.0%

図表5-4 規模と業種（上：用紙、下：Web）

上：用紙

	建設業	製造業	電気・ガス・熱供給・水道業	運輸・通信業	卸・小売・飲食業	金融・保険業	不動産業	サービス業（対事業所）	サービス業（対個人）	その他	無回答	計	計
30人以下	30 / 6.9%	99 / 22.8%	11 / 2.5%	10 / 2.3%	108 / 24.9%	－ / 0.0%	29 / 6.7%	65 / 15.0%	55 / 12.7%	21 / 4.8%	6 / 1.4%	434 / 100.0%	434 / 3.7%
31～300人	292 / 12.2%	888 / 37.0%	－ / 0.0%	57 / 2.4%	112 / 4.7%	－ / 0.0%	－ / 0.0%	406 / 16.9%	418 / 17.4%	191 / 8.0%	38 / 1.6%	2,402 / 100.0%	2,402 / 20.2%
301～3,000人	－ / 0.0%	567 / 20.0%	－ / 0.0%	76 / 2.7%	460 / 16.2%	1,133 / 39.9%	－ / 0.0%	74 / 2.6%	528 / 18.6%	－ / 0.0%	－ / 0.0%	2,838 / 100.0%	2,838 / 23.9%
3,001人以上	－ / 0.0%	3,491 / 85.0%	72 / 1.8%	－ / 0.0%	472 / 11.5%	74 / 1.8%	－ / 0.0%	－ / 0.0%	－ / 0.0%	－ / 0.0%	－ / 0.0%	4,109 / 100.0%	4,109 / 34.6%
無回答	－ / 0.0%	－ / 0.0%	－ / 0.0%	18 / 0.9%	－ / 0.0%	－ / 0.0%	－ / 0.0%	161 / 7.7%	715 / 34.1%	－ / 0.0%	1,201 / 57.3%	2,095 / 100.0%	2,095 / 17.6%
計	322 / 2.7%	5,045 / 42.5%	83 / 0.7%	161 / 1.4%	1,152 / 9.7%	1,207 / 10.2%	29 / 0.2%	706 / 5.9%	1,716 / 14.4%	212 / 1.8%	1,245 / 10.5%	11,878 / 100.0%	11,878 / 100.0%

下：Web

	建設業	製造業	電気・ガス・熱供給・水道業	運輸・通信業	卸・小売・飲食業	金融・保険業	不動産業	サービス業（対事業所）	サービス業（対個人）	その他	計	計
30人以下	515 / 12.7%	516 / 12.8%	52 / 1.3%	141 / 3.5%	586 / 14.5%	81 / 2.0%	208 / 5.1%	606 / 15.0%	654 / 16.2%	683 / 16.9%	4,042 / 100.0%	4,042 / 26.6%
31～300人	275 / 6.9%	890 / 22.3%	47 / 1.2%	240 / 6.0%	384 / 9.6%	103 / 2.6%	75 / 1.9%	537 / 13.5%	696 / 17.5%	741 / 18.6%	3,988 / 100.0%	3,988 / 26.3%
301～3,000人	207 / 5.6%	957 / 26.1%	53 / 1.4%	216 / 5.9%	315 / 8.6%	178 / 4.9%	55 / 1.5%	475 / 12.9%	496 / 13.5%	718 / 19.6%	3,670 / 100.0%	3,670 / 24.2%
3,001人以上	131 / 3.8%	1,182 / 33.9%	86 / 2.5%	352 / 10.1%	220 / 6.3%	373 / 10.7%	26 / 0.7%	263 / 7.5%	229 / 6.6%	624 / 17.9%	3,486 / 100.0%	3,486 / 23.0%
計	1,128 / 7.4%	3,545 / 23.3%	238 / 1.6%	949 / 6.2%	1,505 / 9.9%	735 / 4.8%	364 / 2.4%	1,881 / 12.4%	2,075 / 13.7%	2,766 / 18.2%	15,186 / 100.0%	15,186 / 100.0%

（4）その他の Web データの属性等分布

　以上のように、Web データの方が偏りなく、収集できていることから、第2章ではWebデータを中心に平均値等基準となる数値を示しているが、ここでは、Web データのその他の属性等分布をみておく。

　規模に関しては、先にみたように、30 人以下から 3,001 人以上のそれぞれが3千5百名から4千名程度となり、大きな偏りはない。設立年をクロスすると（図表 5-5）、大企業は 1940 年までの古い設立のものが多く、規模が小さい企業等は新しいものが多い。

図表5-5　規模別の設立年（Web データ、上段度数、下段%）

	1940年まで	1941～1960年	1961～1980年	1981～2000年	2001年以降	計
30人以下	214	522	942	1,365	999	4,042
	5.3	12.9	23.3	33.8	24.7	100.0
31～300人	491	872	1,126	1,037	462	3,988
	12.3	21.9	28.2	26.0	11.6	100.0
301～3,000人	778	969	876	678	369	3,670
	21.2	26.4	23.9	18.5	10.1	100.0
3,001人以上	1,494	796	451	411	334	3,486
	42.9	22.8	12.9	11.8	9.6	100.0
計	2,977	3,159	3,395	3,491	2,164	15,186
	19.6	20.8	22.4	23.0	14.2	100.0

　職位では「一般」が約半数となっており（図表 5-6）、係長・主任相当、課長相当、部長・次長相当では男性が多い。就業形態では正社員が多い（図表 5-7）。学歴では大卒が多く、高卒が続いている（図表 5-8）。

図表5-6　職位（Web データ、上段度数、下段%）

	一般	係長・主任相当	課長相当	部長・次長相当	その他	計
男	4,509	1,734	1,221	1,270	919	9,653
	46.7	18.0	12.6	13.2	9.5	100.0
女	4,265	613	161	137	357	5,533
	77.1	11.1	2.9	2.5	6.5	100.0
計	8,774	2,347	1,382	1,407	1,276	15,186
	57.8	15.5	9.1	9.3	8.4	100.0

第5章　これまでの研究と本研究でのデータ

図表5-7　就業形態（Web データ、上段度数、下段%）

	正社員	パート・アルバイト	派遣	契約	その他	計
男	8,352	121	143	840	197	9,653
	86.5	1.3	1.5	8.7	2.0	100.0
女	4,161	281	351	622	118	5,533
	75.2	5.1	6.3	11.2	2.1	100.0
計	12,513	402	494	1,462	315	15,186
	82.4	2.6	3.3	9.6	2.1	100.0

図表5-8　学歴（Web データ、上段度数、下段%）

	高校卒	専門学校卒	短大卒	大学卒	大学院卒	その他	計
男	2,153	855	233	5,294	958	160	9,653
	22.3	8.9	2.4	54.8	9.9	1.7	100.0
女	1,385	760	981	2,130	225	52	5,533
	25.0	13.7	17.7	38.5	4.1	0.9	100.0
計	3,538	1,615	1,214	7,424	1,183	212	15,186
	23.3	10.6	8.0	48.9	7.8	1.4	100.0

　以上より、Web 調査で収集したデータは、次のようにまとめることができる。
　規模と年齢に関しては均等になるよう収集したため、そのようになっている。
業種は「製造業」が多く（2割強）、「サービス業（対個人）」（1割強）、
「サービス業（対事業所）」（1割強）、「卸・小売、飲食業」（1割弱）が
続いている。会社や団体の設立年はあまり偏りはないが、大企業は古い企業が
多く、小さい企業は新しいものが多い。職種では事務職が多く（3割5分）、
技術職が続いている（約2割）。職位では「一般」が 57.8% となっており、「係
長・主任相当」が 15.5%、「課長相当」が 9.1%、「部長・次長相当」が 9.3%
となっている。就業形態では「正社員」が大半となっている（82.4%）。学歴
では大卒が多く（48.9%）、高卒が続いている（23.3%）。
　今回の Web での収集データは、年齢と企業規模を均等にデータ収集したが、
以上のような分布であり、また、用紙とまったく同じ項目を用意しデータ収集
を行ったが、用紙でのデータと属性による分布に違いがあることに留意する必
要がある。

（5）用紙と Web でのデータ面の比較
　以上のように、用紙データと Web データは属性等分布において違いがあるが、
回答傾向に違いがあるかみておく。
　まず、ワークシチュエーションに関する違いであるが、図表 5-9 は「I.職務」、
「II.上司やリーダー」、「III.同僚や顧客との関係」、「IV.ビジョン・経営者」、

199

「Ⅴ.処遇・報酬」、「Ⅵ.能力開発・福利厚生・生活サポート」の領域別に平均値を比較したものである。「Ⅱ.上司やリーダー」において最も差が開いており、次に「Ⅳ.ビジョン・経営者」において差が大きい。そして、「Ⅰ.職務」、「Ⅵ.能力開発・福利厚生・生活サポート」においては差がない。

用紙での実施は無記名であり、個人の結果を見ることはなく、会社全体、あるいは 20 名以上の集団の結果をみるものであるとしているが、配布は職場内で行われ、職場内で回収される。このことから、個人の結果は見られないと言われても、上司や経営者の項目に関してはネガティブに回答することができなかったと考えられる。

コミットメントに関しては（図表 5-10）、7 つの測定尺度全てにおいて、Web データの値が用紙データの値より低い。特に情緒的組織コミットメントにおいてその差は大きい。それ以外の 6 測定尺度については、ほぼ同じような差がある。

用紙データの方が Web 調査よりも高い値を示した理由としては、ワークシチュエーションと同様に、用紙データは組織内で配布、回収されるため、個人の回答は見られないとしているが、ネガティブな回答が抑制されたことが考えられる。組織への気持ちに対する質問であるため、ワークシチュエーションよりもさらに、ネガティブな回答が抑制され、中でも「その組織が好きだから留まる」という情緒的組織コミットメントはその傾向が強く出たものと考えられる。

ストレス反応の「高揚感」においても、用紙と Web で回答傾向が異なっていた（図表 5-11）。用紙の場合、他の従業員に回答を見られるかもしれないという意識が働き、よりポジティブな方向に回答が歪んだ可能性がある。

世論調査において、Web 調査はよりネガティブな回答となるといわれているが、今回のデータにおいて用紙データと Web データを比較すると、上司や経営者のような項目は Web の方が平均値が低く、よりネガティブに回答されている。Web の方が上司や経営者の目を気にすることなく、よりストレートに回答されていると考えられる。第 2 章において、測定尺度毎の平均値等を示しているが、自社で実施した結果と比較する場合、以上述べたように、社内での実施では高めに出る部分もあることを考慮しておく必要がある。

第5章 これまでの研究と本研究でのデータ

図表5-9 ワークシチュエーションでのWebデータ(15,186名)と用紙データ(11,878名)の比較

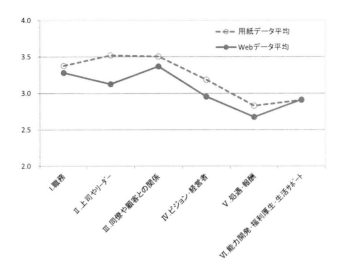

図表5-10 コミットメントでのWebデータ(15,186名)と用紙データ(11,878名)の比較

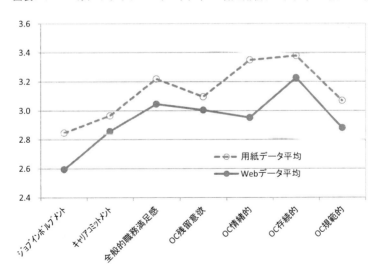

図表5-11　ストレス反応でのWebデータ(15,186名)と用紙データ(11,878名)の比較

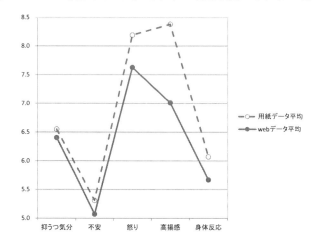

（6）ワークシチュエーションでの新旧項目の検討

　用紙でのデータ収集において、ワークシチュエーションの「q.評価・給与」は信頼性係数（α係数）が低く、その原因として「67.本人の業績を反映させて、給与の変動幅をもっと大きくすべきである」が、「べきである」という逆転した項目になっているとともに、「q.評価・給与」の他の項目と相関係数が低く、別のものを見るものとなっていたと考えられた。そこでWebデータではこの設問の代替として、「本人の業績が良いときには、それに見合った報酬となっている」を用意し、双方を入れデータを収集した。その結果、これまでの「67.本人の業績を反映させて、給与の変動幅をもっと大きくすべきである」は他の項目との相関係数が　.131　.174　.084　と低く、代替した「本人の業績が良いときには、それに見合った報酬となっている」は相関係数が　.622　.633　.554　となり、他とまったく同じではないが、類似のことを聞く項目となっていた。新項目での信頼性係数も他と同等の　.871　と高い値となった。

　「Ⅵ.能力開発・福利厚生・生活サポート」の「s.福利厚生」も信頼性係数が低いことが問題であった。これはここでの項目にも「○○すべきである」という表現があり、意味としては逆転したものとなっていたことによる。そこで、「s.福利厚生」はすべて入れ替えることとし、「この会社は住宅手当や社宅など住居の支援をしてくれる」、「この会社は貯蓄や企業年金など財産形成を支援してくれる」、「この会社は従業員の医療費や健康維持を支援してくれる」、「こ

の会社はスポーツ、文化、余暇など活動を支援してくれる」の設問を用意し、これも加えて Web データを収集した。以前の 73〜76 の項目は福利厚生を聞いているにもかかわらず相互に相関係数が低いものが見られたが、新項目では 0.50 から 0.60 程度の相関係数となった。また、新項目による「Ⅵ. 能力開発・福利厚生・生活サポート」（新）とこれに含まれる下位項目の関係は 0.70、0.80 程度の相関係数となった。「s. 福利厚生」の α 係数は、これまでの用紙データにおいて 0.58 であったものが、新項目では他と同等の 0.848 の高い値となった。

　以上のように入れ替えた新項目は、データとしてはすべて良い方向となったため、今後は入れ替えた新項目でのチェックリストとすることとした。巻末に付録として掲載した「HRM チェックリスト」は新項目に入れ替えたものとなっている。

（7）Web での HRM チェックリスト（人事担当用・会社用）のデータ収集

　HRM チェックリスト（人事担当用・会社用）に関しても、短期間に偏りなくデータ収集するため、Web でのデータ収集を行った。従業員数が、1〜30 名、31〜300 名、301〜3,000 名、3,001 名以上を偏りなくデータを集めた。この従業員規模に各 500 名、計 2,000 名回収が当初の目標であった。業種に関しても偏りなく情報収集することも考えられるが、業種に関しては、電気・ガス・熱供給・水道業等、もともと会社数が少ない業種もあり、規模と業種の双方で偏りなく情報収集することは難しいことから、規模のみを均等に収集することとした。

　データ収集の具体的な日時は、2014 年 7 月 25 日に調査協力依頼のメール配信を開始し、7 月 28 日以降、調査協力依頼のリマインド等を配信している。1〜30 名、31〜300 名、301〜3,000 名、3,001 名以上のそれぞれに対して 550 名の回収を目標とした。必要数はそれぞれ 500 名であるが、データのクリーニング段階での脱落を考え、それぞれ 50 名多く回収することとした。7 月 28 日までに 1〜30 名、31〜300 名に関しては目標の 550 名が回収でき、7 月 30 日までに 301〜3,000 名に関しても 550 名以上の回収ができた。3,001 名以上に関しては、下記のようにモニターの中に人事担当者が少なく、収集が進まなかったため、8 月 4 日まで回収を継続した。8 月 5 日にデータをクリーニングし、データを確定している。

　今回、調査を行った調査会社ではネットモニターは全体で約 160 万人とされ、人事労務担当者として登録されていた者は、1〜30 名が約 1,700 名、31〜300 名が約 1,700 名、301〜3,000 名が約 1,500 名、3,001 名以上が約 1,300 名であった。このため、人数の少ない 301〜3,000 名と 3,001 名以上、特に 3,001 名以

上において回収が進まなかった。また、データクリーニング後の回収率（回収件数÷配信数）は1～30名が32.6%、31～300名が33.6%、301～3,000名が36.1%、3,001名以上が35.9%であった。301～3,000名と3,001名以上がやや回収率が高いが、この二つに対しては回収期間を延ばし、督促も重ねて出していることが関係している。以上から通常の督促1回の場合、33%程度、複数回の督促を行い、回収期間も延ばすと回収は35%程度といえる。ただし、回収率は設問の構成や内容も関係しており、端的には、わかり易く、短い設問であれば回収率は良くなる。このため今回のような設問では、この程度の回収率になる、といえる。回収数、回収率は以上の通りであるが、今回のような全体で約160万人のWebモニターを有する調査会社では、人事労務担当者が約6,200名居り、3日で33%程度、10日余りで35%程度、結果的に約2,100名、回収できることになる。

HRMチェックリスト（人事担当用・会社用）に関して、収集できたデータは図表5-12の通りである。全体で2,125社の回答が得られたが、規模に関しては、3,001名以上がやや少ない。業種に関しては製造業がもっとも多く、電気・ガス・熱供給・水道業がもっとも少ない。

HRMチェックリスト（人事担当用・会社用）のこれ以外の統計に関しては、第2章でより詳細にみている。

図表5-12　HRMチェックリスト：人事担当用・会社用（Webデータ、上段度数、下段％）

	建設業	製造業	電気・ガス・熱供給・水道業	運輸・通信業	卸・小売・飲食業	金融・保険業	不動産業	サービス業（対事業所）	サービス業（対個人）	公的機関等（国／地方自治体、他）	その他	計
1～30名	64	48	6	30	104	26	44	79	81	22	51	555
	11.5	8.6	1.1	5.4	18.7	4.7	7.9	14.2	14.6	4.0	9.2	100.0
31～300名	40	113	6	52	80	15	9	91	87	30	41	564
	7.1	20.0	1.1	9.2	14.2	2.7	1.6	16.1	15.4	5.3	7.3	100.0
301～3,000名	26	99	9	36	59	28	3	79	74	78	52	543
	4.8	18.2	1.7	6.6	10.9	5.2	0.6	14.5	13.6	14.4	9.6	100.0
3,001名以上	16	101	20	38	28	63	2	33	21	128	13	463
	3.5	21.8	4.3	8.2	6.0	13.6	0.4	7.1	4.5	27.6	2.8	100.0
計	146	361	41	156	271	132	58	282	263	258	157	2,125
	6.9	17.0	1.9	7.3	12.8	6.2	2.7	13.3	12.4	12.1	7.4	100.0

文　献

Alderfer, C. P. （1969）. An empirical test of a new theory of human needs. *Organizational Behavior & Human Performance, 4*(2), 142-175.

Allen, N. J., & Meyer, J. P. (1990). The measurement and antecedents of affective, continuance and normative commitment to organization. *Journal of Occupational Psychology, 63,* 1-18.

Aranya, N., & Ferris, K. R. (1984). A reexamination of accountants organizational-professional conflict. *The Accounting Review, 59,* 1-15.

Aranya, N., Pollock, J., & Amernic, J. (1981). An examination of professional commitment in public accounting. *Accounting, Organizations and Society, 6,* 271-280.

Aryee, S., & Tan, K. (1992). Antecedents and outcomes of career commitment. *Journal of Vocational Behavior, 40,* 288-305.

Bartol, K. M., & Martin, D. C. (1991). *Management.* New York: MacDraw-Hill.

Becker, H. S. (1960). Notes on the concept of commitment. *American Journal of Sociology, 66,* 32-40.

Bedeian, A. G., Kemery, E. R., & Pizzolatto, A. B. (1991). Career commitment and expected utility of present job as predictors of turnover intentions and turnover behavior. *Journal of Vocational Behavior, 39*(3), 331-343.

Beehr, T. A., & Newman, J. E. (1978). Job stress, employee health, and organizational effectiveness: A facet analysis, model and literature review. *Personnel Psychology, 31,* 665-699.

Blau, G. J. (1985). The measurement and prediction of career commitment. *Journal of Occupational Psychology, 58,* 277-288.

Brown, S. P. (1996). A meta-analysis and review of organizational research on job involvement. *Psychological Bulletin, 120,* 235-255.

Cohen, A. (1996). On the discriminant validity of the Meyer and Allen measure of organizational commitment: How does it fit with the work commitment construct? *Educational and Psychological Measurement, 56,* 494-503.

Cooper, C. L., & Marshall, J. (1976). Occupational sources of stress: A review of the literature relating to coronary heart disease and mental ill health. *Journal of Occupational Psychology, 49,* 11-28.

Cranny, C. J., Smith, P. C., & Stone, E. F. (1992). *Job satisfaction: How people feel about their jobs and how it affect their performance.* New York: Lexington Press.

Dubin, R. (1956). Industrial workers worlds: A study of the central life interest of industrial workers. *Social Problems, 3,* 131-142.

Dunham, R. B., Grube, J. A., & Castaneda, M. B. (1994). Organizational commitment: The utility of an integrative definition. *Journal of Applied Psychology, 79,* 370-380.

Ferris, K. R. (1981). Organizational commitment and performance in a professional accounting firm. *Accounting, Organizations and Society, 6,* 317-325.

Folkman,S., Lazarus,R.S., Dunkel-Schetter, C., DeLongis, A.,& Gruen, R. J. (1986). Dynamics of a stressful encounter: Cognitive appraisal, coping and encounter outcomes. *Journal of Personality and Social Psychology, 50,* 992-1003.

French, J. R. P., Jr., Rodgers, W. L., & Cobb, S. (1974). Adjustment as person-environment fit. In B. V. Coelho, D. A. Hamburg, & J. E. Adams (Eds.), *Coping and adaptation*(pp. 316-333). New York: Basic Books.

French, J. R. P., Jr., Caplan, R. D., & Van Harrison, R. (1982). *The mechanisms of job stress and strain.* New York: John Wiley & Sons.

古屋 健・坂田 成輝・音山 若穂・所澤 潤 (1994). 教育実習生のストレスに関する基礎研究 群馬大学教育実践研究, *11,* 227-240.

Hall, R. H. (1968). Professionalization and bureaucratization. *American Sociological Review, 33,* 92-104.

Herzberg F. (1966) . *Work and The Nature of Man.* Cleveland, OH: World.
(ハーズバーグ,F. 北野 利信(訳)(1968). 仕事と人間性――動機づけ-衛生理論の新展開 ―― 東洋経済新報社)

Herzberg, F., Mausner, B.,& Snyderman, B. B. (1959). *The Motivation to Work* (2nd ed.). New York: John Wiley.

Holmes,T.H., & Rahe,R.H. (1967). The social readjustment rating scale. *Journal of Psychosomatic Research, 11,* 213-218.

Hurrell, J. J., Jr., & McLaney, M. A. (1988). Exposure to job stress : A new psychometric instrument. *Scandinavian Journal of Work and Environmental Health, 14*(1), 27-28.

Iaffaldano, M. T., & Muchinsky, P. M. (1985). Job satisfaction and job performance: A meta-analysis. *Psychological Bulletin, 97,* 251-273.

International Labor Office (1999). *World employment report 1998-99: Employability in the global economy: How training matters.* Geneva: International Labour Organization.

Johnson, J.V., & Hall, E.M. (1988). Job strain, work place social support, and cardiovascular disease : A cross-sectional study of a random sample of the Swedish working population. *American Journal of Public Health, 78,* 1336-1342.

Judge, T. A., Thoresen, C. J., & Bono, J. E. (2001). The job satisfaction-job performance relationship: A qualitative and quantitative review. *Psychological Bulletin*, *127*, 376-407.

Kanungo, R. N. (1979). The concept of alienation and involvement revisited. *Psychological Bulletin*, *86*, 119-138.

Kanungo, R. N. (1982). Measurement of job and work involvement. *Journal of Applied Psychology*, *67*, 341-349.

Kaplan, E., & Cowen, E. (1981). Interpersonal helping behavior of industrial foremen. *Journal of Applied Psychology*, *66*, 663-668.

Karasek, R. A. (1979). Job demands, job decision latitude, and mental strain: Implications for job redesign. *Administrative Science Quarterly*, *24*, 285-308.

Keon, T., & McDonald, B. (1982). Job satisfaction and life satisfaction: An empirical evaluation of their interrelationships. *Human Factors*, *35*, 167-180.

Lawler, E. E., Morhrman, S. A., & Ledford, G. E. (1995). *Creating high performance organizations.* San Francisco: Jossey-Bass Publishers.

Lazarus, R. S. (1990). Measuring stress to predict health outcome（講演）
（林峻一郎（編訳）(1990). ストレスとコーピング――ラザルス理論への招待　星和書店）

Lazarus, R. S., & Folkman, S. (1984). *Stress, appraisal and coping.* Springer: NY.
（本明寛・春木 豊・織田 正美（監訳）(1991). ストレスの心理学――認知的評価と対処の研究――　実務教育出版）

Locke, E. A. (1969). What is job satisfaction? *Organizational Behavior and Human Performance*, *4*, 309-336.

Lodahl, T. M. & Kejner, M. (1965). The definition and measurement of job involvement. *Journal of Applied Psychology*, *49*, 24-33.

Maslow, A. H. (1943). A theory of human motivation. *Psychological Review*, *50*, 370-396.

Mathiew, J. E., & Zajac, D. M. (1990). A review and meta-analysis of the antecedents, correlates and consequences of organizational commitment. *Psychological Bulletin*, *108*, 171-194.

松本 真作 (1982). 外的基準のあるクラスター分析について――AID の紹介――　雇用職業総合研究所研究紀要, *19*, 9-31.

松本 真作 (1994). ワークモティベーション――仕事への動機づけ――　斉藤 勇・藤森 立男（編）経営産業心理学パースペクティブ　(pp. 9-25) 誠信書房

松本 真作 (2010). ワークモティベーション――仕事への動機づけ――　藤森 立男（編著）産業・組織心理学――変革のパースペクティブ――　(pp. 13-26) 福村出版

Meyer, J. P., & Allen, N. J. (1997). *Commitment in the workplace: Theory, research, and application.* Thousand Oaks,CA: Sage Publications.

Meyer, J. P., Allen, N. J., & Smith, C. A. (1993). A commitment to organizations and occupations: Extension and test of a three-component conceptualization. *Journal of Applied Psychology, 78,* 538-551.

Meyer, J. P., Stanley, D. J., Herscovitch, L., & Topolnysky, L. (2002). Affective, continuance, and normative commitment to the organization: A meta-analysis of antecedents, correlates, and consequences. *Journal of Vocational Behavior, 61,* 20-52.

Morris, J., & Sherman, J.D. (1981). Generalizablility of an organizational commitment model. *Academy of Management Journal, 24,* 512-526.

Morrow, P. C., & McElroy, J. C. (1986). On assessing measures of work commitment. *Journal of Occupational Behavior, 7,* 139-145.

Morrow, P. C., & Wirth, R. E. (1989). Work commitment among salaried professionals. *Journal of Vocational Behavior, 34,* 40-56.

Mowday, R., Steers, R., & Porter, L. (1979). The measurement of organizational commitment. *Journal of Vocational Behavior, 14,* 224-247.

夏目 誠・村田 弘・杉本 寛治・中村 彰夫・松原 和幸・浅尾 博一・藤井 久和 (1988). 勤労者におけるストレス評価法（第 1 報）——点数法によるストレス度の自己評価の試み—— 産業医学, *30*(4), 266-279.

日本労働研究機構 (1999). 雇用管理業務支援のための尺度・チェックリストの開発——HRM（Human Resource Management）チェックリスト—— 調査研究報告書 No.124

日本労働研究機構 (2001). メンタルヘルス対策に関する研究——対策事例・欧米の状況・文献レビュー・調査結果—— 調査研究報告書 No.144

日本労働研究機構 (2003). 組織の診断と活性化のための基盤尺度の研究開発——HRM チェックリストの開発と利用・活用—— 調査研究報告書 No. 161.

新名 理恵 (1995). 介護の心理的ストレス・モデル ストレス科学, *10*(3), 220-223.

新名 理恵・坂田 成輝・矢冨 直美・本間 昭 (1990). 心理的ストレス反応尺度の開発 心身医学, *30*, 29-38.

新名 理恵・矢冨 直美・穂坂 智俊・千葉 征慶 (1990). コンピュータ・メーカーにおけるワーク・ストレスとその緩衝要因(2) ——オーバーワーク・ロードによるストレスに対する自尊心の緩衝効果—— 日本心理学会第 54 回大会発表論文集, 345.

Office of American Workplace (1994). *Road to High-Performance Workplaces: A Guide to Better Jobs and Better Business Results.* Washington, DC: U.S. Department of Labor.

太田 隆次 (1999). コンピテンシー——アメリカを救った人事革命—— 経営書院

Porter, L. W., Steers, R. M., Mowday, R. T., & Boulian, P. V. (1974). Organizational commitment, job satisfaction, and turnover among psychiatric technicians. *Journal of Applied Psychology, 59* (5), 603-609.

Randall, D. M., & Cote, J. A. (1991). Interrelationships of work commitment constructs. *Work and Occupation, 18,* 194-211.

労働政策研究・研修機構 (2011). 求人企業サービスに関する研究——仕事魅力、求人充足、求人開拓、事業所訪問、他—— 労働政策研究・研修機構 資料シリーズ No.85

労働政策研究・研修機構 (2012). 中小企業における人材の採用と定着——人が集まる求人、生きいきとした職場／アイトラッキング、HRM チェックリスト他から—— 労働政策研究・研修機構 労働政策研究報告書 No.147

Schleicher, D. J., Hansen, S. D., & Fox, K. E. (2011). Job attitudes and work values. In S. Zedeck (Ed.), *APA handbook of industrial and organizational psychology, 3,* (pp. 137-189). Washington, DC: American Psychological Association.

Selye, H. (1936). A syndrome produced by diverse nocuous agents. *Nature, 138,* 32.

Snizek, W. E. (1972). Hall's Professionalism Scale: An empirical reassessment. *American Sociological Review, 37,* 109-115.

Szabo, S., Tache, Y., & Somogyi, A. (2012). The legacy of Hans Selye and the origins of stress research: A retrospective 75 years after his landmark brief "letter" to the editor of Nature. *Stress, 15,* 472-478

Tagiuri, R., & Litwin, G. (1968). *Organizational climate: Explorations of a concept.* Cambridge, MA: Harvard Business School.

Tracey, W. R. (1998). *The Human Resources Glossary: Complete desk reference for HR executives, managers, and practitioners* (2nd ed.). Boca Raton, FL: CRC Press.

Weiss, H. M. (2002). Deconstructing job satisfaction: Separating evaluations, beliefs, and affective experiences. *Human Resource Management review, 12,* 173-194.

Williams, L. J., & Hazer, J. T. (1986). Antecedents and consequences of satisfaction and commitment in turnover models: A reanalysis using latent variable structural equation methods. *Journal of Applied Psychology, 71,* 219-231.

おわりに

　ここで紹介している測定尺度とチェックリストは、これまでも人事担当や経営者が自社の状況を知りたいとして利用されてきたが、このような層だけではなく、自分の仕事や職場について客観的に捉えたいとして、職場やチームで自主的に実施されたこともある。本書では手軽に使える多くのチェックリストと測定尺度を紹介しており、それを利用すれば職場とチームの状態を客観的に数値化できる。そればかりではなく、チェックリストと測定尺度を実際に使用しなくても、その背景となる理論やモデルの枠組みが頭の中にあれば、会社とチームの状況をその枠組みにより整理し、会社とチームを活性化することもできる。本書の利用活用の範囲はかなり広いと考えている。

　社会の情報化やネットの普及により、様々なデータが集積され、それを分析する統計学、最近の言い方ではデータサイエンスが話題になるが、仕事や職場に関して測定尺度を作成し、それによりデータを収集し、基準数値等を公表している例は他にはない。類似のものがないことから、自分の会社で使いたい、また研究に使いたい等、問合せも多い。

　世の中で広く使われることを想定し、標準的な各種測定尺度を作成することは、公的機関が実施すべき研究といえる。スタンダードといえる測定尺度を作成し、様々な側面を数値化することは、関連分野の研究や開発に基盤を提供するものでもある。実際、ここで紹介しているチェックリストと測定尺度を用いた研究が機構外でも広く行われるようになってきている。

　本研究では、研究会への参加、尺度開発の検討、データの収集・分析、利用活用の事例の収集、また、これまで刊行した報告書等における担当章の執筆等々、実に多くの方にご協力をいただいた。大学や会社の所属が変わっている方も多いため、お名前だけを五十音順で記載する。安達智子氏、浅井千秋氏、伊藤祐史氏、太田さつき氏、岡田知香氏、音山若穂氏、鎌倉哲史氏、佐藤舞氏、住田修平氏、田島博実氏、田中健吾氏、長沼裕介氏、中土井浩志氏、伴英美子氏、古屋健氏、町田秀樹氏、安永正夫氏。それぞれの分野で活躍されていますが、機会があればまた共同での研究等を行いたいと考えています。企業名は書くことができないが、全体で 2,000 社を越す経営者、人事担当者にはデータの収集、利用活用事例の収集等に関して、ご協力いただいた。また戸田祐規子氏には、いつもながら様々な面倒なチェックと作業を、信じられないほど緻密にしていただいた。最後に、本研究を始めるきっかけとなったのは木下敏先生、松井賚夫先生との当機構での研究会でした。この研究会が発端となり、実に多

くの関係者に支えられ、歩んでこられた研究といえ、ここに深く感謝申し上げたい。

付　録

(1) HRM チェックリスト（従業員用・個人用）‥‥‥ 215

(2) HRM チェックリスト（人事担当用・会社用）‥‥ 224

(3) HRM チェックリスト結果出力見本 ‥‥‥‥‥ 235

付　録

HRM チェックリスト（従業員用・個人用）

　このチェックリストは企業と従業員双方にとってより良い職場を考えるために，労働政策研究・研修機構が開発したもので，職場の状況を把握しようとするものです．個人の回答はコード化し入力された後，破棄され，外部にでることは決してありません．また，結果は統計以外の目的に使用されることはありません．下記の点にご留意のうえ，ご記入ください．

F 1　勤務先等をご記入ください

勤務先	（会社名）		（事業所名，部署名）	
年齢　　性別	歳（男　・　女)	現在の企業での勤続年数		年
学　歴	1.高校卒　　2.専門学校卒	3.短大卒　　4.大学卒　　5.大学院卒　　6.その他		
転職経験	1.あり　　2.なし	現在の職場での在職年数		年
配偶者	1.あり　　2.なし	子　供	1.あり　　2.なし	

F 2　現在の職種を下の A1 から E6 のなかでお選びください

事務職	A1 経理　A2 広報　A3 企画　A4 人事・教育　A5 物流　A6 総務　A7 その他の事務職
技術職	B1 開発　B2 設計　B3 生産　B4 情報処理　B5 工程管理　B6 その他の技術職
専門職	C1 教育　C2 研究　C3 法律　C4 財務　C5 海外業務　C6 その他の専門職
営業・販売職	D1 マーケティング　D2 セールスエンジニア　D3 営業　D4 店頭販売　D5 その他の営業・販売職
現業職	E1 運輸　E2 建設　E3 製造　E4 保守　E5 サービス　E6 その他の現業職

F 3　あなたの職位（いずれかひとつに〇）

　1.一般　2.係長・主任相当　3.課長相当　4.部長・次長相当　5.その他（　　　　　　　　　）

あなたの就業形態（いずれかひとつに〇）

　1.正社員　2.パート・アルバイト　3.派遣　4.契約　5.その他（　　　　　　　　　　　　　）

215

F4 あなたの職場や仕事について，以下の点ではどのように思われますか．（〇印は1つずつ）

1.電子メールによる情報交換
1————2————3————4————5
遅れている　　やや遅れている　　どちらともいえない　　やや進んでいる　　進んでいる

2.グループウェア，イントラネットによる情報共有
1————2————3————4————5
遅れている　　やや遅れている　　どちらともいえない　　やや進んでいる　　進んでいる

3.経営情報の公開
1————2————3————4————5
遅れている　　やや遅れている　　どちらともいえない　　やや進んでいる　　進んでいる

4.人事情報の公開
1————2————3————4————5
遅れている　　やや遅れている　　どちらともいえない　　やや進んでいる　　進んでいる

5.エンパワーメント（権限委譲）
1————2————3————4————5
遅れている　　やや遅れている　　どちらともいえない　　やや進んでいる　　進んでいる

6.あなたの仕事の生産性
1————2————3————4————5
低い　　やや低い　　どちらともいえない　　やや高い　　高い

7.あなたの仕事の質・水準
1————2————3————4————5
低い　　やや低い　　どちらともいえない　　やや高い　　高い

8.あなたの仕事の先進性・独自性
1————2————3————4————5
低い　　やや低い　　どちらともいえない　　やや高い　　高い

9.チームや職場の活気，活力
1————2————3————4————5
低い　　やや低い　　どちらともいえない　　やや高い　　高い

10.各人が専門性を高めることへの配慮
1————2————3————4————5
少ない　　やや少ない　　どちらともいえない　　やや多い　　多い

11.プロジェクトにより仕事をする機会
1————2————3————4————5
少ない　　やや少ない　　どちらともいえない　　やや多い　　多い

12.本人の業績による収入の変動幅
1————2————3————4————5
小さい　　やや小さい　　どちらともいえない　　やや大きい　　大きい

13.自己都合による離職者
1————2————3————4————5
少ない　　やや少ない　　どちらともいえない　　やや多い　　多い

14.あなたの職場への異動，採用希望者
1————2————3————4————5
少ない　　やや少ない　　どちらともいえない　　やや多い　　多い

15.あなたの仕事量
1————2————3————4————5
少ない　　やや少ない　　どちらともいえない　　やや多い　　多い

16.仕事の上でのゆとり
1————2————3————4————5
少ない　　やや少ない　　どちらともいえない　　やや多い　　多い

17.各人の家庭生活や個人の生活への配慮
1————2————3————4————5
少ない　　やや少ない　　どちらともいえない　　やや多い　　多い

F5 次ページからのチェックリストを最後まで回答した後で，その他，あなたの職場や仕事について，最近感じていること等，ご自由にお書きください．

付　録

A．ワーク・シチュエーション

　仕事や職場の現状についてお答えください．次のそれぞれの文章について，5段階（1.No　2.どちらかというとNo　3.どちらでもない　4.どちらかというとYes　5.Yes）で評定し，該当する数字に○をつけてください．

Ⅰ．職　　務

	No	どちらでもない	Yes
1.　今の仕事は達成感を感じることができる		1 — 2 — 3 — 4 — 5	
2.　仕事において我ながらよくやったなあと思う事がある		1 — 2 — 3 — 4 — 5	
3.　今の仕事は挑戦しがいのある仕事である		1 — 2 — 3 — 4 — 5	
4.　仕事の上で自分のアイデアや工夫が生かせる		1 — 2 — 3 — 4 — 5	
5.　経験を積むことによって，より高度な仕事が与えられる		1 — 2 — 3 — 4 — 5	
6.　仕事を通じて自分自身が成長したという感じを持てる		1 — 2 — 3 — 4 — 5	
7.　仕事において，自分がどのレベルに達したかを把握することができる		1 — 2 — 3 — 4 — 5	
8.　仕事では自分の能力を活かし可能性を伸ばすことができる		1 — 2 — 3 — 4 — 5	
9.　仕事の遂行に影響する決定は，自分で下すことができる		1 — 2 — 3 — 4 — 5	
10.　自分の仕事の手順は，自分で決められる		1 — 2 — 3 — 4 — 5	
11.　自分の仕事のスケジュールは，自分で決められる		1 — 2 — 3 — 4 — 5	
12.　仕事の目標や遂行規準は自分で定められる		1 — 2 — 3 — 4 — 5	
13.　仕事をすすめる上で，自分の意見は十分反映されている		1 — 2 — 3　4　5	
14.　自分の仕事に関わりのある社内の決定には，参加できる		1 — 2 — 3 — 4 — 5	
15.　新技術導入や業務変更などの決定には，従業員の参画が求められている		1 — 2 — 3 — 4 — 5	
16.　自分の仕事の目標設定や手続きの決定には，意見を述べることができる		1 — 2 — 3 — 4 — 5	
17.　私はこの組織にとって大切な仕事をしていると感じている		1　2 — 3 — 4 — 5	
18.　私は組織にとって重要かつ責任ある仕事を任されている		1 — 2 — 3 — 4 — 5	
19.　今やっている仕事は，私の人生にとって意義あるものと思う		1 — 2 — 3 — 4 — 5	
20.　私の仕事は社会に貢献する，意義あるものである		1 — 2 — 3 — 4 — 5	

Ⅱ．上司やリーダー

	No	どちらでもない	Yes

21. 上司・リーダーは私の仕事能力を評価し，信頼してくれる　　　　1 — 2 — 3 — 4 — 5
22. 上司・リーダーは私の長所を生かそうとしてくれる　　　　　　　1 — 2 — 3 — 4 — 5
23. 上司・リーダーは私の能力が高まるよう配慮してくれる　　　　　1 — 2 — 3 — 4 — 5
24. 上司・リーダーはやり甲斐のある仕事を与えてくれる　　　　　　1 — 2 — 3 — 4 — 5

25. 上司・リーダーは私を含めて部下を正当に扱っている　　　　　　1 — 2 — 3 — 4 — 5
26. 私の上司・リーダーは依怙贔屓(えこひいき)することはない　　1 — 2 — 3 — 4 — 5
27. 私の上司・リーダーは人間的に尊敬できる　　　　　　　　　　　1 — 2 — 3 — 4 — 5
28. 私は上司・リーダーに全幅の信頼をおいている　　　　　　　　　1 — 2 — 3 — 4 — 5

29. 助けが必要なときには，上司・リーダーは支援してくれる　　　　1 — 2 — 3 — 4 — 5
30. 私の上司・リーダーは仕事に役立つアドバイスをしてくれる　　　1 — 2 — 3 — 4 — 5
31. 私の上司・リーダーは仕事をうまく段取りしたり計画したりできる　1 — 2 — 3 — 4 — 5
32. 私の上司・リーダーは仕事に明るく，仕事がよくわかっている　　1 — 2 — 3 — 4 — 5

Ⅲ．同僚や顧客との関係

	No	どちらでもない	Yes

33. 職場は友好的な雰囲気である　　　　　　　　　　　　　　　　　1 — 2 — 3 — 4 — 5
34. 私の職場の人間関係はよい　　　　　　　　　　　　　　　　　　1 — 2 — 3 — 4 — 5
35. 同僚の多くに好感をもてる　　　　　　　　　　　　　　　　　　1 — 2 — 3 — 4 — 5
36. 同僚の間では，みんな気持ちがしっくり合っている　　　　　　　1 — 2 — 3 — 4 — 5

37. 仕事が遅れたり困ったりしているとき，同僚はお互いに助け合っている　1 — 2 — 3 — 4 — 5
38. メンバーは団結して，全体の業績を良くしていこうとしている　　1 — 2 — 3 — 4 — 5
39. 私と同僚との間には良好なチームワークがある　　　　　　　　　1 — 2 — 3 — 4 — 5
40. 同僚との間では仕事上の情報交換が活発である　　　　　　　　　1 — 2 — 3 — 4 — 5

41. 顧客（あるいは業務の相手）との間には信頼関係が成り立っている　1 — 2 — 3 — 4 — 5
42. 顧客（あるいは業務の相手）とのコミュニケーションは円滑に行われている　1 — 2 — 3 — 4 — 5
43. 私の仕事ぶりは顧客（あるいは業務の相手）から正当に評価されている　1 — 2 — 3 — 4 — 5
44. 顧客（あるいは業務の相手）は私の手腕をみとめて仕事を任せてくれる　1 — 2 — 3 — 4 — 5

付　録

Ⅳ．ビジョン・経営者

	No	どちらでもない	Yes

45. 会社には明確で優れたビジョンや戦略がある　　　1 — 2 — 3 — 4 — 5

46. 会社のビジョンや戦略は現状では最良のものといえる　　　1 — 2 — 3 — 4 — 5

47. 組織のかかげるビジョンや目標に，われわれの多くが賛同している　　　1 — 2 — 3 — 4 — 5

48. 会社のビジョンや経営戦略が末端までよく周知されている　　　1 — 2 — 3 — 4 — 5

49. 経営者はわれわれ従業員と打ち解けて話をする機会をもっている　　　1 — 2 — 3 — 4 — 5

50. 経営者は業績に関連した情報を，可能な限り従業員に開示している　　　1 — 2 — 3 — 4 — 5

51. 経営者はチームの一員としての意識をもち，われわれとともに働いている　　　1 — 2 — 3 — 4 — 5

52. 経営者は会社の運営や今後の計画について，従業員の意見を尊重している　　　1 — 2 — 3 — 4 — 5

53. 仕事では倫理的側面を重視すべきことを，経営者も行動で示している　　　1 — 2 — 3 — 4 — 5

54. 経営者は正しいことを行っていると信頼がおける　　　1 — 2 — 3 — 4 — 5

55. 経営者は組織全体の業績がよくなるよう，常に努力している　　　1 — 2 — 3 — 4 — 5

56. 経営者は企業の置かれた状況を適切に把握している　　　1 — 2 — 3 — 4 — 5

57. よりよい仕事になるようアイデアを出し，工夫するよう奨励されている　　　1 — 2 — 3 — 4 — 5

58. 新しい仕事のやり方を試すよう奨励されている　　　1 — 2 — 3 — 4 — 5

59. 新しい解決法，新しいアイデアが求められている　　　1 — 2 — 3 — 4 — 5

60. 新しい仕事のやり方に対して，肯定的，受容的である　　　1 — 2 — 3 — 4 — 5

Ⅴ．処遇・報酬

	No	どちらでもない	Yes

61. 昇進・昇格は公平，客観的に行われている　　　1 — 2 — 3 — 4 — 5

62. 適切な人が，適切な時期に昇進している　　　1 — 2 — 3 — 4 — 5

63. 十分なポスト，活躍の場が用意されている　　　1 — 2 — 3 — 4 — 5

64. 各人の希望にそったキャリア・コースが用意されている　　　1 — 2 — 3 — 4 — 5

65. 組織の給与体系は公正・妥当なものである　　　1 — 2 — 3 — 4 — 5

66. 評価は客観的であり，十分な透明性を持っている　　　1 — 2 — 3 — 4 — 5

67. 本人の業績を反映させて，給与の変動幅をもっと大きくすべきである　　　1 — 2 — 3 — 4 — 5

68. 私は仕事に見合った十分な給与を得ている　　　1 — 2 — 3 — 4 — 5

VI. 能力開発・福利厚生・生活サポート

		No		どちらで もない		Yes
69.	仕事で必要な技術や知識については，十分な教育・研修がある	1	2	3	4	5
70.	教育・研修は自分の希望や要望を十分反映したものとなっている	1	2	3	4	5
71.	ここで仕事をすることが，自分の今後のキャリアにプラスとなる	1	2	3	4	5
72.	ここでの仕事や経験が，自分の将来の目標につながっている	1	2	3	4	5
73.	この会社は福利厚生の制度や設備が十分整備されている	1	2	3	4	5
74.	この会社は福利厚生の制度や設備をもっと充実すべきである	1	2	3	4	5
75.	会社の福利厚生の制度は，従業員が選択できるようにすべきである	1	2	3	4	5
76.	会社は福利厚生の経費を給与などにまわすべきである	1	2	3	4	5
77.	育児休暇や介護休暇等の支援制度は整備されており，利用しやすい	1	2	3	4	5
78.	出張や会議が時間外や休日にかからないよう配慮されている	1	2	3	4	5
79.	仕事と生活が両立するよう，十分配慮されている	1	2	3	4	5
80.	勤務時間は融通がきく	1	2	3	4	5
81.	休日や休暇は満足にとることができる	1	2	3	4	5
82.	残業も含めて今の労働時間は適切といえる	1	2	3	4	5
83.	職場は安全で衛生的である	1	2	3	4	5
84.	仕事をしていて，体に悪いと思うようなことは，特にない	1	2	3	4	5

付　録

B．コミットメント

　現在のあなたの気持についてお答えください．次のそれぞれの文章について，5段階（1．No　2．どちらかというとNo　3．どちらでもない　4．どちらかというとYes　5．Yes）で評定し，該当する数字に○をつけてください．

I．組　　織

	No	どちらで もない	Yes

1. 他の会社や組織に移る気はまったくない　　　　　　　　　1 — 2 — 3 — 4 — 5
2. 今の会社や組織に魅力を感じているので，長く留まりたい　1 — 2 — 3 — 4 — 5
3. この会社や組織に必要なら，どんな仕事でも引き受ける　　1 — 2 — 3 — 4 — 5

4. この会社の問題があたかも自分自身の問題であるかのように感じる　1 — 2 — 3 — 4 — 5
5. この会社の一員であることを誇りに思う　　　　　　　　　1 — 2 — 3 — 4 — 5
6. この会社のメンバーであることを強く意識している　　　　1 — 2 — 3 — 4 — 5

7. この会社を離れるとどうなるか不安である　　　　　　　　1 — 2 — 3 — 4 — 5
8. 今この会社を辞めたら，生活上の多くのことが混乱するだろう　1 — 2 — 3 — 4 — 5
9. 今この会社を辞めたら損失が大きいので，この先も勤めようと思う　1 — 2 — 3 — 4 — 5

10. この会社の人々に義理を感じるので，今辞めようとは思わない　1 — 2 — 3 — 4 — 5
11. この会社に多くの恩義を感じる　　　　　　　　　　　　　1 — 2 — 3 — 4 — 5
12. 今この会社を辞めたら，罪悪感を感じるだろう　　　　　　1 — 2 — 3 — 4 — 5

II．職　　務

	No	どちらで もない	Yes

13. 現在の仕事で時間がたつのも忘れてしまうほど熱中することがある　1 — 2 — 3 — 4 — 5
14. 今の仕事が生きがいである　　　　　　　　　　　　　　　1 — 2 — 3 — 4 — 5
15. 今の私にとって仕事が生活のすべてである　　　　　　　　1 — 2 — 3 — 4 — 5
16. 私にとって最も重要なことが，今の仕事に密接に関連している　1 — 2 — 3 — 4 — 5
17. 今は仕事から得られる満足感が一番大きい　　　　　　　　1 — 2 — 3 — 4 — 5
18. 今の仕事にのめり込んでいる　　　　　　　　　　　　　　1 — 2 — 3 — 4 — 5
19. 最も充実していると感じられるのは仕事をしているときである　1 — 2 — 3 — 4 — 5

Ⅲ．キャリア

	No	どちらでもない	Yes

20.給料が下がっても，今の職務・専門分野で仕事がしたい　　　1 — 2 — 3 — 4 — 5

21.今の職務・専門分野でキャリアを追求したい　　　1 — 2 — 3 — 4 — 5

22.他の会社に移っても，今の職務・専門分野に就きたい　　　1 — 2 — 3 — 4 — 5

23.もし働かずにお金が得られても，この職務・専門分野を続けるだろう　　　1 — 2 — 3 — 4 — 5

24.この職務・専門分野が好きなので，この先も続けたい　　　1 — 2 — 3 — 4 — 5

25.私にとってこの職務・専門分野は，ライフワークとして理想的な仕事である　　　1 — 2 — 3 — 4 — 5

26.今の職務・専門分野に満足している　　　1 — 2 — 3 — 4 — 5

27.今の職務・専門分野に関わる雑誌や本を，多く読んでいる　　　1 — 2 — 3 — 4 — 5

Ⅳ．仕事全般・生活全般

	No	どちらでもない	Yes

28.今の仕事が好きである　　　1 — 2 — 3 — 4 — 5

29.現在の仕事に満足している　　　1 — 2 — 3 — 4 — 5

30.今の仕事に喜びを感じる　　　1 — 2 — 3 — 4 — 5

31.今の仕事に誇りを感じる　　　1 — 2 — 3 — 4 — 5

32.朝，仕事に行くのが楽しい　　　1 — 2 — 3 — 4 — 5

33.今の仕事にやりがいを感じる　　　1 — 2 — 3 — 4 — 5

34.家庭，友人，趣味など私生活を大切にしている　　　1 — 2 — 3 — 4 — 5

35.家庭，友人，趣味などが生きがいとなっている　　　1 — 2 — 3 — 4 — 5

36.家庭，友人，趣味など私生活に満足している　　　1 — 2 — 3 — 4 — 5

37.家庭，友人，趣味など私生活と仕事の両立がうまくできている　　　1 — 2 — 3 — 4 — 5

付　録

C．ココロと体の健康チェック

この一週間の間に，次にあげた状態をどのくらい経験しましたか．0〜4までの該当する回答の数字に○印をつけてください．

	まったくなかった	たまにあった	ときどきあった	しばしばあった	大体いつもあった
1. 恐怖感がある	0 — 1 — 2 — 3 — 4				
2. 怒りを感じる	0 — 1 — 2 — 3 — 4				
3. はつらつとした気分である	0 — 1 — 2 — 3 — 4				
4. 体がだるい	0 — 1 — 2 — 3 — 4				
5. ゆううつだ	0 — 1 — 2 — 3 — 4				
6. いきいきしている	0 — 1 — 2 — 3 — 4				
7. 腹が立つ	0 — 1 — 2 — 3 — 4				
8. 気分が沈む	0 — 1 — 2 — 3 — 4				
9. 軽快な気分だ	0 — 1 — 2 — 3 — 4				
10. 脱力感がある	0 — 1 — 2 — 3 — 4				
11. びくびくしている	0 — 1 — 2 — 3 — 4				
12. 気分がのっている	0 — 1 — 2 — 3 — 4				
13. いつもより動作が鈍い	0 — 1 — 2 — 3 — 4				
14. 気がめいる	0 — 1 — 2 — 3 — 4				
15. 気が動転している	0 — 1 — 2 — 3 — 4				
16. 不安を感じる	0 — 1 — 2 — 3 — 4				
17. 不機嫌である	0 — 1 — 2 — 3 — 4				
18. 悲しい	0 — 1 — 2 — 3 — 4				
19. 気持ちが落ち着かない	0 — 1 — 2 — 3 — 4				
20. 眠れない	0 — 1 — 2 — 3 — 4				
21. いらいらする	0 — 1 — 2 — 3 — 4				
22. さみしい気持ちになる	0 — 1 — 2 — 3 — 4				
23. 心配な気持ちになる	0 — 1 — 2 — 3 — 4				
24. むしゃくしゃする	0 — 1 — 2 — 3 — 4				
25. むなしい感じがする	0 — 1 — 2 — 3 — 4				
26. おこりっぽい	0 — 1 — 2 — 3 — 4				
27. 気力に満ちている	0 — 1 — 2 — 3 — 4				
28. いつもより寝起きが悪い	0 — 1 — 2 — 3 — 4				

ＨＲＭチェックリスト（人事担当用・会社用）

　これは労働政策研究・研修機構が開発したもので，企業の人事・労務管理等に役立つチェックリストとなっています．このチェックリストにより，雇用管理や組織業績について自らチェックすることができ，今後の的確な分析やアクションプランに結びつけることができます．

○貴社の概要についてご記入ください.

貴社名	
所在地	都　道 府　県
設立年	西暦　　　　　　　　　　年
業種 (主なものを1つだけ)	1. 建設業　　　　　　　　　　　　6. 金融・保険業 2. 製造業　　　　　　　　　　　　7. 不動産業 3. 電気・ガス・熱供給・水道業　　8. サービス業（対事業所） 4. 運輸・通信業　　　　　　　　　9. サービス業（対個人） 5. 卸・小売，飲食業　　　　　　　10. その他（　　　　　　　　）
正社員数　平均年齢	名　　　　　　　　　　．　　歳
主な製品，あるいはサービス	
ご記入者 (所属部署，役職)	所属部署　　　　　　　　　　役職
ご記入者	ご氏名 　　　　　　　　　　tel

F1　貴社では現在，どのような経営行動をとられていますか．　（あてはまるものすべてに○）

1. 現行商品，現行サービスの充実，強化
2. 関連製品，関連サービスへの展開
3. 新製品，新サービスの開発
4. 異業種への事業転換
5. 新しい技術，設備等の積極的導入
6. コスト削減
7. 財務体質の強化
8. 不採算部門の整理
9. 販売，営業の強化
10. 新規受注，新規顧客の開拓
11. 他社との提携，関係強化
12. 海外進出，海外展開
13. その他
〔　　　　　　　　　　　　　　　〕

付　録

F2　貴社では雇用管理上の課題として，現在どのようなことがありますか．（あてはまるものすべてに〇）

1.研究・開発従事者の確保	8.組織の活性化
2.若年労働者の確保	9.従業員の配置転換
3.人件費の抑制	10.従業員の教育・訓練
4.人員削減	11.経営幹部の選抜・育成，後継者探し
5.社員の意欲の向上	12.その他
6.賃金体系の見直し	
7.組織改革（組織の簡素化，管理階層削減）	

F3　次のような側面で貴社の現状をどのように思われますか．　（〇印は1つずつ）

1.貴社の売り上げ（過去3年間）
1————2————3————4————5
減少している　やや減少　どちらともいえない　やや増加　増加している

2.貴社の利益（過去3年間）
1————2————3————4————5
減少している　やや減少　どちらともいえない　やや増加　増加している

3.貴社の資産
1————2————3————4————5
減少している　やや減少　どちらともいえない　やや増加　増加している

4.今後の貴社の成長性
1————2————3————4————5
低い　やや低い　どちらともいえない　やや高い　高い

5.貴社の製品やサービスの市場での競争力
1————2————3————4————5
低い　やや低い　どちらともいえない　やや高い　高い

6.正社員の数
1————2————3————4————5
減少している　やや減少　どちらともいえない　やや増加　増加している

7.パート、契約、派遣等正社員以外の社員数
1————2————3————4————5
減少している　やや減少　どちらともいえない　やや増加　増加している

8.環境変化への企業としての対応
1————2————3————4————5
遅い　やや遅い　どちらともいえない　やや早い　早い

9.組織としての意思決定の早さ
1————2————3————4————5
遅い　やや遅い　どちらともいえない　やや早い　早い

10.大学生の人気度（応募者÷採用人数の割合）
1————2————3————4————5
低い　やや低い　どちらともいえない　やや高い　高い

11.一般従業員に公開される経営情報
1————2————3————4————5
少ない　やや少ない　どちらともいえない　やや多い　多い

12.一般従業員が経営に参加する機会
1————2————3————4————5
少ない　やや少ない　どちらともいえない　やや多い　多い

13.貴社における中途採用者の比率
1————2————3————4————5
少ない　やや少ない　どちらともいえない　やや多い　多い

14.自己都合による離職者
1————2————3————4————5
少ない　やや少ない　どちらともいえない　やや多い　多い

15.貴社からの出向者，転籍者
1————2————3————4————5
少ない　やや少ない　どちらともいえない　やや多い　多い

16.本人の業績による毎年の収入の変動幅
1————2————3————4————5
小さい　やや小さい　どちらともいえない　やや大きい　大きい

17.本人の業績による収入の個人間格差
（同じ職位にいる場合）
1————2————3————4————5
小さい　やや小さい　どちらともいえない　やや大きい　大きい

225

F4　貴社が現在，導入している制度等に〇をつけて下さい．名称が違っても，目的，実質が同じものであれば〇をつけてください．　（あてはまるものすべてに〇）

1.自己申告，社内公募制度	9.人事考課結果のフィードバック	17.リフレッシュ休暇
2.目標管理制度	10.定年退職者再雇用制度	18.ボランティア休暇
3.複線型人事	11.自己啓発支援制度	19.有給教育訓練休暇
4.裁量労働制	12.転職，自立支援プログラム	20.有給休暇取得促進制度
5.役職定年制・任期制	13.カフェテリアプラン	21.その他
6.早期退職優遇制度	14.フレックスタイム	
7.部下による上司評価	15.介護休業制度	
8.定期的な従業員意見調査	16.育児休業制度	

F5　貴社が現在，導入している賃金制度等に〇をつけて下さい．名称が違っても，目的，実質が同じものであれば〇をつけてください．　（あてはまるものすべてに〇）

1.職能給	7.退職金前払い制度
2.職務給	8.社員持株会
3.年俸制	9.その他
4.特別報奨金制度（年間数十万円以上）	
5.ストックオプション，あるいは類似の制度	
6.プロフィットシェアリング（利益配分）	

F6　貴社の組織は以下のうちのどれがあてはまりますか．複数ある場合は，そのすべてをお答えください．　（あてはまるものすべてに〇）．

1. 単純・未分化組織（経営者と従業員というような組織）
2. 機能別組織（製造，営業，研究開発等の機能別組織）
3. 事業部組織（製品別，顧客別，地域別等々の組織）
4. マトリックス組織（上記二つの機能別と事業部を組み合わせた組織形態）
5. 戦略的事業単位(SBU:Strategic Business Unit いくつかの事業部を戦略策定，戦略実行のために統合した組織形態)
6. 分社化，カンパニー制度（商品群等で分社し，それぞれがひとつの会社のような権限を与えられた組織）
7. 社内ベンチャー，制作毎のプロダクション制
8. 上記等の組織のなかに作られる自律的ワークグループ，セルフマネジングチーム
9. 上記等の組織に加え，プロジェクトチームを必要に応じて編成
10.その他　→　具体的には

F7　貴社の経営理念，ミッション，ビジョン等，明文化されたものがありましたら下欄にご記入ください．長い場合は，主要なものでも結構です．

付　録

F8　貴社の経営戦略, 経営方針を以下の項目について, 5段階（1. No　2. どちらかというと No　3. どちらともいえない　4. どちらかというと Yes　5. Yes）で評定するとどのようになりますか.（○は1つずつ）

	No	どちらともいえない		Yes

1. 自社の製品やサービスは革新的であることを最優先している　1—2—3—4—5
2. 革新による新たな市場の創造を目指し, 企業運営が行われている　1—2—3—4—5
3. 他社の経営戦略も, 成長が期待できるものは積極的に取り入れている　1—2—3—4—5
4. 成長が期待される市場に, 二番手として参入することが多い　1—2—3—4—5
5. 経営環境や市場の変化に敏感であり, 製品やサービスが頻繁に変更される　1—2—3—4—5
6. 社内の組織や予算配分等も頻繁に変更される　1—2—3—4—5
7. ライバル会社と市場のシェア争いをしている　1—2—3—4—5
8. ライバル会社に勝つことを, 最優先して企業運営が行われている　1—2—3—4—5
9. リスクを最小限にするよう, 企業運営が行われている　1—2—3—4—5
10. 手堅い商品, 堅実で安定したサービスを目指し, 企業運営が行われている　1—2—3—4—5
11. 組織や予算配分, 仕事の仕方は長年, 変化が少ない　1—2—3—4—5
12. 年長者の意見が重要視されて, 企業運営が行われている　1—2—3—4—5
13. 自社の得意分野に経営資源を集中し, 競争優位を保とうとしている　1—2—3—4—5
14. 将来の発展を考え, 可能な限り多角化を進めようとしている　1—2—3—4—5
15. 自社の競争優位は主にコスト削減によってもたらされる　1—2—3—4—5
16. 高付加価値の製品, サービスをめざし研究開発を重視している　1—2—3—4—5
17. 新規事業, 新たな市場のために積極的に経営資源を投入している　1—2—3—4—5
18. 不採算部門等の整理, 問題事業からの撤退は迅速に行われている　1—2—3—4—5
19. 長期的な成長, 発展を優先して企業運営が行われている　1—2—3—4—5
20. 企業としては, ある程度短期的な収益を優先している　1—2—3—4—5
21. 従業員の雇用に対する配慮を最優先している　1—2—3—4—5
22. 従業員の生活向上を企業の重要課題と考えている　1—2—3—4—5
23. 株主の利益を追求することが, 最も重要な企業の社会的責任である　1　2　3　4　5
24. 取引先や仕事相手から信頼されることを最優先している　1—2—3—4—5
25. 地域社会や自然環境への配慮を最優先している　1—2—3—4—5

F9　その他, 雰囲気自社の状況やこのチェックリストについて, ご感想等, 何かありましたら, 下欄にご記入ください.

Ａ．雇用管理施策チェックリスト

下記の選択肢に基づいて，以下 12 領域 63 項目を評価してください．

> 0：設問とは異なる考え方で運営されている／この設問はあてはまらない．
>
> 3：その通りであり，緊急に解決すべき問題はない．
> 2：その通りといえるが，運営上にいくつかの問題がある．
> 1：そうとは言い切れず，解決すべき緊急な問題がある．

選択肢の番号を□内にご記入ください．

Ａ．人事基本方針

1）人事の基本方針やその施策運営の方針は，中長期の事業経営計画の実現をサポートすることができるよう，事業経営計画との整合性を保つよう決めている．

2）管理者には，会議や研修を通じて人事やその施策運営の方針を徹底しており，これらの方針に沿って適正な人事管理が行われるよう注意している．

3）人事の運営方針や制度の改定に際しては，その影響を直接受ける従業員のモラールに配慮し，従業員から直接に意見を聞き取り，それを反映するよう努めている．

4）品質や業務の改善を進めるには，これに向けた従業員の努力が不可欠であるが，教育や評価，表彰や報酬等の人事プログラム方針の決定にあたっては，こうした従業員の努力を奨励するよう配慮している．

5）会社として従業員に期待する行動（例えば，顧客尊重，チームワーク，自主性等）があると思われるが，これら期待する行動を従業員一人ひとりに奨励しうるよう，人事プログラムを設計している．

Ｂ．募集・採用管理

1）従業員の採用は，新卒や中途採用とも，中長期の経営計画に沿った人員計画に基づいて計画的に行われている．

2）自社にふさわしい人材，欲しい人材をしっかりイメージした上で，それに適した募集メディアや募集手続きを用いており，いずれも効果的に活用されている．

3）採用選考にあたっては，必要とされるスキルや能力，資質等入社資格基準をきちんと定義しており，これら基準を採用面接に活かしている．

付　　録

4）新卒，中途採用とも正社員に関しては、必要な人材が採用できている．　□

5）正規の雇用に加えて，派遣社員やパートタイム社員など，業務に応じた採用を計画的に行っている．　□

C．配置管理

1）従業員の配置は，個々人の能力や適性に基づいて行われており，適材適所を守っている．　□

2）能力や適性の判断にあたっては，検査やアセスメント等の客観的資料や人事考課の結果などを十分に活用している．　□

3）本人の意向を聴く機会（例えば従業員本人の自己申告書や育成面接機会等）を公式に設け，従業員本人の希望や意向を配置に反映している．　□

4）今の職場や仕事の配置で能力が十分に発揮されていないと判断される場合，どのような対策をとるべきかを人材管理上の課題として追求し，解決をはかっている．　□

5）従業員の知識や技能は今の仕事の要求を十分に満たしているかどうか，現在の配置について定期的に見直す措置を講じている．　□

D．異動・昇進管理

1）教育訓練や育成の結果を，業務の割当や配置や異動に反映している．　□

2）従業員一人ひとりの仕事上のキャリア分野を明確にし，その分野において必要な能力を磨くことができるよう，業務の割当や異動などを計画的に活用している．　□

3）昇進，昇格については客観的な基準があり，十分に機能している．　□

4）管理職位への昇進については，経験に裏づけされた知識や技能など能力の水準を評価するとともに，管理者としての適性を見て決定している．　□

5）昇進・昇格について，そのルールや評価基準などについて，従業員及びその代表と意見を交換している．　□

E．評価・人事考課

（目標管理が行われている場合）

1）従業員個々に期待される業績目標は，組織の業績目標に沿って，面接等の機会を通じて上司と十分に話し合われ決められている．　□

2）目標達成あるいは業務遂行の過程において，定期的に上司と部下が話し合い，よい業績が得られるよう業務上のフォローや指導が行われている．　□

229

3）また，評価結果については，面接等の機会を通じて，なぜこのように評価された
かを従業員個々にフィードバックしている. □

（人事考課が行われている場合）
1）職務あるいは職種の特性に応じて評価すべき事項（業績，能力とも）が決められ
ている. □

2）評価すべき事項については明確な評価基準を設定しており，被評価者にも周知さ
れている. □

3）人事考課面接を通じて，評価結果がフィードバックされるとともに，業績向上へ
の指導が行われている. □

（目標による管理あるいは人事考課いずれにおいても）
4）評価の結果をたんに処遇に反映するのみでなく，従業員一人ひとりの業績の改善
や能力開発に充分活用している. □

5）評価責任をもつ管理者は全員評価研修を受けており，新任管理者には就任後３カ
月以内に評価者研修を受講することをルール化している. □

F．育成・能力開発
1）従業員の育成にあたっては，長期的視野にたって従業員一人ひとりの啓発目標を
決め，計画的な育成に努めている. また，短期的には，会社の収益面に資する目標
や企業目標の実現に貢献できるような能力開発を行っている. □

2）社員が担当する業務や専門分野に関し，社員の市場価値を高め，生涯を通じて雇
用が確保されるよう，また，技術や技能が陳腐化しないよう教育体制を整えている. □

3）業務上改善を要する社員や効果的でない仕事ぶりについては，ＯＪＴや教育を通
じて早期に改善するよう努めるなど，必要なマネジメント・アクションを取ってい
る. □

4）教育訓練や育成に必要な経費は全社員にバランスよく行き渡っており，これに関
わる投資は同業他社と比べ高い水準で行われている. □

5）社内外の機会を問わず，適用した教育訓練プログラムについては，その効果を測
定する基準をもっており，効果測定の結果をプログラム内容の改善に活用している. □

G．職務・組織編成管理
1）職務を割り当てるにあたって，十分な自主性を備えたチームが可能となるよう組
織の編成を考慮している. □

2）市場や顧客のニーズについて，開発・製造・営業・サービス等の部門が情報を共
有し得るよう情報交流の場を制度化している. □

付　録

3）ラインとスタッフ部門にまたがる課題や，部門を横断する問題などの解決のために，プロジェクト・チームやタスク・フォースを頻繁に利用している． ☐

4）QCサークルやZD運動などを通じて，組織全員のチエをしぼりだすような集団活動を制度化している． ☐

5）全社員に期待される行動を速やかに実現するために，○○運動や○○作戦といったイベントを活用している． ☐

H．給与・福利厚生

1）給与や福利厚生は，同業他社や地域の他企業と比べほぼ同等かそれ以上の水準にあり，当社で働きたい，あるいは働き続けたいと思わせる魅力ある水準にある． ☐

2）給与は，仕事の難しさや業績結果を反映して決められており，公正な評価とともに適正に運営されている． ☐

3）賞与の決定は，その原資を当該年度の会社業績に沿って取り決めると同時に，従業員一人ひとりの業績によって決定するようルール化されている． ☐

4）福利厚生施策は，従業員が安心して当社に働き続けられるよう生活の安定を考慮したものとなっている． ☐

5）休業補償，医療補償など生活の安定とともに，育児や介護など家庭生活を支援する方針に沿った福利施策が行われている． ☐

I．勤務・時間管理

1）年間の所定内労働時間は，同業他社と同等かそれ以下の水準にある． ☐

2）残業や休日出勤を含めて，年間の総労働時間は減少する傾向にある． ☐

3）また，有給休暇は十分に消化されている． ☐

4）現在も労働時間の短縮を進めることができるよう，業務の改善に努めている． ☐

5）業務の性質に応じ，変形労働時間制やフレックスタイム制，裁量労働制などを導入してるか．あるいは，近いうちにそれら労働時間制の導入を計画している． ☐

J．退職管理

1）有能な社員が退職するケースは稀に発生するが，多くの社員は当社の魅力を十分に感じているといえる． ☐

2）退職金プログラムや適格年金制度の適用を設けており，それらは社員に周知されている． ☐

231

3）中途退職がでた場合には，面接等を通じ退職事由を正しくつかむとともに，人事の諸制度や組織の運営，マネジメントのあり方に問題が予想される場合にはその改善に向けて努力している． □

4）退職予定者には，退職後の進路などについて個別に相談にのっている． □

5）退職準備プログラム，あるいは早期退職優遇制度やアウトプレースメント，再就職支援制度など，いくつかの退職プログラムが準備されている． □

K．コミュニケーション

1）経営管理者は，あらゆる機会を利用して会社経営の理念や基本方針などを現場の第一線の従業員に直接話しかけ，理解を求めている． □

2）会社の事業方針や経営計画のみならず，全社あるいは部門ごとの業績や業務実績などは，定期的に従業員全員に伝えられており，従業員には，また，こうした情報を理解し活用するためのトレーニングを実施している． □

3）組織の上から下へ，下から上へと組織の隅々にまで情報が伝達されるような組織内部のコミュニケーションを促進する工夫を行っている． □

4）管理職を問わず従業員の間のコミュニケーションは率直に包み隠しなく行われており，事実とデータに基づいた行動が保証されている． □

5）部門の壁を越えて効果的な新しいアイデアを共有することができるような，部門横断的なチームやその他の組織上の仕組みがある． □

L．モラール・動機づけ

1）従業員のモラールや動機づけの現状を常に把握できるような工夫（調査や面接等）が計画的になされている． □

2）また，把握した現状を経営幹部や管理者にフィードバックし，問題点があれば，その改善に努めるよう働きかけている． □

3）組織内に，上司と部下の間や同僚同志の間に信頼感があふれている． □

4）常にすぐれた仕事ぶりや業務の完全な遂行を追求する雰囲気が満ちている． □

5）組織全体に，競争に打ち勝つことの重要性が認識されており，そのために顧客を大事にする気風がみなぎっている． □

付　録

Ｂ．組織業績診断チェックリスト

　下記の組織業績に関する４領域12項目について，貴社の現状を評価してください．評価は12項目それぞれについて下記の３段階で行い，それぞれの項目の該当する□内に項目番号を記入してください．

> 評価選択肢
> ３：その通りで，今後も問題は感じられない．
> ２：その通りだが，将来的には問題が予想される．
> １：その通りとはいえず，この項目について改善をはからねばならない．

選択肢の番号を□内にご記入ください．

Ａ．企業生産性

１）社員一人当りの生産性指標（一人当り売上や一人当り売上総利益あるいは付加価値等）は，同じ地域の他企業や同業他社より上回っている． □

２）また，過去３年間，生産性指標に改善が見られている． □

３）新たな製品や新しいサービスを開発することにつとめ，さらなる生産性指標の向上をはかっている． □

コメント：（企業生産性に関するこの他の問題点　等）

Ｂ．スキル・技術水準

１）自社の売上を支える主要な製品やサービスに関わる技術やノウハウは社内に充分蓄積されており，製品やサービスを通じて得られる収益性は高い水準にある． □

２）製品やサービスに関わる技術やノウハウは，同業他社のそれを上回る水準に達しており，その水準を落とさないよう技術やノウハウの陳腐化には常に対処する方策を具体化している． □

３）製品やサービスの品質管理は全業務にわたって行われており，すぐれた品質水準を保つと同時に，仕様に合わないような不良品や欠陥のあるサービスは最小の水準にとどめられている． □

コメント：（スキル・技術水準に関するこの他の問題点　等）

C．モラール／動機づけ

1）会社と社員の間は信頼関係で結ばれており，従業員は高い業績の実現に向けて積極的に努力する姿勢をもっている． ☐

2）雇用管理諸施策とその運営については従業員の満足を得ており，総合的に見て問題はほとんど感じられない． ☐

3）従業員の仕事への姿勢には積極性が感じられ，決められた目標は100％達成するよう高いコミットメントを示している． ☐

コメント：（モラール／動機づけに関するこの他の問題点 等）

D．顧客満足

1）顧客満足を評価することのできる指標をもっており，指標上の顧客満足は同業他社に負けない水準にある． ☐

2）顧客の要求を的確に把握し，これを情報として組織にフィードバックする仕組みをもっており，顧客の要望や要求あるいは苦情には機敏に対応し顧客の満足を得ている． ☐

3）顧客層の開拓に向けて，顧客のニーズや市場に埋もれている情報を素早く収集し，商品企画やマーケティング，開発担当者などがチームとして組織が一丸となってこれに反応し，商品の開発（既存商品や新商品）に実際に成功している． ☐

コメント：（顧客満足に関するこの他の問題点 等）

付　録

結果出力見本

1.HRMチェックリスト　結果返却シート（他社比較）

		他社全社			○○○○社			t検定結果	
		度数	平均	SD	度数	平均	SD		
ワークシチュエーション（組織風土）	Ⅰ.職務							***	－
	a.達成							***	－
	b.成長							***	－
	c.自律性							***	－
	d.参画							***	－
	e.意義								
	Ⅱ.上司やリーダー							***	－
	f.承認・支持							***	－
	g.公正・信頼							***	－
	h.指導・支援							***	－
	Ⅲ.顧客や同僚との関係							**	＋
	i.職場の人間関係							**	＋
	j.チームワーク							**	＋
	k.顧客との関係							*	＋
	Ⅳ.ビジョン・経営者							***	－
	l.ビジョン・戦略							***	－
	m.経営者と従業員								
	n.経営者への信頼							***	－
	o.仕事の革新							***	－
	Ⅴ.処遇・報酬							***	－
	p.昇進・昇格・キャリア							***	－
	q.評価・給与							***	－
	Ⅵ.能力開発・福利厚生・生活サポート							***	－
	r.教育・研修							***	－
	s.福利厚生							**	＋
	t.生活サポート								
	u.労働条件								
職務満足	職務内容							***	－
	職場環境							***	－
	人間関係								
	全般的満足感								
組織コミットメント	残留意欲								
	情緒的								
	存続的							†	－
	規範的							*	－
CC/JI	キャリアコミットメント							*	＋
	ジョブインボルブメント							**	＋
ストレス反応	抑鬱気分							**	－
	不安								
	怒り							**	－
	高揚感								
	身体反応								

注）　***p＜.001，**p＜.01，*p＜.05　　＋は貴社＞他社，－は貴社＜他社

2. HRMチェックリスト　結果返却シート（職種別）

	事務職 度数	平均	SD	技術職 度数	平均	SD	専門職 度数	平均	SD	営業・販売職 度数	平均	SD	現業職 度数	平均	SD	全体 度数	平均	SD	多重比較結果（Bonferroni法）
I. 職務　a. 達成																			* 営＜現
b. 成長																			* 事＜現
c. 自律性																			** 事・営＜現
d. 参画																			*** 現＜専
e. 意義																			* 営＜専
II. 上司やリーダー　f. 承認・支持																			** 現＜事
g. 公正・信頼																			
h. 指導・支援																			* 現＜事
III. 組織や同僚との関係　i. 職場の人間関係																			* 現＜事
j. チームワーク																			
k. 顧客との関係																			
IV. ビジョン・経営者　l. ビジョン・戦略																			
m. 経営者と従業員																			
n. 経営者への信頼																			
o. 仕事の革新																			
V. 処遇・報酬　p. 昇進・昇格・キャリア																			
q. 評価・給与																			
VI. 能力開発・福利厚生・生活サポート　r. 教育・研修																			
s. 福利厚生																			
t. 生活サポート																			* 事・営・現＜専
u. 労働条件																			
職務満足　職務内容																			* 事・営・現＜専
職場環境																			
人間関係																			
全般的満足感																			* 営・現＜専
残留意欲																			
組織コミットメント　情緒的																			
伴統的																			
規範的																			* 技＜専
OCJI　キャリアコミットメント																			*** 事・営・現＜専
ジョブインボルブメント																			
ストレス反応　抑鬱気分																			
不安																			
怒り																			
高揚感																			
身体反応																			

注）***p＜.001，**p＜.01，*p＜.05

3.HRMチェックリスト　結果返却シート（職位別）

	一般			係長			課長			部次長			その他			多重比較結果 (Bonferroni法)
	度数	平均	SD	度数	平均	SD	度数	平均	SD	度数	平均	SD	度数	平均	SD	
I. 職務																
a. 達成																*** 一般・その他＜係長・課長・部次長
b. 成長																** 一般＜係長
c. 自律性																*** 一般・その他＜係長・課長・部次長
d. 多様																*** 一般・その他＜係長・課長・部次長
e. 責任																
II. 上司(リーダー)																
f. 承認・支持																*** 一般＜係長・課長・部次長
g. 公正・信頼																
III. 顧客や仲間との関係																
h. 批判・支援																
i. 職場の人間関係																
j. チームワーク																
k. 顧客との関係																
IV. ビジョン・経営者																
l. ビジョン・戦略																*** 一般＜課長・部次長
m. 経営者と従業員																*** 一般＜係長・課長・部次長
n. 経営者への信頼																** 一般＜部次長
o. 仕事の革新																** 一般＜係長
V. 処遇・報酬																** 一般＜係長
p. 昇進・好待遇・キャリア																*** 一般＜係長・部次長
q. 評価・給与																
VI. 能力開発・福利厚生・生活サポート																
r. 教育・研修																*** 一般＜係長
s. 福利厚生																** 一般＜係長
t. 生活サポート																*** 一般＜係長・課長・部次長
u. 労働条件																*** 一般＜係長・課長・部次長
職務満足																** 一般＜係長
職務内容																
職場環境																
人間関係																
全般的満足感																
組織コミットメント																*** 一般＜係長・課長・部次長
残留意欲																** 一般＜係長・課長
情緒的																
存続的																
規範的																
OCB																*** 一般＜係長・課長・部次長
キャリアコミットメント																** 一般＜係長・課長・部次長
ジョブインボルブメント																*** 一般＜係長・課長・部次長
ストレス反応																
抑鬱気分																
不安																
いらいら																
疲労感																
身体反応																

注）***p＜.001、**p＜.01、*p＜.05

4.HRMチェックリスト 結果返却シート（性別・年齢別）

	性別							年齢									多重比較結果
	男			女			t検定結果	29歳以下			30～39歳			40歳以上			(Bonferroni法)
	度数	平均	SD	度数	平均	SD		度数	平均	SD	度数	平均	SD	度数	平均	SD	
I.職務																	
a.達成							*** 女性<男性										
b.成長																	
c.自律性							*** 女性<男性										
d.参画							*** 女性<男性										* 20<40
e.意義							*** 女性<男性										
II.上司（やり）リーダー																	
f.承認・支持							** 女性<男性										* 10<20
g.公正・信頼																	
h.指導・支援																	
III.顧客や同僚との人間関係																	
i.職場の人間関係																	
j.チームワーク																	
k.顧客との関係																	
IV.ビジョン・経営者																	
l.ビジョン・戦略							* 女性<男性										** 30<40
m.経営者と従業員																	** 20・30<40
n.経営者への信頼																	*** 30<40
o.仕事の革新																	*** 30<40
V.処遇・報酬																	
p.昇進・昇格・キャリア							* 女性<男性										* 30<40
q.評価・給与																	
VI.能力開発・福利厚生・生活サポート																	
r.教育・研修							** 女性<男性										** 30<40
s.福利厚生																	
t.生活サポート																	
u.労働条件																	
職務満足																	
職務内容							* 女性<男性										
職場環境																	
人間関係																	
全般的満足感							* 女性<男性										*** 20・30<40
組織コミットメント																	
規範的																	*** 20<40
情緒的																	*** 20<40
功利的																	*** 20<40
継続的																	
CC/JI																	
キャリアコミットメント							* 女性<男性										* 20<40
ジョブインボルブメント							** 女性<男性										* 20<40
ストレス反応																	
抑鬱気分							*** 女性<男性										** 10<20
不安							** 男性<女性										*** 10<20
怒り																	** 10・20<30
倦怠感							* 男性<女性										*** 30・10<20
身体反応																	

注）***p<.001, **p<.01, *p<.05

付　録

5.ワークシチュエーション：設問文毎の反応（他社比較）

	他社全体			貴社			t検定結果	
	度数	平均	SD	度数	平均	SD		
I. 職務								
1 今の仕事は達成感を感じることができる								
2 仕事において我ながらよくやったなあと思う事がある							†	一
3 今の仕事は挑戦しがいのある仕事である							***	一
4 仕事の上で自分のアイデアや工夫が生かせる							***	一
5 経験を積むことによって、より高度な仕事が与えられる							***	一
6 仕事を通じて自分自身が成長したという感じを持てる							***	一
7 仕事において、自分がどのレベルに達したかを把握することができる							***	一
8 仕事では自分の能力を活かし可能性を伸ばすことができる							***	一
9 仕事の遂行に影響する決定は、自分で下すことができる							***	一
10 自分の仕事の手順は、自分で決められる							*	一
11 自分の仕事のスケジュールは、自分で決められる							***	一
12 仕事の目標や遂行期限は自分で定められる							***	一
13 仕事をすすめる上で、自分の意見は十分反映されている							***	一
14 自分の仕事に関わりのある社内の決定には、従業員の参画が求められている							**	一
15 新技術導入や業務変更などの決定には、従業員の参画が求められている							*	一
16 自分の仕事の目標設定や手続きの決定には、意見を言えることができる							***	一
17 私はこの組織にとって大切な仕事をしていると感じている								
18 私は組織にとって重要かつ責任ある仕事を任されている								
19 今やっている仕事は、私の人生にとって意義あるものと思う							*	+
20 私の仕事は社会に貢献する、意義あるものである								
II. 上司やリーダー								
21 上司・リーダーは私の仕事能力を評価し、信頼してくれる							***	一
22 上司・リーダーは私の長所を生かそうとしてくれる							***	一
23 上司・リーダーは私の能力が高まるよう配慮してくれる							***	一
24 上司・リーダーはやり甲斐のある仕事を与えてくれる							***	一
25 上司・リーダーは私を含めて部下を正当に評価している							***	一
26 私の上司・リーダーは依怙贔屓（えこひいき）することはない							***	一
27 私の上司・リーダーは人間的に尊敬できる							***	一
28 私は上司・リーダーに全幅の信頼をおいている							***	一
29 助けが必要なときには、上司・リーダーは支援してくれる							***	一
30 私の上司・リーダーは仕事に役立つアドバイスをしてくれる							***	一
31 私の上司・リーダーは仕事をうまく段取りしたり計画したりできる							***	一
32 私の上司・リーダーは仕事に明るく、仕事がよくわかっている							***	一
III. 同僚や顧客との関係								
33 職場は友好的な雰囲気である							**	+
34 私の職場の人間関係はよい							**	+
35 同僚の多くに好感をもてる							**	+
36 同僚の間では、みんな気分的にしっくり合っている							**	+
37 仕事が遅れたり困ったりしているとき、同僚はおたがいに助け合っている							**	+
38 メンバーは団結して、全体の業績を良くしていこうとしている							*	+
39 私と同僚との間には良好なチームワークがある							*	+
40 同僚との間では仕事上の情報交換が活発である							*	+
41 顧客（あるいは業務の相手）との間には信頼関係が成り立っている								
42 顧客（あるいは業務の相手）とのコミュニケーションは円滑に行われている								
43 私の仕事ぶりは顧客（あるいは業務の相手）から正当に評価されている								
44 顧客（あるいは業務の相手）は私の手腕をみとめて仕事を任せてくれる							*	+
IV. ビジョン・経営者								
45 会社には明確で優れたビジョンや戦略がある							***	一
46 会社のビジョンや戦略は現状では社員のものといえる							***	一
47 組織のかかげるビジョンや目標に、われわれの多くが賛同している							†	一
48 会社のビジョンや経営戦略が末端までよく伝達されている							***	一
49 経営者はわれわれ従業員と打ち解けて話をする機会をもっている								
50 経営者は業績に関連した情報を、可能な限り従業員に開示している								
51 経営者はチームの一員としての意識をもち、われわれとともに働いている								
52 経営者は会社の運営や今後の計画について、従業員の意見を尊重している								
53 仕事では倫理的側面を重視すべきことを、経営者も行動で示している							**	一
54 経営者は正しいことを行っていると信頼がおける								
55 経営者は組織全体の業績がよくなるよう、常に努力している							***	一
56 経営者は企業の置かれた状況を適切に把握している							*	一
57 よりよい仕事になるようアイデアを出し、工夫するよう奨励されている								
58 新しい仕事のやり方を試すよう奨励されている							***	一
59 新しい解決法、新しいアイデアが求められている							***	一
60 新しい仕事のやり方に対して、肯定的、受容的である							***	一
V. 処遇・報酬								
61 昇進・昇格は公正で、客観的に行われている							***	一
62 適切な人が、適切な時期に昇進している							***	一
63 十分なポスト、活躍の場が用意されている							***	一
64 各人の希望にそったキャリア・コースが用意されている							***	一
65 組織の給与体系は公正・妥当なものである							***	一
66 評価は客観的であり、十分な透明性を持っている							***	一
67 本人の業績を反映させて、給与の変動幅をもっと大きくすべきである							*	+
68 私は仕事に見合った十分な給与を行っている							***	一
VI. 能力開発・福利厚生・生活サポート								
69 仕事で必要な技術や知識については、十分な教育・研修がある							***	一
70 教育・研修は自分の希望や要望を十分反映したものとなっている							***	一
71 ここで仕事をすることが、自分の今後のキャリアにプラスとなる							*	一
72 ここでの仕事や経験が、自分の将来の目標につながっている							*	一
73 この会社は福利厚生の制度や設備が十分整備されている							**	+
74 この会社は福利厚生の制度や設備をもっと充実すべきである							*	+
75 会社の福利厚生の制度は、従業員が選択できるようにすべきである							**	+
76 会社は福利厚生の経費を給与などにまわすべきである								
77 育児休暇や介護休暇等の支援制度が整備されており、利用しやすい							***	一
78 出張や会議が時間外や休日にかからないよう配慮されている								
79 仕事と生活が両立するよう、十分配慮されている							†	一
80 勤務時間は融通がきく							*	+
81 休日や休暇は満足にとることができる							***	+
82 残業も含めて今の労働時間は適切といえる							*	+
83 職場は安全で衛生的である							†	+
84 仕事をしていて、体に悪いと思うようなことは、特にない							**	+

注）　***p＜.001、**p＜.01、*p＜.05　　＋は貴社＞他社、一は貴社＜他社

239

6. HRMチェックリスト　結果返却シート（部門別比較）

	部門○○○○			部門○○○○			部門○○○○			部門○○○○			部門○○○○			部門○○○○			部門○○○○			部門○○○○			部門○○○○			部門○○○○		
	有効数	平均	SD	有効数	平均	SD	有効数	平均	SD	有効数	平均	SD	有効数	平均	SD	有効数	平均	SD	有効数	平均	SD	有効数	平均	SD	有効数	平均	SD	有効数	平均	SD

付　　録

7. HRMチェックリスト：自由記述欄

性別	年代	回答内容
男性	20歳未満	
男性	20歳未満	
男性	20歳代	
男性	20歳代	
男性	20歳代	
男性	20歳代	
男性	20歳代	
男性	20歳代	
男性	20歳代	
男性	20歳代	
男性	20歳代	
男性	20歳代	
男性	20歳代	
男性	20歳代	
男性	20歳代	

（途中省略）

女性	50歳代	
女性	50歳代	
女性	50歳代	
女性	60歳代	
女性	無回答	
女性	無回答	
無回答	50歳代	
無回答	無回答	
無回答	無回答	

8. 基本属性統計表

調査実施○○○○年○月

性別・年代別

		19歳以下	20〜29歳	30〜39歳	40〜49歳	50〜59歳	60歳以上	無回答	計
男性	度数								
	%								
女性	度数								
	%								
無回答	度数								
	%								
計	度数								
	%								

性別・職種別

		事務職	技術職	専門職	営業・販売職	現業職	無回答	計
男性	度数							
	%							
女性	度数							
	%							
無回答	度数							
	%							
計	度数							
	%							

性別・就業形態別

		正社員	パート・アルバイト	派遣	契約	その他	無回答	計
男性	度数							
	%							
女性	度数							
	%							
無回答	度数							
	%							
計	度数							
	%							

性別・部門別

		部門○○○	部門○○○	部門○○○	部門○○○	部門○○○	部門○○○	部門○○○	部門○○○	部門○○○
男性	度数									
	%									
女性	度数									
	%									
無回答	度数									
	%									
計	度数									
	%									

就業形態・部門別

		部門○○○	部門○○○	部門○○○	部門○○○	部門○○○	部門○○○	部門○○○	部門○○○	計
正社員	度数									
	行%									
パート・アルバイト	度数									
	行%									
派遣	度数									
	行%									
契約	度数									
	行%									
その他	度数									
	行%									
無回答	度数									
	行%									
度数										
行%										

【著者紹介】

松本　真作（まつもと　しんさく）
早稲田大学卒業　早稲田大学大学院修了（博士課程前期）
雇用職業総合研究所、日本労働研究機構、労働政策研究・研修機構に勤務
米国メリーランド大学経営学部客員研究員（1992、1993 年）
日本女子大学、法政大学、早稲田大学等においてデータ解析の非常勤講師
現職　労働政策研究・研修機構特任研究員

＜報告書＞
調査研究報告書 No.161『組織の診断と活性化のための基盤尺度の研究開発〜
HRM チェックリストの開発と利用・活用〜』日本労働研究機構 2003 年（編集・執筆）
労働政策研究報告書 No.147『中小企業における人材の採用と定着―人が集まる
求人、生きいきとした職場／アイトラッキング、HRM チェックリスト他から―』労働
政策研究・研修機構 2012 年（編集・執筆）

＜論文＞
「大卒男子ホワイトカラーのワークコミットメント−因果関係の検討−」2005 年『心理
学研究』（連名）
「企業の組織特性が従業員の精神的健康度に及ぼす効果の検討」2006 年『産業・
組織心理学研究』（連名）
「サービス業に求められる能力，適性，意識，行動：5 万人の就業者 Web 職業動
向調査のデータ分析より」2016 年『日本労働研究雑誌』

＜著書＞
『職業・人事心理学』ナカニシヤ出版 1992 年（分担執筆）
『産業組織心理学パースペクティブ』誠信書房 1994 年（分担執筆）
『産業カウンセリング辞典』金子書房 2008 年（項目執筆）
『産業・組織心理学―変革のパースペクティブ』誠信書房 2010 年（分担執筆）

高業績で魅力ある会社とチームのためのデータサイエンス
　―職場と仕事を数値化する測定尺度、チェックリスト集―

平成 29 年　3 月 31 日　第 1 刷発行		定価はカバーに表示しています
平成 29 年　9 月 8 日　第 2 刷発行		
令和 元 年 10 月 18 日　第 3 刷発行		

　　　　　　　　著　者　　松本　真作
　　　　　　　　発行者　　独立行政法人　労働政策研究・研修機構
　　　　　　　　　　　　　〒 177-8502　東京都練馬区上石神井 4-8-23
　　　　　　　　　　　　　研究調整部成果普及課　TEL:03-5903-6263
　　　　　　　　印刷所　　有限会社　太平印刷

© 2017 JILPT　　　　　ISBN:978-4-538-41163-7　　　　Printed in Japan